楊合義

日台を繋いだ台湾人学者の半生

楊合義回顧録

展転社

序文

台北駐日経済文化代表処駐日代表、元行政院長　謝長廷

楊合義教授のこの回顧録は、その半生を振り返る自伝ではあるが、楊教授は歴史学の専門訓練を受けてきたため、史料の収集と事実の裏付けには極めて厳格である。本書には台湾と日本の多くの貴重な歴史の記憶が詰め込まれ、台湾現代史の資料としても使える。私も本書から多くのことを知ることができた。そこで序文を書くことを喜んで受けさせていただいた次第である。

まず、私が楊教授とどのようなご縁があるかを述べたい。一九七〇年代当時、京都に留学していた私は、日本に頼れる親戚や先輩がいなかったため、京都の南禅寺のそばにあるアパート「暁学荘」に住んでいた。当時、楊合義さんはそのアパートに住むたった一人の台湾人の先輩だった。留学中に分からないことがあれば楊さんに教えてもらい、多くのことを助けていただいた。楊さんは当時、公費留学生であったため、家族を連れて来ることができなかったが、後に台湾と日本が断交したため、逆にその縛りがなくなった。二年目に私が結婚のため台湾に戻ったとき、楊さんから彼の三人の子供たち（景堯、品瑜、品瑋）を京都に連れて来るよう頼まれた。楊さんの家族がようやく再会でき、泣きながら抱き合った場面は感動的で、今も忘れられない。そして、私たちは家族ぐるみで付き合う友人となった。楊教授の回顧録を拝読し、記憶が曖昧になっていた過去のことも、いま再びはっきりと思い

出され、多くの記憶が蘇ってきた。私は台湾に帰国してから政治の道を歩んでもう四十年近くになるが、楊教授は日本でずっと今まで途中で休むことなく研究を続けて来られた。生涯をかけて学問に励むその白首窮経の精神を、私は心から尊敬している。

私が駐日代表に着任して以来、楊教授は何度か駐日代表処まで訪ねて来られ、若い頃の懐かしい話をしたほか、文化大学で教鞭をとっていたときに指導した教え子を推薦してくれた。その教え子とは、蘇啓誠・台北駐大阪経済文化弁事処処長（総領事）であり、楊教授が蘇さんの能力を高く評価していたことがうかがえた。あのとき蘇啓誠さんはちょうど駐大阪弁事処の処長に転任したばかりで、蘇処長が私と一緒に石川県のあるイベントに出席した際、私の妻の游芳枝に昔の楊教授との縁の話をし、その縁のおかげで皆が親しみを覚えたのだった。後に、蘇処長は関西空港事件で自死してしまい、さまざまなデマが流されたが、その中には私がネット部隊を指揮して蘇処長に責任をなすりつけるよう攻撃させたなどと根も葉もない話まで飛び出した。しかし、蘇処長のご遺族は、前述した我々の縁をご存知ではないようだったので、私もあえてこの話はしなかった。実際に、蘇処長が亡くなる前にどうして私に電話をしてくれたのか。そして友人に「大使を巻き込んでしまい、申し訳なく思う（連累大使，罪過）」と伝えていたのか。実は蘇啓誠さんと私はよく知った仲だった。蘇処長にとって私は信頼できる先輩だったと信じている。当時、蘇処長は私にどうにかしてフェイクニュースを散布した者を探し出すことはできないかと相談してくれていた。

楊教授は台南生まれで、祖父の順天さんは私塾を開いて村民たちに無料で「四書五経」を教えていた。文人家庭に育ち、幼い頃から漢学の教養を身につけ、その言葉遣いも文学的な美しさがある。回顧録は日本語で書かれているが、その筆致は流暢で、はっきりと分かりやすく、読み始めると止まらない。本の中には、台湾の二二八事件、日本の大学における学生運動、台湾人留学生の抗争など政治的に敏感な事件も淀みなく語られているが、感情的にはならず、とりわけ日本統治時代のインフラ建設などに言及するときは、淡々と主観的な誘導はない。しかし、本書を読めば、自然に公平な評価ができるようになるだろう。

書中には一部私のことにも言及されていて、一部は我々のあの時代の共通体験であり、タイムトンネルをくぐり抜けるような感じがする。また、ほとんど知る人がいないが、私に大きな影響を与えた話もある。例えば、私が京都両洋高校・中学校の労使紛糾を処理したことや、家内とアルバイトしていた京都の中華料理店「蓬莱」で、もう少しで店の経営を任されるところだったというエピソードだ。後者は、少し劇的だった。経営者の黄さんは台湾の家族が事故に遭い、店のシェフも在留関係で出国しなければならなくなり、ピンチヒッターで私が急いで調理を覚え、厨房を任されることになった。何とか一時をしのいだところで、黄さんはこのレストランの経営権を私たちに委ねることを決めたのだ。私は事が重大なので、できるかどうか試してみて少し考えさせてほしいと頼んだ。最後は夫婦で話し合い、結局は台湾に帰ることを決めた。楊教授が書中で言及しているのは私たちがとりあえずやってみる段階のときであり、もしあのとき京都に残ることを決意していたら、今頃は有名シェフになっていたかもしれない。

この本は読む価値のある素晴らしい書籍である。だから推薦の序文を書かせていただいた。しかし、この序文を書くには時間がかかった。なぜなら一段落読み進むたびに思い出が蘇ってくるからだ。同じ時代に日本に留学した友人たちも同じ感覚に浸ることになるに違いない。

はじめに

私は一九八一年十一月、中華民国国立政治大学国際関係研究中心（センター）駐日特派員として東京事務所に派遣された。東京事務所は日華両国が断交する前の一九七一年五月、国際関係研究所の呉俊才主任が政府の指示を受け、東京に「国際関係研究所駐東京辦事処」（以下「東京事務所」と略称）を設立し、初代駐日特派員として張棟材研究員を派遣したことに始まる。張特派員は二大任務を付与されたが、一つは日本語版の月刊誌『問題と研究』を発行すること、他の一つは日華学術交流を促進することであった。

張棟材特派員は東京都港区西麻布にマンションを賃借して事務所と住まいにした。その後、『問題と研究』誌の合法的な発行および東京事務所の業務発展を図るため、呉俊才主任の後を継いだ杭立武主任が桑原寿二先生と協議して、一九七三年十月に「問題と研究出版株式会社」（以下「問題と研究出版社」と略称）を創立した。翌年二月、「問題と研究出版社」は東京都千代田区飯田橋一丁目七番地十号山京ビル二階二〇二号に移転した。

問題と研究出版社創立の発起人は、杭立武、張棟材、李嘉（中央通信社東京支社特派員）、李廼揚（海風書店初代店長）、桑原寿二、藤井彰治、廣瀬一の七人で、そのうち張棟材、桑原寿二と藤井彰治の三人が取締役に、廣瀬一が監査役に選ばれ、代表取締役兼『問題と研究』誌発行人には桑原寿二が推挙された。しかし、桑原先生は名義上の社長で、事実上の責任者は張棟材特派員であった。

それ以降、月刊誌の業務に関しては「問題と研究出版社」の名称を使い、公務を遂行する場合は国際関係研究センター東京事務所の名称を使うことになった。

台湾の国立政治大学国際関係研究センターが出版していた『問題と研究』誌は中国語、日本語、英語、フランス語、スペイン語の五種類がある。そのうち日本語版は東京事務所すなわち「問題と研究出版社」が編集して刊行する。他の四種類の編集と刊行は国際関係研究センターの編訳出版組によって行われる。日本語版の『問題と研究』誌は、月刊誌として一九七一年九月五日に東京で創刊号（一九七一年十月号）が発行され、その後、欠号することなく、定期的に発行された。

一九七一年十月、中華民国が国連から追放され、日本の財界の中共傾斜、野党の北京詣で、マスコミの北京一辺倒の報道など、日本国内に「中国ブーム」を巻き起こった。こうした中共一辺倒の世論を正すため、呉俊才主任は『問題と研究』誌が発刊されてまもなく、桑原寿二先生に日華「大陸問題」研究会議の創設を要請した。当時日本において、このような会議を創設することは容易ではなかったが、桑原先生は快諾した。『問題と研究』誌の発行と大陸問題研究会議の開催は日華断交後の日華関係の空白期を組織的に埋め、日華関係の紐帯を維持してきたのである。

張棟材特派員は、一九七八年前後から、健康問題を理由に辞任を申請した。蔡主任は郭華倫副主任と張京育副主任と相談した結果、張特派員の辞任に同意した。その後、蔡主任は曽永賢先生を後任として要請したが、条件が合わず、曽先生は辞退したため、一九八〇年、蔡主任が私を駐日特派員に任命し、東京事務所に派遣した。

元来、東京事務所は『問題と研究』誌を刊行し、日華「大陸問題」研究会議のパイプ役を務めることを主要任務としていた。ところが一九八九年、李登輝総統の提起と中嶋嶺雄教授の企画により、アジア・オープン・フォーラム（「亜洲展望」研討会）が発足し、東京事務所の主要任務は一つ増えた。このフォーラムは二〇〇〇年まで、計十二回開催された。

二〇〇〇年二月、私は満六十五歳で政治大学国際関係研究センターを定年退職した。翌年、平成国際大学の専任教授となり、満七十歳まで勤務した。平成国際大学在職中、国際交流委員長を務め、留学生に対する支援活動と、台湾の大学との学術交流を促進した。私は大学のスポーツ寮に住み、留学生は生活上困ったことがあれば随時私に相談に来たので、親身になって世話してあげた。また、淡江大学と平成国際大学の理事長・学長らの相互訪問をアレンジすることに努めた。

一九八〇年東京事務所に派遣され、二〇〇〇年に退職するまで、計二十年務めた。その間、日華「大陸問題」研究会議の主要メンバーである平成国際大学の酒井正文教授と浅野和生教授は、ともに『問題と研究』誌の編集委員になって私を助けた。お二方は学術交流を促進するため、政治大学国際関係研究センターのように海外に駐在機構を設ける大学はたいへん珍しいと考え、私に回顧録としてその事績を書き残すべきであると提案した。

私はこの提案を受け入れ、酒井正文、浅野和生、加地直紀、坂本健藏、松本一輝諸氏と協議して共同研究を発足し、二〇一三年から二〇一九年まで、七年にわたって断続的に筑波大学の近くにある台北飯店で研究会を行った。本書はその成果をまとめたものである。回顧録は約二十万字におよび、多数の資料を利用して記述したものである。なお、本書の記述に事実関係において誤りがあるとすれば、筆者の力不足によるものである。ご寛恕を請う。

二〇一九年八月盛夏

日台を繋いだ台湾人学者の半生◎目次

第四章　青年時代の後期

第十一章　「アジア・オープン・フォーラム」（「亜洲展望」研討会）

カバーデザイン　クリエイティブ・コンセプト（江森恵子）

第一章　楊氏の家系

一、楊氏族譜

楊氏族譜によると、先祖の原籍は福建省漳州府海澄県にあり、乾隆二十六年（一七六一年）、第十四世の楊應老が台湾海峡を渡って台湾の台南県佳里鎮（現台南市佳里区）番仔寮（原住民の平埔族シラヤ族が居住していた村落）に移民した。楊應老は楊氏一族の遷台祖（遷台一世）と尊称されている。十五世（遷台二世）の楊朝を経て、十六世（同三世）の楊建が新しい開墾地を求めて海尾寮（現台南市安南区海東里）に遷り、ここに定住した。それ以降の世代は十七世（同四世）の曽祖父楊糞、十八世（同五世）の祖父楊順天、十九世（同六世）の父楊看（字見遠）という順になっている。私楊合義は二十世（同七世）である。

二、祖父楊順天の事績

祖父順天（一八八八～一九四六年）は、幼少時代、家業を手伝いながら四書五経を学び、勉学に励んでいた。温厚篤実な人柄で、刻苦精励を家訓とし、先祖の開拓精神を受け継いで農耕に従事する傍ら、農閑期を利用して私塾を開設し、無報酬で村民に四書五経を教授したり、読み書きできない村人のために手紙などを代書したりしていた。公益にも熱心なので、祖父は郷里の人々に尊敬されていた。

一九四五年八月十五日、日本が敗戦した後、日本人教師は教職を失い、皆自宅で引き揚げの準備をしていた。一方、台湾人教師は中国語ができず、それに新しい教科書もないので、すべての学校は休校となった。休校期間約半年、その間、祖父は台湾語で子供たちに児童向きの『三字経』（文頭の字句は「人之初、性本善、性相近、習相遠、性乃遷……」）と『千字文』（文頭の字句は「人有二手、一手五指、両手十指、指有節、能屈伸……」）および中国古典の『四書』（大学、中庸、論語、孟子）を教えていた。

同年秋、祖父が家の庭に舞台をかけ、布袋戯（手で操縦する小型の人形芝居）団を招き、三日間演じて村人に観賞させた。それには理由がある。戦争末期、三番目の叔父・楊冬俊が軍夫に、四番目の叔父・楊錦帯が台湾兵にそれぞれ召集された。祖父は「天公」（天の神様）に線香をあげて願いをかけた。その願いは、戦争が終わって三叔、四叔が無事に帰ってきたら、「天公」に豚一頭を供えて拝み、かつ家の庭に布袋戯を三日間演じて村人に観賞させるということであった。二人の叔父は戦地に派遣される前に終戦を迎え、共に無事に帰ってきた。祖父は願いがかなえられたので、祈願どおり還願した。

祖父・楊順天

一九四六年旧暦七月三日、祖父がコレラに感染し、世を去った。その前日、父が請負った縦貫道路アスファルト敷設の一区間（台南県の永康から新市まで）が竣工し、慣例に沿って祝賀会（竣工式）が行われた。祖父は会に参加した後、家に帰り、その晩、激しい下痢と嘔吐がとまらず、ついに急死した。医師が診断した病名は伝染病のコレラであった。そのために、わが家は稲の藁で編んだ縄で囲まれ、出入りが禁止された。

井出季和太著『台湾治績誌』(注①)によると、日本統治時代初期、台湾にはコレラ、ベスト、チフス、マラリアなど八種類の伝染病があったが、その後次第に撲滅された。そのうちコレラの患者は明治四十一年以降、「絶えて発生を見なかった(注①)」。日本統治時代、台湾と大陸の人と物質の往来に対して税関検疫が行われていた。しかし、戦後台湾と大陸は同じく中華民国の領土となり、税関検疫はなくなった。そのために大陸でまだ根絶していない伝染病が、人事と物資の往来によって台湾にもたらされた可能性がある。

三、父楊看の事績

父看、字見遠(一九〇七～一九八五年)は、妹二人、弟六人の九人兄弟の長兄である。幼少時代、田舎の海尾寮で過ごし、先祖の家訓および祖父の薫陶を受け、勤勉実直な性格を培った。なお、他人に寛大、自分に謹厳、何事も常規を逸しないという処世原則をつねに心がけている。父は成年後、先祖の開拓精神に従い、先駆的な土木工事を請負い、多くの事跡を世に残している。

日本統治時代の主な工事は、旗山(現高雄市旗山区)堤防、甲仙(現高雄市)道路、烏樹林(現台南市後壁区烏樹里)堤防、曾文渓(台南市境界内)堤防、口湖郷(雲林県)下崙堤防、虎尾(雲林県)飛行場と営舎、虎尾(雲林県)糖廠倉庫などが挙げられる。

一九四五年終戦後の主な工事は、縦貫道路の永康と新市(台南県)区間のアスファルト敷設および大林(嘉義県)と斗南(雲林県)区間のアスファルト敷設、斗六(雲林県)付近の鉄路橋梁、台北市内初期の高層ビルである国賓大飯店、中泰賓館、万企大楼（現第一百貨公司）、国賓戯院（映画館）、日新戯院などの地下室土木工事、台湾省営建処、台北工業公司、建中工程公司諸機構または会社が台北市道路建設に使用する砂礫の供給などがある。このほかに相前後して雲林県の台西郷、虎尾鎮、斗南鎮などの地方に数十ヘクタールの農地や魚塩（虱目魚養殖場）を開墾した。

父はすでに他界したが、しかし、生前の事跡は全省各地に残存し、台北市内の道路や建物にも父が垂らした汗水の痕跡がある。父が一生に雇用した従業員と工員は累計数万人に達し、そのうち台湾中南部の農村出身者が多数を占めている。

〈注釈〉

注① 井出季和太著『台湾治績志』南方資料叢書9、三二六ページ、青史社、一九八八年

父・楊看

第二章　私の幼少時代

私は一九三四年十月六日に台南市の農家に生まれ、父は楊看、母は楊謝貌、六人の男兄弟と三人の姉妹、私は長兄、弟は合洲、勝三、合坤、賢銘、賢増の五人、姉は金葉と瑞珠、妹は瑞花。日本統治時代、生まれ故郷の住所は台南州新豊郡安順庄海尾寮一五五番地、終戦直後の住所は、台南市海東里五鄰海尾路六十四号、現住所は台南市安南区海東里五鄰海佃路二段五〇九巷三二号となっている。幼少時代については、便宜上、日本統治末期と中華民国統治初期に分けて述べたい。

一、日本統治の末期

一九三四（民国二十三、昭和九）年十月六日台湾台南市に生まれ、一九四一年四月、台南州新豊郡安順庄媽祖宮国民学校（現台南市安南区海東国民小学）に入学。同年十二月八日、大東亜戦争が勃発、翌年二月十五日、日本軍が英領のシンガポール占領、勝報のお祝いとして台湾総督府が小学生にキャラメルとゴム鞠を賜った。

一九四四年十月十二日、連合国の米軍機が初めて台南（当時台南飛行場は日本の前進基地）を空襲した（延べ二百機）。初めての空襲なので、村中には防空壕がまったくなく、村人は皆墓苑や甘蔗畑に逃げ出して避難した。あいにく、当日は四番目の叔父・楊錦帯の結婚日であり、叔父が花嫁を迎えて帰る途中、空襲に逢い、花嫁の叔母・陳盞は花轎（新婦が乗る飾りつけた輿）から脱出して甘蔗（サトウキビ）畑の中で約四、五時間避難した。

村内に人影がいなくなり、村の犬や猫などはわが家に集まってきて結婚披露宴の食材を全部平らげてしまった。緊急事態なので、披露宴が取りやめられ、祖父は家族を動員して家屋の周辺および畑に防空壕を造り始めた。その日から終戦まで、家族は老幼を問わず、ほとんど毎晩防空壕の中で寝ていた。終戦直前の半年は米軍の空襲により、学校で落ち着いて勉強する日はあまりなかった。

米軍機はグラマン戦闘機がB―二九爆撃機を援護して台南上空に飛んできたとき、台南飛行場の皇軍の戦闘機（隼）はスクランブル発進して米軍機と空中戦を行ったが、ほとんど撃墜された。そのうち一機の機首がわが家の甘蔗畑に墜落し、飛行士杉浦茂峰と飛行機の胴体は現在の鎮安堂飛虎将軍廟の敷地に墜落したといわれている。ところが、呉平城の『海軍軍医日記』[注①]には、わが甘蔗畑に墜落した機首は米軍機のものと書いてある。しかし、米軍機の胴体と飛行士は何処に墜落したか、日記には触れていない。

米軍の台南空襲は毎日中断することなく、終戦まで続いていた。飛来する米軍機は最初グラマン戦闘機とB―二九爆撃機だけであったが、後にP―三八の戦闘機（双胴の悪魔）も登場した。空襲の時間は一定していないので、朝に空襲警報がなければ学生は登校するが、空襲警報のサイレンが鳴ると、すぐ小グループに分けて下校する。途中で空襲にあったとき、甘蔗畑の中に逃げて身を隠し、または道路両側の路肩に造られたドラム缶式の防空壕に飛び込んで避難していた。皆小学生なので、機関銃掃射や爆撃の怖さを知らず、上空の敵機の動向を眺めながら鬼ごっこのように逃げ隠れをしていた。

一九四五年八月十五日、ラジオの放送で、昭和天皇の玉音を聞いて日本がポツダム宣言を受けて連合国に降伏することを知った。学校の先生は毎日皇軍の勝報を学生にいい続けてきたのに、日本の敗戦を聞いて驚いた。このとき、私は小学五年生であった。

二、日本統治時代についての回顧

（一）四方八方に通じる並木道路

日本統治時代、日本政府は台湾を自国領土として日本の近代的諸制度を台湾に導入すると同時に、台湾の産業の発展と基本建設を推進した。並木道路の建設はその一つである。幼いとき、台南州を出たことはないが、しかし、父や叔父たちに従って州内の現台南市、嘉義県、雲林県の各地に行ったことがある。そのとき、列車やバスの中から眺めた風景のうち、最も印象に残っているのは並木の道路である。並木道路はいたるところにあり、植えている並木は一般の樹以外に竜眼やマンゴーなどの果樹もある。沿海地帯の並木道路および海辺に植えている樹は防風のため、「青柏」（防風林の一種）が主であった。

台南市内の並木は鳳凰樹が中心で、夏に美しい紅花が満開すると、市内の並木道路は赤いトンネルのように見える。したがって、戦前台南は鳳凰城と呼ばれていた。並木道路は美麗島（Formosa）と呼ばれる台湾にとって実に相応しい建設であった。いまでも、たまに夢の中で郷里の並木道路を歩くことがあるほど、その印象は頭の中に深く残っている。

残念ながら、一九七〇年代以降、台湾の経済発展に伴って交通量が日増しに増え、そのために道路が拡大され、並木がほとんど切られた。台南の鳳凰樹も同様な運命を迎え、ほとんど姿を消してしまった。

（二）「圳水来了」（灌漑水が来た）

幼いころ、村内に雨水を貯える飲用水の池は数箇所あった。雨量が少ない季節には池の貯水量が次第に減り、枯渇することもしばしばあった。水不足になると、村人は自分の家の庭または畑に井戸を掘って水を汲む。なお、郷里の農地は水田がなく、ほとんど「看天田」（天に左右される田）あるいは「旱田」（水のない田）と呼ばれる畑ばかりであった。雨が長い間降らないと、田畑はつねに旱魃にさらされて農作物が枯れてしまう。

八田與一が建設した烏山頭ダムと嘉南大圳《かなんたいしゅう》は一九二〇年に着工、一九三〇年に竣工したと記述されている。烏山頭ダムの満水面積は千ヘクタール、貯水量は一億五千立方メートル、嘉南大圳の灌漑水路は全長一万六千キロメートル、台南州（嘉義県、台南県、台南市）の嘉南平野にわたって細かくめぐらし、灌漑面積は十五万ヘクタールに及ぶ。水量が限られているので、水田への灌漑は三年輪作の方式が採られた。この灌漑施設によって、嘉南平野は台湾最大の穀倉地帯となったばかりでなく、農村の飲用水不足の問題も同時に解決された。

ところで、嘉南大圳の竣工が一九三〇年といわれているが、それは幹線水路および烏山頭ダムにつながる官田渓と曾文渓の上流・中流地域の灌漑水路だけで、下流地域の末端水路（大圳と小圳を含む）は未だ完成されていなかった。郷里の海尾寮は沿海地帯にあり、かつ嘉南平野の最南端に位置しているため、灌漑水路が海尾寮までに届いたのは数年も遅れていた。

記憶では、灌漑用水が初めて来たとき、近所の人たちは「圳水来了！　圳水来了！」と叫びながら、駆けつけて見に行った。私も皆について走り、今まで見たことのない澄んだ清水を見て嬉しく感じた。これは小学二、三年ころのことである。

八田與一は一八八六（明治十九）年石川県に生まれ、一九一〇（同四十三）年東京帝国大学工科大学を卒業した後、すぐ台湾に渡って台湾総督府土木部の技師となり、「不毛の地」と呼ばれる嘉南平野に烏山頭ダムおよび灌漑施設の嘉南大圳を建設し、嘉南平野を台湾の穀倉地帯に変えた。残念ながら、八田與一は一九四二（昭和十七）年、陸軍省より命令を受け、「南方開発派遣要員」としてフィリピンに派遣され赴任の途中、乗船した「太洋丸」が東シナ海で米軍の潜水艦に撃沈され、八田與一は殉職した。享年五十六歳であった。嘉南の人々は、八田與一の功績を讃え、烏山頭ダムに八田與一の銅像と墓を造った。

夫人の外代樹は、一九四五年九月一日未明、夫が建設した烏山頭の放水口に身を投じて夫の後を追った。水利組合の人々が外代樹夫人の遺体を捜し、烏山頭ダムの畔の墓に夫と一緒に眠らせた（吉川勝三著『台湾を愛した日本人～嘉南大圳の父・八田與一の生涯』[注②]）。

嘉南大圳に青春を捧げた八田與一は「嘉南大圳の父」として、嘉南の人々に慕われ、外代樹夫人と共に烏山頭ダムの畔で静かに眠っている。現在烏山頭ダムに隣接して「八田與一記念公園」が整備され、八田がダム建設時に住んでいた宿舎跡地が復元された。公園の中にある八田與一の銅像は台湾唯一の日本人銅像である。現在「八田與一記念公園」は台湾で有名な観光スポットになっている。

（三）「大人来了」（警察が来た）

台湾総督府は警察を通じて台湾に対する高圧的な統治政策を行っていた。警察は社会秩序を維持する第一線の役人であり、管轄内の住民との接触が多く、住民の動向をよく把握している。警察は善良な住民に対し決して職権を乱用しないが、違法者を見つければ、容赦なく厳罰を与える。住民を懲罰する絶大な権限を持っていることから、台湾人は警察を怖い役人と思い、彼らを「大人」（偉い役人の意味、警察に対する皮肉な尊称）と呼んでいた。子供も警察が怖いので、誰か「大人来了」と叫んだら、泣いている子供はすぐ静かになるほどであった。

小学生のころ、学校の近くにある派出所の前を通ったとき、つねに警察が村民を拷問する場面を目撃した。私自身も幼いころ警察の罰を受けた経験がある。その経緯は下校途中、五人の同級生と一緒にわが家の甘蔗畑に入って熟した甘蔗を切り、路上で甘蔗を噛みながら歩いて帰るとき、警察に見つかり、その場で呼び止められて二列に並び、「一対一で相手の頬っぺたを手のひらで左右一回ずつ強くたたきなさい！」と命じられた。怖くて命令に従って泣きながら互いにたたいた。

罰を受けた後に、警察は次のように説明した。「甘蔗は砂糖を造る農産物で、収穫したら全部製糖会社に納めることになっている。しかし、甘蔗は一年間の作物であり、農家は生活費や肥料代金を製糖会社から融資を受ける。そのために、甘蔗は貸付の担保として製糖会社所有のものとなっている。つまり、君たちが罰を受けた理由は、製糖会社の甘蔗を盗んだ罪を犯したのだ」。正直言って、警察の言ったことは、小学生の私たちにとってまったく理解できなかった。だが、警察の厳しい取締りにより、台湾人は法を遵守する習慣を身につけた。当時は治安がよく、村民が外出するとき、ほとんど家のドアにカギをかけることはなかった。

（四）物資の統制

幼いころ、農業組合が塩漬けの鮭、鱒、鰯、鰊などを村民に配給するところをよくみた。ところが、戦争末期、日本政府は台湾で厳しい物資統制を行っていた。以下、いくつかの実例を挙げて説明しよう。

（1）祖母、母、叔母たちが結婚のときに実家や親友からもらった金のネックレス、指輪、ブレスレット（腕輪）などの記念品は役所に強制されて全部供出した。

（2）畑で収穫した在来米と糯米を除いて、水田で収穫した蓬莱米の籾米は全部農業組合に納めた。そのために、戦争末期、農民の主食は薯であった。

（3）農家が飼育した豚は全部農業組合に納める。そのために、子豚が生まれたとき、役所に頭数を申告しなければならない。役員は随時点検に来る。

（4）台湾の農地はほとんど年間二毛作であり、政府は農作物の収穫期に合わせて「大掃除」を実施する。大掃除は晴れた日に実施され、各家庭は皆屋内の物を全部屋外に運び出して日光に晒す。役所の衛生係員と警察が検査に来るが、衛生係員は部屋と家畜飼育室を消毒し、警察は統制物資が隠されているか否かを調べる。いわば衛生のための大掃除を利用して物資の統制を強化する一石二鳥の政策である。

三、中華民国統治の初期

（一）強烈に感じた時代の変化

時代は日本統治時代から中華民国統治時代に変わった。統治者の交代によって時局が如何に動くか、台湾の社会が如何に変わるか、十一歳の少年である私にはそれを考える能力がなく、事の成り行きを見守るだけであった。ところが、翌日から学校が休校となった。その理由は日本の敗戦により、日本人教師は教職を失い、皆引き揚げの準備をしている。一方、台湾人教師は台湾語はできるが中国語ができず、それに新しい教科書もないので、すべての学校は休校を余儀なくされた。

さらにもっと強烈に感じたのは、いままで学校に翻えっていた日の丸の旗が消え、青天白日満地紅旗が掲揚された。日本の「君が代」国歌が中華民国の「三民主義」国歌に取って代わられた。日本語も使用禁止となった。

休校期間、祖父は台湾語で孫たちに児童向きの『三字経』（文頭の字句は「人之初、性本善、性相近、習相遠、性乃遷……」）『千字文』（文頭の字句は「人有二手、一手五指、両手十指、指有節、能屈伸……」）および中国古典の『四書』（大学、中庸、論語、孟子）を教えていた。

一九四五年十月二十五日、台北公会堂（現台北中山堂）において、台湾行政長官兼台湾警備総司令・陳儀が最後の台湾総督・安藤利吉から日本軍の降伏文書を受け、台湾を接収した。中華民国政府はこの日を「台湾光復節」と定めた。この日より、台湾人の国籍は正式に日本国籍から中華民国国籍に変更された。すなわち、日本皇民であった台湾人はこの日を以て中華民国の国民になったのである。

同年晩秋、私は二番目の叔父・楊茂松と三番目の叔父・楊冬俊に追随して雲林県台西郷崙仔頂村に一時滞在した。そこには父の兄弟たちが購入した農地および開拓した魚塭（養殖地）があり、その面積はそれぞれ約十五ヘクタールにおよび、叔父たちは交互に行ったり来たりして管理していた。

戦後、台湾の復興工事が多々あり、父も雲林県の虎尾鎮を中心に土木工事を請負った。そのために翌年春、家族の一部が虎尾に移住した。私と三歳年下の弟合洲が雲林県虎尾鎮南国民学校（現虎尾鎮立仁国民小学）に転校した。日本の学年度は春から始まるが、中華民国の学年度は半年遅れて秋から始まるので、私はそのまま五年生に、合洲は二年生にそれぞれ編入された。

学校でもらった教科書の文字は算数のアラビア数字と音楽の楽譜以外はすべて漢字であった。幸いに半年の休校期間、祖父に従って『三字経』、『千字文』などを学んだお陰で、教科書の漢字は中国語では読めないが、その意味は大体理解できる。

国語の授業は戦後大陸から来た外省人の先生が担当し、言葉はいままで学んだことのない中国語であった。最初の数週間は毎日漢字の表音記号である「注音符号」を繰り返し練習していた。注音符号は声母と韻母があり、声母はㄅ(be)ㄆ(pe)ㄇ(me)ㄈ(fe)　ㄉ(de)ㄊ(te)ㄋ(ne)ㄌ(le)　ㄍ(ge)ㄎ(ke)ㄏ(he)　ㄐ(ji)ㄑ(qi)ㄒ(xi)　ㄓ(zh)ㄔ(ch)ㄕ(sh)ㄖ(r)　ㄗ(z)ㄘ(c)ㄙ(s)の二十一字、韻母はㄚ(a)ㄛ(o)ㄜ(e)ㄝ(e)　ㄞ(ai)ㄟ(ei)ㄠ(ao)ㄡ(ou)　ㄢ(an)ㄣ(en)ㄤ(ang)ㄥ(eng)　ㄦ(er)　ㄧ(i)ㄨ(u)ㄩ(ü)の十六字、合わせて三十七字となる（カッコ内のローマ字は現行の中国式表音記号）。学生は注音符号を暗記してから、拼音（声母と韻母をつづり合わせて発音する）を練習する。ゼロからスタートする授業なので、最初はずいぶん苦労した。

なお、学校で毎日朝会と升旗典礼がある。そのとき、教職員と学生は全員運動場に集まって国歌と国旗歌（升旗歌ともいう）を斉唱する。漢字の歌詞が難しくて意味がわからず、発音もできないので、台湾人の先生と学生は皆歌えなかった。そのために外省人の先生が黒板に歌詞を書いて児童に繰り返し練習させた。国歌と国旗歌の歌詞は次のとおりである。

(1) 中華民國國歌

三民主義、吾黨所宗、以建民國、以進大同、咨爾多士、為民前鋒、夙夜匪懈、主義是從、矢勤矢勇、必信必忠、一心一德、貫徹始終。

（2）中華民國國旗歌

山川壯麗、物産豐隆、炎黃世胄、東亞稱雄。毋自暴自棄、毋故步自封、光我民族、促進大同。創業維艱、緬懷諸先烈、守成不易、莫徒務近功。同心同德、貫徹始終、青天白日滿地紅。

歌詞の内容を見てもわかるように、初めて中国語を学ぶ小学生にとってこの国歌と国旗歌を覚えるのは大変だった。でも、毎日歌わなければならないので、意味がわからないまま丸暗記して覚えた。

（二）「糖都」と呼ばれる虎尾鎮の今昔

日本統治時代、総督府は台湾の製糖業に力を入れ、甘蔗の栽培を奨励すると同時に、台湾各地に製糖会社を建設し、台湾を世界の「製糖王国」に築き上げた。全盛期台湾には約四十の製糖会社があった。そのうち大日本製糖株式会社が設立した虎尾製糖会社は台湾最大の製糖会社であった。

虎尾は現雲林県の中央に位置し、県政府所在地の斗六鎮に次ぐ第二の郷鎮である。戦前は台南州虎尾郡虎尾街という地名であったが、台湾の製糖中心地であることから、「糖都」と呼ばれていた。

虎尾製糖会社の南側に緑豊かな社宅地区があり、建物はすべて日本風の一戸建ての家屋で、社宅地区を縦横に貫く通りはすべて並木道路である。このほかに、公園や「和楽館」（日本の芸能劇場）なども建設された。当時において、この静淑な住宅地は虎尾街の最も近代化した市街地であった。

日本製糖会社は収穫の甘蔗を運搬するため、虎尾製糖会社を中心に雲林県各地に放射状の鉄道を敷設した。台湾の鉄道は国際基準ゲージ（一、四三五㎜）の縦貫鉄道（基隆→高雄）、七分鉄路（一、〇六七㎜、国際基準ゲージの十分の七、例えば台北から淡水までの淡水線、高雄から屏東までの屏東線など）と五分鉄道（七六二㎜、国際基準ゲージの二分の一）の三種類がある。製糖会社が敷設した鉄道はすべて五分鉄道（俗称「五分仔車」）である。

虎尾製糖会社が敷設した五分仔車の路線は斗南線（虎尾→斗南）、刺桐線（虎尾→刺桐）、西螺線（虎尾→西螺）、馬公厝線（虎尾→馬公厝→褒忠→東勢→台西）、北港線（虎尾→元長→北港）、崙背線（虎尾→崙背→麦寮）などがあった。五分仔車は甘蔗の運搬のほか、客車と貨物列車としても運営されていた。登下校の時間帯、通学の学生が多く、朝晩客車はつねに込んでいた。虎尾製糖会社の創設により、虎尾は雲林県の交通中心地と穀物集散地となって急速に発展した。

戦後中華民国が虎尾製糖会社を接収した後、名称を「虎尾糖廠」と改め、公営企業として台湾糖業公司の管轄下に置かれた。日本人が引き揚げた後、公営企業になった虎尾糖廠の管理職はほとんど外省人が占め、社宅の新入居者も大多数が外省人であった。「和楽館」は終戦直後「同楽館」に改称されたが、まもなく「中山堂」と名づけられた。中国に「草木依然、人事全非」（草木はそのままであるが、人間と事物は全部変わった）という諺があるが、戦後の虎尾製糖会社の変化はまさにそのとおりである。

戦後台湾の経済発展により、経済価値の低い甘蔗の栽培は年と共に減少し、糖廠も相次いで閉鎖された。現在は虎尾糖廠と善化糖廠（台南市）の二廠しか残っていない。そのために五分鉄道は虎尾糖廠の甘蔗運搬用の路線を除いて全部廃止され、善化糖廠の甘蔗運搬はトラックに切り替えた。七分鉄道は地下鉄の建設と台湾環島鉄道の完成により、その姿を消した。

なお、大東亜戦争が勃発した後、日本軍は虎尾に飛行場を建設し、その周辺に五ヵ所の営舎をこしらえ、日本の海軍に属する一三二海軍航空隊虎尾派遣隊が駐屯していた。終戦後、国民政府が接収して名称を空軍新兵訓練中心に改め、空軍軍官学校の初級訓練班の飛行場とした。現在この飛行場も廃止された。

(三) 台湾の歴史の傷痕となった「二二八事件」の勃発

一九四七年二月二八日、台湾内外を震撼させた「二二八事件」が勃発した。この事件は一九八七年戒厳令が解除されるまで、台湾では触れてはならないタブーとなり、公の場で事件について議論することさえ許されなかった。しかし、戒厳令解除後、言論と出版が自由化となり、これをきっかけに政府機構が保管している「二二八事件」に関する史料が次々と公表され、歴史学界で「二二八事件」に対する研究ブームが巻き起こされた。

戒厳令解除後から一九九〇年代前半にかけて「二二八事件」の資料集、研究報告、研究論著、事件経験者の証言または事件目撃者の口述記録などが雨後の竹の子のように次々と刊行された。現在「二二八事件」の真相は概ね明らかにされたが、ここでは事件の背景と経過について概略的に述べた上で、私が虎尾鎮で目撃した「二二八事件」の史実を若干挙げて記録に残したい。

〈事件の背景〉

一九四五年八月十五日、日本がポツダム宣言を受諾して連合国に降伏すると、中華民国政府は台湾と澎湖諸島を接収するため、ただちに南京で台湾行政長官公署を発足させ、陳儀を台湾行政長官兼台湾警備総司令として台湾に派遣した。台湾の住民は「青天白日満地紅旗」を振って大陸からきた官吏や兵士を歓呼で迎えた。台湾行政長官兼台湾警備総司令・陳儀は行政、立法、司法、軍事の大権を一身に集め、その権限は日本統治時代の台湾総督に比べても遜色がないほどであった。

公務員の任用において、陳儀長官は外省人（戦後大陸から渡台した移民系統に属する人々）優先の政策を採り、中級、上級の職はおおむね外省人が占めた。また職位が同じであっても外省人の待遇は本省人（戦前から台湾に定住している原住民、閩南人、客家人の系統に属する人々）の二倍であった。

おまけに、陳儀の率いる軍隊は軍規が悪く、官吏は利権をあさり、腐敗汚職がはびこっていた。社会の風紀は日本統治時代に比べて急速に悪化した。その上、官吏と軍人は、征服者として振る舞い、台湾同胞の強い反感をかった。これに加えて、終戦直後国共内戦により、大陸で狂乱状態になったインフレが台湾に波及し、人民の生活は日増しに悪化していった。このため、祖国復帰の当初、台湾の人びとが抱いていた期待は失望に変わり、さらに絶望へと変わっていった。揚句の果て、一九四七年に戦後台湾の歴史の傷痕となる「二二八事件」が勃発した。導火線となったのはヤミ煙草の取り締まり事件である。

〈事件の経過〉

一九四七年二月二十七日夜、台湾省専売局の密売取締官六人が台北市の大稲埕（現延平北路一帯）の圓環近くにあった「天馬茶坊」の前でヤミ煙草を売っていた四十代の寡婦林江邁を捕まえ、所持のヤミ煙草と売上金を押収した。婦人は二人の子供を持ち、生活がかかっているので、必死になって取締官にとりすがって押収された金品を返してもらうよう哀願した。この揉み合いで民衆が集まり、ついに取締官と衝突するに至った。身の危険を感じた取締官は、銃剣の柄で彼女を殴って逃げた。民衆が追いかけたため、取締官は民衆に発砲し、市民の陳文渓が流弾に当たって即死した。憤激した民衆は取締官が逃げ込んだ警察署に押しかけ、発砲した取締官の処分を要求した。

翌二月二十八日朝、民衆は台北市南門（現南昌街入口）の台湾省専売総局に押しかけて抗議した。正午には民衆が数千人に膨れ上がり、銅鑼、太鼓を打ち鳴らしながら、行政長官公署に向かってデモ行進した。長官公署の警備兵は屋上から機関銃を掃射し、デモ隊に多数の死傷者が出た。これをきっかけに憤激した民衆は台北新公園の中にあるラジオ放送局（現二二八記念館）を占拠し、台湾全土に決起行動を起こすよう呼びかけた。

こうして抗議行動は一気に台湾各地に拡大し、武装した市民は政府機構を占拠し、日本語や台湾語が話せない人を外省人と看做して暴行を加え、衝突はますます激化した。やがて台湾出身者の知識人を中心に「二二八事件処理委員会」が組織され、政治改革を含む処理大綱が提出された。陳儀は、時間稼ぎ戦術を採り、交渉に応じて表面上の譲歩を示しながら、内密に南京中央政府に援軍の派遣を要請した。民衆が勝利に酔っているうちに、蔣介石の派遣した鎮圧部隊が台湾に向かった。

三月八日、蔣介石の派遣した憲兵隊と軍隊が台湾に到着するや、武力による「暴動鎮圧」と「反乱分子」の摘発が始まった。その結果、政治家、医師、弁護士、教師、文化人、ジャーナリストなど、台湾の知識人や有力者が次々と逮捕され、裁判なしで処刑された。犠牲になった人数は、一万人とも二万人ともいわれているが、いまだ明らかになっていない。

四月二十二日、国民政府は台湾行政長官公署を廃止して台湾省政府に改組し、魏道明（後の駐日大使）を台湾省主席に任命した。陳儀は浙江省主席に転出したが、その後、共産軍に寝返ろうとした容疑で逮捕され、一九五〇年台北市郊外の碧潭（新店渓上流の観光スポット）で銃殺された。

〈虎尾鎮で目撃した「二二八事件」〉

虎尾鎮は旧台南県虎尾区公所（区役所）の所在地であり、区公所の周辺には警察局（警察署）や消防署などの機構が集中している。鎮内には全島最大の製糖会社と空軍基地がある。そのために「二二八事件」が勃発したとき、虎尾は激戦地の一つとなった。

行政院研究二二八事件小組編印『二二八事件研究報告』注③によると、三月二日、事件のニュースが虎尾に伝わり、当日の夜、虎尾の青年と学生が区公所と警察局を占拠し、警察を武装解除して警察局の武器を奪い、武装「民軍」を編成した。三月三日、民軍は虎尾飛行場を守備する国軍に対する攻撃を始めた。三百余名の国軍は民軍の猛烈な攻撃に抗し得ず、堅固な堡塁内に退去し、堡塁内から外に向かって機関銃掃射の戦術を取った。民軍は五分鉄道の側面に埋伏して応戦した。

三月六日、台中、斗六、竹山（南投県）、斗南、西螺などの民軍が相次いで虎尾に到着し、虎尾民軍と合流して連合部隊を編成した。民軍側は国軍を包囲して猛攻撃を加えた。同日夜、国軍は軍量不足のため、迫撃砲を連発し、並びに機関銃を掃射しながら、民軍の包囲を突破して林内方面に撤退した。双方とも多くの死傷者を出した。

虎尾の「二二八事件」に関する目撃者の口述は多数あるが、目撃した史実はあくまでも個人の見聞ないし経験によるものであり、したがって証言や口述の内容は一致するものもあれば異なるものもある。私が虎尾で目撃した「二二八事件」の出来事はすでに六十余年も経ち、目撃した出来事は概ね記憶しているが、確実な日付は覚えていない。

三月初頭のある朝、路上に出て見ると、通行人が三々五々区公所の方向へ早足で歩いている。ほとんどが男性の大人と若者およびモンペ姿の婦女である。その後ろに大勢の子供がついている。きっと何かあると思って、弟合洲を誘い、一緒に後ろから追い駆けた。区公所についたとき、人々の動きや物事の様子を見て大変びっくりした。

区公所、警察局、消防署一帯に大勢の人が集まり、慌しく動いている。頭に鉢巻を巻いた男性の若者は路上の片側に幾つかの小隊（約四十人）に分けて四列に並び、手に小銃、日本刀、竹槍、竹竿の鎌槍（竹竿の先端に包丁ないし鎌をつけた槍）などの武器を持ち、何処かへ攻撃に行くようであった。小隊長は皆軍服と長靴を履き、拳銃を腰にぶら下げて隊員を点呼している。

消防署の建物と大通りの間にある通路には長方形の机が数台置いてある。机に平行して石や煉瓦で造った竈が一列に並び、その上に釜や鍋をかけている。モンペ姿の婦女がご飯を炊きながら握り飯を作り、それを袋に入れて各小隊に手渡す。

しばらくして腰に軍刀を帯びている軍服姿の指揮官が現れ、路上に並んでいる隊員（以下「民軍」と称す）に簡単な訓話をした。遠く離れているので、訓話の内容は聞き取れなかったが、たぶん攻撃の目的地と注意事項などについて説明したに違いない。訓話が終わると、民軍は一斉に「台湾軍」という日本の軍歌を歌いながら飛行場の方向に向かって行進した。当時、二十歳前後の若者はほとんど中国語の教育を受けておらず、歌える軍歌は日本の軍歌しかなかった。

民軍は「台湾軍」、「軍艦行進曲」、「海行かば」などの軍歌を歌いながら行進した。私と合洲はほかの子供たちと一緒に民軍の後ろについて歩いたが、飛行場まで約数百メートルの地点で、突如軍歌の声が止まった。後方小隊の隊長が両手を開いて子供たちを呼び止め、厳粛な表情で「僕らは戦争に行くのだ。危険なので、これ以上ついてくるな。早く家へ帰れ！」と述べた。子供たちはそれを聞いて前進するのをあきらめ、ただちに折り返して家へ帰った。

翌日朝、また合洲を連れて区公所に赴いた。タイミングがよく、ちょうど一小隊の民軍が出発したところだった。小隊は昨日と異なった道を歩き、五分鉄道の踏み切りのところで右折し、馬公厝線の線路に沿って前進した。私どもは昨日追い返された経験があったので、今度は遠く離れて小隊のスピードに合わせて追っていった。民軍は鉄道の右側にある第一営舎区域に近づいたとき、全員線路左側の斜面に降りて匍匐前進した。子供たちも斜面に降りたが、その途端、機関銃掃射の音が聞こえ、弾丸が「シュウ、シュウ、シュウ」と音を発して頭の上を飛んでいく。皆身を低くして隠れていた。実に怖かった。

数分後、機関銃掃射が中止され、弾丸の音も消えた。恐々頭を上げてみると、線路右側の営舎内に約十メートル高さの給水塔があり、塔の上に機関銃が装置され、武装した兵士が望遠鏡で民軍の動きを監視している。民軍側は鉄砲や竹槍などしか持っていないので、反撃せずに国軍の動きを見守っていた。しばらくすると、前方から民軍の隊員が負傷者を担架に乗せて運んできた。これを見て、子供たちはさらに怖くなり、急いで線路左側の斜面に沿って家に帰った。

その後、戦闘の現場には行かなかったので、結果はどうなったか、よく分からない。たぶん前述の「研究報告」とおり、国軍は弾丸と食料の不足により、民軍の包囲を突破して撤退したであろう。

翌日の昼ころ、わが家の一階を賃借して時計屋を営む福州人の家族（名前は忘れた）が簡単な荷物を持って数人の若者に従って家を出た。異常な様子なので、彼らの後ろについていった。約二十分間歩いて虎尾糖廠の中山堂につくと、福州人の家族は建物の中に入った。どういうわけか、中山堂の周囲に立っていた見張りの若者に尋ねた。「中にいるのは皆外省人だ。保護するために彼らをここに収容した」と、見張りの人が答えた。そのときはちょうど昼食の時間帯であり、数人のモンペ姿の婦女が握り飯や飲み物を運んできて建物の窓口で中にいる人々に一人ひとり食事を配っている。これを見た後、お腹がすいたので帰宅した。

二、三日経って福州人の家族が無事に帰ってきた。時計屋オーナの叔父さんは訪れてきた近所の隣人に、「われわれ福州人は不幸な人間だ。日本統治時代、日本人は福州人を支那人（中国人）扱いした。国民政府が台湾を接収した後、われわれは台湾人と看做され、外省人のように優遇されなかった。そして今度の事件において、台湾人は福州人を外省人と一緒に中山堂に送り込んだ」と語り、「極めて不公平だ」と嘆いた。

時計屋の家族が家に戻った数日後、虎尾鎮の街路に国軍の鎮圧部隊が現れた。家の二階から路上を見ると、緑色の幌をかけた中型トラックの軍用車が列を作って街路を徐行しながら、武装した兵士を降ろしている。わが家の前にも一台の車が止まり、四、五人の兵士が銃を持って階段から上がってきた。そのうち二人は銃を構えて見張りをし、他の三人は、何もいわずにただちに二階の一角にある写真屋の部屋に入り、約十分間捜査した後、相次いで出てきた。

先に出てきた一人の兵士は大声で、「家の中にいる人は全員集まれ、大人の男性は壁に寄せて一列に並べ、両手を上げて壁に向け、婦女と子供は後ろに下がれ」と命令した。銃の先に剣がつけてあり、皆怖がった。父と三番目、五番目の叔父はいわれたとおり、手を上げて壁に向かって立った。三人の兵士は父と叔父たちの体を肩から踵まで調べた後、銃床で父たちの尻をついて「好了」（よし）といった。最後に、三人の兵士は各部屋に入り、銃剣の先で襖や布団を刺し、人が隠れているか否かを確認した。このような捜査は数日続いていた。

当時、わが家の二階の一角は写真屋を経営する二人の二十代の兄弟に賃貸した。「二二八事件」の民軍に参加したかどうか知らないが、官憲が捜査にきたことを考えると、事件に関わっていた可能性はある。その後、二人の兄弟から連絡がなく、彼らの家族が来て写真屋を片付けて閉店した。行方不明になった二人の兄弟のことはいまでもつねに脳裏に浮かんでくる。

鎮圧部隊が捜査しているのは民軍に参加したいわゆる「暴民」である。国軍に逮捕された「暴民」は、略式の軍事裁判を受け、死刑を言い渡されたら、すぐに両手を後ろに縛られ、中型トラックに乗せられて処刑場に送られる。虎尾の処刑場は新市場（後に「東市場」と改称）にあった。新市場は虎尾圓環のすぐ近くにあり、わが家から約二百メートルの距離しかないので、処刑の執行は家の二階からはっきり見える。

三月十日前後、新市場で処刑が二、三回行われた。一回ごとに五、六人が射殺され、三回だとすると、少なくとも十数人が処刑された。銃殺するとき、死刑囚は両手を後ろに縛られたまま、車から降ろされ、大通りから市場の空地に連行され、大通りと平行して一列に並んで座らされ、銃を持った兵士が路上で発砲して射殺する。

一回目の処刑が終わって兵士が去った後、大勢の市民が新市場に駆けつけ、私と合洲もついて行った。市場の空地に五、六人の死体が手を後ろに縛られたまま地面に倒れ、真っ赤な血が死体を囲んでいる。死者の中に顔見知りの人もいたが、群衆が大勢いるので、近づいて確認することができなかった。その後、処刑現場へ行くことは母に止められた。

街頭で聞いた話では、銃殺された死体は見せしめにするため、数日そのまま放置され、遺族が来て

二二八事件記念の三姓公廟

死者を確認してもすぐにそれを収容することは許されない。死者の中で、事件に参加していないが、誣告によって処刑された人もいる。巻き添えにされるのを恐れて死体を収容しない遺族もある。

虎尾鎮埒内公共墓地の傍に「三姓公廟」がある。これは虎尾新市場で処刑された西洋医の顧尚泰、漢方医の李持芳および印刷技師の王済寧を祀る廟である。三人とも台中の人で、つねに一緒に地方自治活動に参加していた。「二二八事件」が発生したとき、三人は虎尾の民軍を支援するため、台中から南下した。後に鎮圧部隊に逮捕され、裁判を経ずに銃殺された。遺族は死体の収容に来なかったため、虎尾の市民が三人の死体を埒内公共墓地の傍に一緒に埋葬した。一九七五年、地元の住民が三人の義勇精神を讃えるため、密かに小さな廟を建て、「三姓公廟」と名づけた。これは台湾唯一の「二二八事件」犠牲者の廟である。

〈「二二八事件」の後遺症〉

「二二八事件」終結後、政治改革はある程度実現されたが、しかし、国民政府は事件の再発を防ぐため、台湾で長期にわたったて「白色恐怖」（白色テロ）の政治を行い、台湾人に対する思想統制を強化した。

この事件がもたらした最大の後遺症は、本省人と外省人の間に深い溝が刻まれたことである。今日、「省籍矛盾」（省籍対立）は、個人と個人の間にはほとんど存在しないが、政治団体の間にはなお根強く残っている。

「二二八事件」の後遺症を排除するため、一九九〇年の「二二八紀念日」に立法院（国会に相当）で初めて犠牲者に対する黙祷が行われた。一九九五年二月二十八日、総統府の近くにある台北新公園に犠牲者を悼む「二二八事件紀念碑」が立てられた。除幕式に参加した李登輝総統は、挨拶の中で「私は国家元首の身分をもって、政府の犯した誤りを認めると共に、心より深く謝罪の意を表します」と述べた。

この記念碑は、歴史の誤りを再び繰り返さない警鐘であり、また悲しみの歴史に別れを告げる象徴でもある。なお、被害者に対する賠償問題を処理するために「二二八事件紀念基金会」が設けられ、遺族のいない被害者を除いて、賠償はほとんど支払ったようである。現在台北新公園は「二二八和平公園」に改められた。注④

（四）虎尾中学（現国立虎尾科技大学）での三年間

一九四七年七月、虎尾鎮南国民学校を卒業した。戦後初期、義務教育は小学校までで、中学へ進学するには試験を受けなければならない。当時雲林県内の中学校は女子中学が一校、男子中学が三校、計四校だけであった。すなわち省立虎尾女子中学、県立虎尾中学、県立斗六中学と県立北港中学の四校である。私は虎尾中学を志願し、入学試験に受かった。九月に入学した後、虎尾中学は一旦省立虎尾女子中学と合併して省立虎尾中学と改称したが、二年後に独立して省立虎尾中学となり、省立虎尾女子中学は元に戻った。この昇格によって、虎尾中学が虎尾女子中学と並んで県内の省立校となったのである。

中学の授業はすべて中国語で行われた。本省人の先生方は未熟な中国語で講義するが、表現できないところは台湾語で補足して説明した。一方、外省人の先生方は一応中国語で講義するが、話す言葉には出身地の訛りがあり、学生が聴き慣れるまでかなり時間がかかった。それにも拘らず、学校は国語の普及を推進するため、校内で台湾語（閩南語と客家語を含む）使用禁止を実施した。その方法は各クラスに「講台語」（台湾語を話す）のレット・カードを配り、台湾語を話した人にそのカードを渡す。カードをもらった人は次の台湾語を話す人を見つけてカードを手放す。毎週土曜日になると、担任の先生がカードを所持している人を呼び、罰としてトイレの掃除をさせる。滑稽なことであったが、生徒の中国語表現力の向上に役立ったと思う。

在学中の三年間はちょうど「国共内戦」の時期であった。しかし、国共内戦の進展状況について、先生方は知らないはずはないが、学生にはまったく教えてくれなかった。当時は「白色テロ」の政治が行われていた時代なので、タブーになった「二二八事件」と同様、先生方は国民政府軍が敗退していることを知っても生徒に伝えない事情があったのである。

一九五〇年七月、省立虎尾中学を卒業したが、家庭の事情により、進学をあきらめて就職した。詳細は次節で述べよう。

〈注釈〉

注① 呉平城著『海軍軍医日記』、問題と研究出版株式会社、一九九六年

注② 古川勝三著『台湾を愛した日本人〜嘉南大圳の父・八田與一の生涯』、青葉図書、一九八九年

注③ 行政院研究二二八事小組編印『二二八事件研究報告』、召集人・陳重光・葉明勲、総主筆・頼澤涵、一九九四年

注④ 竹内実・矢吹晋編『中国情報用語辞典』・楊合義執筆「台湾を知る基礎用語」参照、一九九九年〜二〇〇〇年版、蒼蒼社

第三章　青年時代前期

一、父の事業失敗と高校進学の断念

元来中学を卒業したら高校に進学する予定だったが、在学中、父の事業が失敗して破産状態に瀕した。当時父は相前後して斗六付近の鉄道橋脚の建設、虎尾糖廠の倉庫建設および糖廠鉄道に敷く砂利の提供などの工事を請負っていた。このほかに友人と合資で虎尾新市場（東市場）の向かい側に虎尾黄金大戯院の建設を始めた。

ところが、工事進行中、国共内戦によって狂乱状態になった大陸のインフレが台湾に波及した。悪徳商人が台湾の米、砂糖、食塩などの日常生活物資を買占めて大陸に輸出したため、台湾は物資不足の状態に陥り、物価が急上昇した。一九五〇年六月十四日に実施された台湾省通貨改革において旧台幣四万元を新台幣一元にしたことを考えても物価の上昇率は如何に激しかったが想像できよう。

インフレの下で建材が暴騰し、人件費や事務費なども大幅に増えた。父は借金をして請負った工事をすべて完成させた。工事費の総額は追加されず、入札契約の金額に基づいて清算された。大損失を被ったため、巨額の負債を抱えるに至った。父の兄弟たちが協議した結果、祖父が残した遺産を留保し、それ以外の不動産は全部処分して債務返済に充てることにした。最初に処分したのは嘉義県大林鎮の大林戯院であった。

大林戯院は購入したばかりで、購入金額は前金として半分を現金で支払い、後金は籾米の重さに換算して契約書の規定した期間内に実物で交付するという約束であった。ところが、インフレの最中、全般的に物資が不足し、市場で籾米を購入することが困難となり、しかも価格が数倍も値上がりしたので、約束の期間内に籾米を戯院の売り手に交付することができなかった。結局、前金が没収され、戯院を売り手に返還した。

次に建設中の虎尾黄金大戯院を処分した。戯院の建設工事が始まった後、建材および人件費などの上昇により、資金が続かず、ついに建設中止に追い込まれた。建設を続けるには増資が必要なので、父は持分を売却した。その次に雲林県の台西郷崙仔頂にある十数ヘクタールの農地を全部売却した。父は快刀乱麻を断つようにインフレと絡んだ債務を優先的に処理した。

その後、父の兄弟は分家してそれぞれ独立した。祖父の遺産は父と叔父たちが等分に分けて継承した。父は母の実家になお多額の借金があるので、持分の農地を全部母の実家に譲った。楊家の伝統として、長孫（長男の長男）も父の兄弟と同等に祖父の遺産を継承することができるが、父は事業失敗を自分の責任とし、弟達に申し分けないと思って長孫である私が継承する分を放棄した。

父の事業失敗を見て、私は高校への進学をあきらめ、就職することを決心した。両親は進学を勧めたが、私は一、二年働いてから進学を再考すると答えた。

二、雲林県虎尾地政事務所に就職

一九五〇年、台湾に移転した中華民国政府（以下「国民政府」と略称）が台湾で土地改革を実施するため、大量の臨時雇員を募集した。中学を卒業したばかりの私は合格する自信はなかったが、試して見ようという気持ちはあった。応募試験は夏に行われ、思ったより簡単であった。数日後、合格の知らせを受け、雲林県虎尾地政事務所に配属された。就職は同年九月から始まり、計二年余勤務していた。担当の業務は「耕者有其田」（耕す者に田を持たせる）の準備作業と実地調査であった。

一九四九年十二月、国民政府は中国共産党に敗れて台湾に移転した。蔣介石総統は政治と軍事を建て直した後、「反攻復国」と「反共抗俄」（反共抗ソ）を国策としながら、台湾で孫文の唱える民生主義を実施し始めた。

民生主義は均富社会の実現を目標とし、その実施は「平均地権」（地権の平均）と「節制資本」（資本の節制）を二本の柱としている。平均地権は農地だけでなく市街地も含まれている。節制資本は私有資本と企業独占を節制すると同時に、国家資本と国営企業を発達させることである。国民政府は平均地権を土地改革と称している。

農地の改革は、「三七五減租」、「公地放領」と「耕者有其田」の三段階に分けて実施された。「三七五減租」とは、小作農が地主に納める地租を年間収穫の三七・五％に軽減する政策である。当時台湾の地租は慣例として約五〇％〜七〇％に達し、小作農は収穫の半分以下しかもらえなかった。こうした不合理な地租慣例を改善するため、一九四九年一月、台湾省政府主席に就任した陳誠は「三七五減租」を土地改革の第一歩として全面的に実施した。

「公地放領」は、中央政府、台湾省政府および公営企業が所有する農地を現に耕作している農民に払い下げる政策である。これらの公有地は概ね戦前日本政府および日本企業が所有していたいわゆる「日産」である。その総面積は約十八万ヘクタールにのぼる。「公地放領」は、一九五一年六月、行政院（内閣に相当）が公布した「台湾省放領公有耕地扶植自耕農実施弁法」（台湾省が公有耕地を払い下げて自作農を扶助する実施弁法）によって実施された。地価は主要作物の年間収穫量の二・五倍を以て実物に換算し、無利息で十年間に分割して償還するものであった。

「耕者有其田」は政府が地主の土地を徴収して小作農に与える政策である。すなわち耕す者にその田を持たせることである。一九五三年四月、台湾省政府が公布した「耕者有其田施行細則」には地主に対する保留地の限度、土地価格の補償、および小作農の土地価格の償還に関する規定が詳細に規定されている。

すなわち、①地主が保留できる農地は水田三甲（ヘクタール）、畑六甲、それ以上の土地は政府が徴収して小作農に放領（払い下げ）する。土地価格は耕地の年間収穫の二・五倍とし、地主への支払いは七割が穀物の債券、三割が公営企業（台湾水泥公司、台湾紙業公司、農林公司、工鉱公司）の株券、前者は十年に分割して償還し、後者は一回で全部交付する。②小作農は政府が徴収した土地を買い上げ、その価格は同耕地の年間収穫の二・五倍とする。地価の支払いは十年を期限に四％の年利を加算し、自作農になった元小作農が二十回に分割して政府に穀物で償還する、というものであった。[注①]

「耕者有其田」と「限田政策」（地主の保留地制限政策）は表裏一体のものであり、これを実施するには、土地の同一所有者の全地籍を集めて一戸の下にまとめる「地籍総帰戸」の作業を行わなければならないが、この作業はきわめて煩雑なものである。その手順は各県市の地政事務所が土地登記簿に基づいて同一所有者の土地を集計し、その筆数と面積を統一規格の表紙に記入し、土地所有者の戸籍が他県市にある者は、その表紙を原籍の地政事務所に送って総集計させる。土地所有者が自作農であれば「限田」という規定はないが、一部あるいは全部を小作に出した場合、規定の保留面積以外の土地は徴収対象となる。

市街地の土地改革は一九五四年に実施されたが、その方法は、土地所有者に地価を申告させ、土地売却の際に政府が「増値税」（地価上昇税）を徴収することである。つまり、地価上昇の利益を公に帰して社会に還元するいわゆる「漲価帰公」の政策である。地価の申告において、土地所有者が地価を高く申告すると、税の負担が重くなり、低く申告すれば、政府が申告価格によって土地を徴収する可能性がある。したがって、土地所有者はおおむね市場価格に基づいて申告する。

「三七五減租」の実施は一九四九年一月に始まったが、小作農の中で地主の縁故や情誼にほだされて小作契約を結ばないケースは少なくない。これら「漏訂租約」（契約漏れ）と呼ばれる小作農地は「耕者有其田」と直接関係があり、それを確実に把握しなければ、地主の保留地を算出することは難しい。というのは、自作の農地であれば、「放領」の対象にならないからである。したがって「耕者有其田」の実施において、最も重要な作業は「地籍総帰戸」の集計と「漏訂租約」の調査であった。

私が虎尾地政事務所に勤務していた一年目は、「地籍総帰戸」の準備作業を担当する部門に配属された。主な仕事は土地登記簿に基づいて土地所有者の土地を規定の表紙に一筆一筆記入するだけであった。登記簿の内容は日本語で書いたものが多く、読みづらいところは本省人の上司に教えてもらった。単純な事務的作業なので無味乾燥という感もあったが、この部門の同僚は十五、六歳前後の男女若者が多く、したがって職場は活気に溢れ、いつも和気藹々とした雰囲気であった。その頃、職場へ行くのが楽しかった。

二年目の所属部署は変わらないが、仕事の内容は事務的なものばかりでなく、地方に出張して実地調査を行うこともあった。出張期間は約一ヶ月にも及ぶので、派遣される同僚は全員男性だった。出張先は虎尾地政事務所管轄内の郷と鎮で、郷鎮ごとに一チームが派遣された。一チームの人数は五、六人からなるが、各チームに二人の行政専校司法行政科（国立中興大学法商学院の前身、現国立台北大学）の学生が実習生として配属された。私どもの一行は正規職員四人、雇員二人と実習生二人、計八人からなるが、出張派遣先は台湾の最西端にある台西（俗称「海口」）郷であった。

宿泊は台西郷公所が用意してくれた一戸建ての日本風家屋で、建物の周囲に庭園があり、屋内には広々とした応接間がある。一見してすぐ分かった。これは招待所として使用する建物に違いないと思った。部屋割りは二人一部屋で、私は同じ雇員である陳色田さんと同室で、実地調査も行動を共にしていた。これをきっかけに二人は一生の親友となり、現在も互いに連絡をしている。陳色田さんは地政事務所を辞めた後、代書（行政書士に相当）の資格を取り、代書事務所を開設した。後に地方自治に関心を持ち、第七代目の虎尾鎮長に選ばれた。

実地調査は三組に分けて行われ、二人の実習生は外省人なので、台湾語が通じず、チーフの指示により、私どもの組に参加した。実地調査の任務は「三七五減租」に登録してある小作地の確認、および「漏訂租約」の小作地を見出して「三七五減租」の条例に基づいて登録させる作業である。前者の調査においては、調査員が「三七五減租」の名簿に基づいて地主と小作農に調査の期日を通知し、指定の地番に行って調査員と一緒に小作地の筆数と面積を確認する。間違いがなければ、その場で地主と小作人が調査表に捺印する。

後者は「漏訂租約」の小作地に対する調査である。「漏訂租約」である以上、小作の事実があっても契約書がないため、地主は概ね小作の事実を認めない。小作人は情誼にほだされて地主の前では真実を言わないが、路上で調査員を待ち受けて小作地の登録を懇願する。もちろん、調査員は一方の話しだけを聞いて独断することはできない。「耕者有其田」は地主にとっても小作人にとっても重大な問題であり、おろそかに処理すると、感情的な対立を惹き起こす。したがって、われわれ調査員は第三者、とりわけ「漏訂租約」の小作地に近隣する農家を訪れ、聞き取り調査を行ってから最終判断を下す。調査の結果は概ね小作農の懇願とおりであったが、最終決定はチーフに委ねた。

実地調査期間中、行政専校司法行政科の実習生との会話で、つねに進学を勧められた。私自身も進学する考えを持っているが、担当の業務がまだ一段落を告げていないので、内密にしていた。一九五三年春、進学する意向を両親に報告し、虎尾地政事務所を辞めた。

三、台湾省立台北師範学校へ進学

（一）師範学校志望の理由

虎尾地政事務所を辞めた後、進学の進路について両親と相談した。父は土木工事を生涯の仕事としているので、私に高等工業学校を志願するよう勧めたが、母は義務兵役の問題を考慮して師範学校への進学を勧めた。

当時、国民政府は毎日「反攻大陸」（大陸へ攻め帰る）のスローガンを叫び、国民に三年準備して五年で大陸を奪還する目標を示した。したがって、国民政府が台湾に移転した後、兵員を確保するため義務兵役を実施し、二十歳以上の男性は身体障害者を除き、皆兵役の義務がある。

服役期間は次の三種類がある。（一）大学、専科（短大）を卒業した人は一年間の予備軍官を服役する。（二）高校卒以下の人は充員兵（補充の兵員）になるが、服役期間は空軍と海軍が三年、陸軍が二年となっている。（三）師範学校の卒業生は後備補充兵として五ヵ月の服役を務めるだけであった。

私は家庭の経済状況を優先に考えて師範学校への進学を選んだ。当時、父は小規模ながら土木工事を再開したが、未返済の借金がなお若干残っている。師範学校へ進学すれば家庭に経済負担をかけることはない。当時の師範学校は完全公費の学校で、学費（授業料、教科書を含む）から生活費（学生寮、食事を含む）まですべて国庫から賄われ、入学時に配布される制服、帽子、皮靴および卒業前の修学旅行は全部公費であった。

兵役条例の規定では、師範学校の卒業生は、小学校の教員を三年間務める義務を果たしてから後備補充兵に召集されることになっている。自分は三年の教員を務めた後、さらに大学への進学を志していた。それが実現すれば兵役に服するのは十年後のことである。その間、兵役条例は如何に改修されるか、誰も予測できない。その頃私は兵役問題を念頭に置いていなかった。

当時、台湾には計九校の省立師範学校があった。すなわち、台北師範学校、台北女子師範学校、新竹師範学校、台中師範学校、嘉義師範学校、台南師範学校、高雄師範学校、屏東師範学校、台東師範学校、花蓮師範学校の九校である。九校のうち、戦後開校した台東師範学校と花蓮師範学校を除き、他の七校は日本統治時代に創立されたものである。雲林県には師範学校がないため、故郷の台南師範学校を志願することも考えたが、最終的にはどうせ県外へ行くなら、大都会に行こうと決めて台北師範学校を志願した。両親も賛成してくれた。

(二) 入試のため台北市の迪化街に二週間滞在

六月上旬に簡単な荷物を携えて北上した。台北駅に到着したとき、五番目の叔父楊習が迎えに来てくれた。その頃、叔父は台北市の迪化街にある布問屋に勤め、まだ独身なので、問屋の奥にある部屋を寝間として使っていた。私もここで約二週間寄宿した。社長と職員は皆台南の人で、人情味が厚く、滞在中まるで故郷にいるかのように楽しく過ごした。

迪化街は、大稲埕(台北市大同区西南地域)の中心地にあり、十九世紀中葉から艋舺(現萬華)をライバルとして発展してきた下町である。この下町は台湾最大の穀物、茶葉、漢方薬、紡績などの集散地で、約八百メートルの狭い街路の両側に問屋や商店がずらりと並んでいる。年越し用品の集散地としても名を馳せており、年末になると、買い物客で街は賑わっている。大稲埕は、日本統治時代では永楽町と呼ばれていたが、国民政府が台湾を接収した後、一九四七年に問屋や商店が集中する街路を迪化街と名づけた。迪化はウルムチ（烏魯木斉）の旧称で、現在は中国の新疆ウイグル自治区の首府になっている。

翌朝、叔父は「焼餅」（発効した小麦粉に油・塩などを練り込み、表面に胡麻を振りかけて焼き上げたもの）、油條（練った小麦粉を二本からなる棒状にして油で揚げたもの）と豆乳を買ってきて一緒に食べた。食事中、叔父は台北師範学校へ行く道とバスの路線を詳しく教えてくれた。台北は初めてだけれど、二年余りの社会経験があり、道に迷うはずはないと思って、早速試験場の下見に出かけた。

台北師範学校は台北市大安区和平東路二段にあり、当時台北駅から学校へ行く路線バスは三号と十五号であった。バスの所要時間は約二十分しかなかったが、迪化街から台北駅までの歩く時間とバスの待つ時間を加算すると約一時間近くかかる。

入試日は忘れたが、記憶では台北に到着した三日目に行われた。三年間の空白があったため、合格する自信はなかったが、自己採点ではまあまあであった。一週間後の合否発表を見てから虎尾に帰るつもりで、その間、昼間は歩行で市内観光をし、龍山寺、総統府（旧台湾総督府）、西門町のほか、「二二八事件」と関係ある「天馬茶坊」や煙酒専売総局および台北新公園にある放送局にも足を運んだ。

一週間後、入試の結果が出た。学校の掲示板に貼ってある合格者に自分の名前が入っている。これを見て、すぐ迪化街に戻り、叔父に頼んで問屋の電話を借りて両親に報告した。三日後に口頭試問が行われ、これも難なくパスした。一九五三年九月、台北師範学校に入学した。

(三) 台北師範学校の寮生活

台北師範学校は現在の国立台北教育大学である。学校の沿革は一八九六年に創設された「芝山巌学堂」に遡るが、翌年に「台湾総督府国語学校」と改称された。その後、約四半世紀を経て、一九二〇年に「台湾総督府台北師範学校」となった。一九四五年国民政府が台湾を接収した後、「総督府」の三字を削除して省立を加え、「台湾省立台北師範学校」と改称した。一九六一年「台湾省立台北師範専科」に昇格、一九八七年さらに昇格して「台湾省立師範学院」となった。一九九一年に「台湾省立師範学院」が「国立台北師範学院」と改称され、そして二〇〇五年に規模が拡大されて現在の「国立台北教育大学」となった。

一九五三年入学当時の台北師範学校は、普通科、体育科、音楽科と美術科の四学科が設けられ、そのうち普通科は全員男子学生で、他の三学科は男女共学であった。修学年限はいずれも三年であった。クラス編制は一学年約十クラスを数えるが、そのうち普通科が六、七クラスを占め、他の三学科は各一クラスだけであった。全校の学生数は一クラス四十人で計算すれば、一学年が四百人、三学年合わせて千二百人となる。

学生は全員学寮に入居する。すなわち全寮制である。学生寮は寝る場所として設計され、寝室と呼ばれる。一室に二十人の学生が一緒に住む。部屋の面積は教室とほぼ同じ広さで、スペースをうまく利用して設計されている。寝床は部屋の両側にあり、それぞれ十枚の畳が敷かれている。両側の寝床の間に幅百五十センチ位の通路があり、廊下と丁字形になっている。両側の畳と壁の間に木の板でこしらえた二段式の物置があり、縦六十センチ、奥四十センチ、横は室内の壁と同じ長さになっている。畳の幅に合わせて一人ひとりの使用スペースを板で隔離する。靴は通路に沿って寝床の前に並べ、寝具は起床時に折り畳んで物置に沿って畳の上に置く。

室内は机や椅子を置くスペースがなく、書籍や文具類は皆教室の机に置き、勉強や自習も教室を利用する。浴室には風呂もシャワーもないので、入浴するときは洗面器を使って水道水を浴びながら体を洗う。冬も同じである。トイレは浴室の近くにある。食堂は大きなホールで、中に八人用の食卓が約二百台あり、数列に分けて並んでいる。食卓の両側には四人用の腰掛が置いてある。一日三食、教職員と学生が一緒に食事をする。炊事場は食堂のすぐ傍にある。

食事に関する事務、例えば食材の購入、メニューの編成、衛生管理などは「伙食委員会」（食事委員会）によって行われる。委員会のメンバーは一学級に一人、選挙によって選出され、数組に分けて輪番制で担当する。学業への影響を軽減するため、学生委員は毎月改選することになっている。教職員は顧問として順番に委員会の運営を指導する。メニューは一週間ごとに編成されるが、ほとんど主任コックが決める。食材は毎朝夜明け前に学生委員数人とコック一人が市場へ買いに行く。

朝食は饅頭とお粥を主食とし、添え物は漬物、落花生、豆腐の類である。昼食と夕食はご飯や麺類を主食とし、おかずは一卓に「三菜一湯」（おかず三つ、スープ一つ）が決まりになっている。ただし、学校にイベントがあれば、その日の夕食におかずが二、三追加される。これは通称「加菜」というが、学生はこれを「打牙祭」（たまにご馳走を食べるお祭り）と呼んでいる。

（四）軍事訓練

当時、高校以上の学生は男女を問わず、皆「中国青年反共救国団」（略称「救国団」、一九九〇年代以降、両岸関係の変化により、「反共」の二文字が削除されて「中国青年救国団」の名称となった）に加入し、軍事訓練（略称「軍訓」）を受けなければならない。軍訓を担当する教官は教育部（文部省）の「軍訓処」に所属し、人選は試験によって選抜された現役の将校である。派遣の人数は学生数によって異なる。当時、台北師範学校の教官は四、五人で、そのうち一人は女性であった。

軍訓の授業は週に二時限（一時限四十五分）程度で、室内授業と室外授業に分けて行われる。室内授業は教官が軍事教材に基づいて講義するほか、国家と領袖に対する忠誠心および反共教育を強化するため学生に「読訓」（蔣介石の訓話録を読む）させる。室外授業は軍事的な基本動作と技能を取得する訓練で、通常運動場で行われるが、実弾射撃（俗称「打靶」）だけは軍用の射的場（打靶場）を借りて練習する。室外訓練は一学級を四列に編制して一区隊（小隊に相当）とする。区隊長は選挙によって選出される。

師範学校の教官は、軍訓を担当するほか、学生の起居生活の管理をも兼務する。管理は軍事方式が導入され、学生はまるで軍人のように扱われる。例えば、朝五時半に起床ラッパの声を聴いたら、三十分以内に寝具を片付け、布団を豆腐のように折りたたんで畳の上に置いた後、顔を洗い、用を足し、制服に着替えて靴を履き、六時に運動場に集合する。学生が運動場にいる間、輪直の教官が寝室の整理情況を検査する。不合格と評定された人は警告を受ける。

学生が運動場に集合した後、各区隊は指定の場所に整列し、区隊長が点呼をとって教官に報告する。点呼が終わると、教官の指揮の下で、まず「中国青年反共救国団歌」を斉唱し、さらに幾つかの軍歌、例えば「反共抗俄」、「反攻大陸去」、「領袖頌」、「我愛中華」などを歌う。その後は整列のまま駆け足で四百メートルの運動場を一周してから、クラスごとに分散して草刈または掃除をし、約三十分労働する。七時に朝食をとった後、学生は教室へ行って自習しながら朝会を待つ。

朝会は「升旗典礼」（国旗掲揚儀式）ともいうが、これは午前八時に運動場で行われる。司会は区隊長が輪直する。プロセスとしてはまず「国歌」を斉唱してから「升旗」を行う。「升旗」するときは国旗歌を斉唱する。学校には吹奏楽部があり、国歌と国旗歌の斉唱は吹奏の音律に合わせて歌う。特別な行事がなければ、朝会は約十数分で済む。「降旗典礼」は午後四時半に行われるが、そのとき、皆は敬礼の姿勢で現地に立って国旗を降ろすのを見るだけである。

授業は土曜日だけが半ドンで、平日の五日間は毎日七時限もある。午前の授業は八時半から十二時まで計四時限、午後の授業は三時限で、二時から始まり、五時前に終わる。昼食は十二時十分に始まり、済んだら寝室に帰って一時間の「昼寝」をする。これは学校の規定なので、眠くないまたは寝られない人でも寝床に横たわって休まなければならない。夕食は午後五時半で、その後は約一時間の自由時間がある。七時から九時までの二時間は教室で「晩自習」をする。その間、教官は各教室を巡視しながら廊下で座席表に基づいて出席を取る。

晩自習が終わると、皆寝室に帰り、洗面器を持って浴室に向かい、水道水を浴びながら体を洗う。これは入浴とはいえないが、一日の疲れが癒される。午後十時に消灯ラッパが吹かれると、皆静かに就寝する。教官は懐中電灯を持って各寝室に入って寝床にいるか否かを調べる。軍事用語ではこれを「査舗」という。これで一日が終わる。

一九五〇年代、総統府広場（現凱達格蘭路）において、毎年三大国定記念日の式典が行われる。三大国定記念日とは中華民国開国記念日、青年節と国慶節である。開国記念日は、一九一二年一月一日中華民国誕生の日で、式典は元旦の日に行われ、慣例として蔣介石総統が「全国同胞に告げる書」を発表し、国民に「一致団結、反共抗ソ、反攻大陸、大陸同胞を救おう」などを呼びかける。青年節は、一九一〇年広州黄花崗起義（蜂起）の革命青年烈士を記念する日である。国慶節は双十節ともいうが、これは一九一一年（辛亥の年）十月十日の武昌起義によって孫文の率いる革命が成功した建国記念日であり、この式典には蔣総統による閲兵式が行われる。

この三大記念日は中華民国にとって最重要の祭日であり、蔣総統が必ず臨席するので、主宰者はつねに軍人、公務員、学生（高校以上）、各種団体を動員して盛大に行う。参加者はいつも十万人以上に及ぶ。式典の最後には参加者全員が声高々に「三民主義万歳」、「中華民国万歳」、「蔣総統万歳、万々歳」というスローガンを叫ぶ。

当時、台北市内の公共交通手段はバスしかなく、十数万人規模の集会なので、参加者はほとんど集団ごとに整列して総統府広場まで歩いていかなければならない。台北師範学校から総統府までの距離は約四キロ半、片道の歩行時間は一時間余りかかる。全校生はクラスごとに四列の区隊に並び、教官引率の下で、愛国歌曲を歌いながら行進する。総統府に近づくと、路上に止まって入場の呼び出しを待つ。十数万人の参加者がそれぞれの指定場所に入って整列する時間は約二時間もかかる。そして散会後、また歩いて学校に帰らなければならない。したがって、総統府集会の日は皆疲れきるが、あの大きな場面を見て楽しく思う人もいる。

（五）週記簿事件

師範学校は小学校の教員の養成を目的に設置された学校であり、したがって教育関係の専門科目、例えば教育概論、教材教法、教育心理などは教員になる師範学校の学生にとっては最重要な科目である。国文、数学、英語、物理、化学、生物、歴史、地理、音楽、美術、体育などの一般科目もある。以上の科目は、将来教員になる師範学校の学生（略称「師範生」）に豊かな素養、とりわけ知識と技能を持たせるために編集されている。このほかに、「三民主義」と「中国文化基本教材」という科目がある。これは全世界で台湾にしかない科目である。

三民主義とは、民族主義、民権主義と民生主義であり、孫文主義または孫文思想ともいう。この三民主義は中華民国の建国の最高目標であり、したがって高校以上の学校はすべて三民主義を必修科目としていた。テキストは孫文の十六回の講演稿および蔣介石の「民生主義育楽両篇補述」からなるが、内容は実に分かりやすい。ところが、担当の先生はいつも演繹したり、理論化したりするため、学生はほとんど難しく感じていた。

「中国文化基本教材」は『四書』の中から倫理道徳、忠君愛国を中心とする内容を抜粋して編纂されたものである。当時、中国共産党は中国固有の文化を封建社会の産物であると決め付け、大陸全土で固有文化の破壊を展開していた。それに対抗するため、蔣介石政権は台湾で中国文化復興運動を推進し、その一環として「中国文化基本教材」が編纂されたのである。この教材は高校（各種職業高校を含む）の必修科目となり、国文の先生が兼ねて教授していた。

授業のほかに、毎週土曜日の最終時限（午前四時限）に「班級会」（クラス会議）が行われる。会議は班長（級長）が主催し、導師（学級担任の先生）が列席して指導する。議題は学校の行事についての報告と討論もあるが、大半の時間は班級の各股長（クラスの各委員）、例えば文化股長、体育股長、風紀股長、衛生股長などの報告、およびそれらの報告についての討論に費やされ、まるで週間活動の反省会みたいなものである。散会するとき、学生は皆「週記簿」を導師に提出する。

週記簿とは個人の週間活動や感想などを書いたノートである。言い換えれば、日記の週間総括である。記述の内容は私生活に触れるところが多いので、週記簿を提出して他人に読ませることに対して皆強い抵抗感を持っていた。だが、当時は白色テロの時代であり、集団生活をしている師範学校の学生に反体制的な行動が発生したら、学校にとっては大変なことになる。したがって学校当局は週記簿を通じて学生の日常生活と行動を掌握する必要があったのである。

週記簿は通常担任の先生が読んで次週の前半に返還されることになっているが、二年生第一学期の期末（一九四三年二月冬休み前）、全校生徒の週記簿は、訓導処（学生課）に提出された。学生課が週記簿を検閲するので、きっと何かあったに違いない。ところが、学校から何の説明もなく、学生の間に憶測による流言飛語が飛び交い、校内に妙な雰囲気が漂っていた。やがて冬休みに入り、学生は皆週記簿の問題で暗い気持ちを抱いて帰省した。

二月下旬新学年度が始まり、帰省した学生は学校に戻った。学生課は週記簿を学生に返還したが、週記簿の検閲について依然として説明がなく、学生の疑念はなおさら深まった。数日後、学生の間で、「男子生徒のトイレに『打倒三民主義』という落書きがあり、それを見た学生が大勢いる。学生課が週記簿の内容を検閲し、筆跡を鑑定した結果、三人の容疑者を割り出した。三人の容疑者のうち、体育科が二人、音楽科が一人で、三人とも冬休み中に治安当局によって拘留された」という噂が広まっていた。この噂はまもなく事実となり、拘留された三人の名前が明らかにされた。六十年前のことなので、三人の名前は覚えていない。

数ヵ月後、体育科の二人が釈放されて学校に戻ってきたが、音楽科の一人が落書きを認め、起訴された。伝聞によると、その学生は法廷で落書きの動機について次のように弁明した。「前期と後期を通じて三民主義の成績が不合格となり、いらいらしてトイレの壁に『打倒三民主義』の語句を書いた。それは三民主義の成績を克服する意味であるが、国文の表現力が足りないため、『克服』を『打倒』と書いたのである」。

この弁明は信用に足る事由であっても、なにしろ中華民国は三民主義に基づいて樹立された国家であり、三民主義を打倒することはすなわち中華民国を滅ぼすことである。白色テロ時代において、「打倒三民主義」のような落書きをする行為は普通なら国家反逆罪に問われて極刑に処される。しかし、その学生は未成年者であり、落書きの動機も単純なので、判決の結果、矯正教育を授ける少年院に送られたといわれている。

（六） 教学実習

師範学校の教育課程に教学実習（教育実習）があり、その実施は三年生の前期に行われる。実習期間は九月から翌年の二月までの半年で、その間、実習生は二人一組の編制で、近隣県市の小学校に派遣されて教学を実習する。台北師範学校の実習生の派遣先は台北市、台北県、基隆市、宜蘭県の小学校を含むが、そのうち大多数は台北市の小学校に派遣される。私と呉六桂君は台北県北投鎮北投国民学校（現台北市北投区北投国民小学）に派遣され、一九五五年九月一日に赴任した。

北投は台湾の温泉旅館の発祥地である。一八九六年、すなわち日本が台湾を領有した翌年に大阪商人平田源吾が北投で「天狗庵」という温泉旅館を開業した。これが台湾最初の温泉旅館である。その後、日露戦争の際、日本政府が北投に傷病兵の療養所を作り、有名な湯治場となった。それ以降、北投は温泉街として発展し、ついに台湾最大の温泉観光地となった。生まれて一度も温泉に入ったことがないのに、いきなり温泉郷の北投に派遣されて半年も過ごせるなんて夢かと思った。宝くじに当たったたような気分であった。

実習教員とはいえ、北投国民学校は暖かく迎えてくれた。住まいは学校の当直室で、二人分の寝具が用意されている。唯一の条件は、午後十時以降は当直の先生に代わって当直することである。部屋は約六畳しかないが、師範学校の一人一畳に比べて、三倍のスペースもある。ただし、物置がないので、衣類や生活用品は段ボールに収納した。台所がなく、食事は学校付近の大衆食堂で食べる。入浴は公衆温泉浴場を利用する。生活上、特に不便を感じるところはなかった。

九月一日、新学年度が始まり、教職員の朝会で実習教員として紹介され、呉君と私も簡単に挨拶の言葉を述べた。朝会中、新年度教職員の担当職務一覧表が配られ、実習教員の欄に呉君と私の名前が入っており、五年三組女子学級（当時の学級編制は男女別）の担任と明記されている。一時限の鐘がなると、教頭主任に案内されて教室に入り、児童と初顔合わせをした。教頭主任は私どもを児童に紹介した後、すぐ出て行った。呉君と私も自己紹介の言葉を述べ、その際、四十余名の児童は二人の高校生のような男先生をじろじろ見ながら、熱烈に拍手して歓迎の意を表した。

初日は始業式と教科書の配布だけで、授業はなかった。担当の科目は国語、算数、社会、労作（工芸）だけで、体育、音楽、美術は専門の先生が担当していた。ただし、担任の教員にはいろいろな雑務がある。例えば遠足、遊芸会、運動会、保護者会、家庭訪問などの企画と準備、および宿題の点検、月間試験と期末試験の出題と採点、通信簿の作成などである。呉君と私は国語、算数、社会と労作の四科目を交互で授業を行っていたが、その他の雑務および各種行事は二人とも同学年の先生方と一緒に行動した。

各種行事の中で、特に興味を持っていたのは珠算選手の訓練である。当時台湾では毎年全国の珠算コンテストがあり、優勝候補として台北市の老松国民学校チームと東門国民学校チームが最有力で、両校の実力は伯仲していた。北投国民学校チームは両校に比べてやや落ちるが、選手はほとんど一級または初段ないし二段の検定資格を取っており、上位に食い込む実力を持っている。したがって、学校は珠算教育を重視し、平素から選手を養成している。

選手の構成は五、六年生が中心で、担当の五年三組にも四、五人が選ばれている。選手の訓練は児童の授業に影響を与えない時間帯を利用するが、通常は午前七時から八時の間に行われる。練習の項目は見取り算、見取り暗算、読み取り算と読み取り暗算の四種類があり、珠算専門の先生がその指導に当たっている。私は珠算の教え方を学ぶため、ほとんど毎日見学に行った。そのときに覚えた珠算の教学および選手訓練の要領は師範学校卒業後に勤務した学校で大変役に立った。これについては後述する。

珠算は中国固有のものであるが、それを改良して制度化させたのは日本である。元来、珠算は見取り算と読み取り算が中心だったが、日本はそれを進化させて見取り暗算、読み上げ暗算を開発し、さらに実力検定制度を設け、検定試験によって級別や段別の資格を授ける。台湾の珠算教育、珠算連盟組織、検定試験、珠算試合は日本統治時代にすでに堅実な基礎があった。

教学の準備や雑務の処理および各種行事の参画などに追われて忙しい日々が続き、あっという間に実習期間が終わった。振り返ってみると、一学期の実習を経て教師になる自信をつけたことが最大の収穫であった。実習教員とはいえ、学校で差別待遇を受けたことはなく、児童に信頼され、保護者からの苦情もなかった。授業の最終日、クラスの学生が「別れ会」を開き、惜別の情に堪えきれず涙をこぼした児童もいた。学校を離れる日、クラスの児童全員が駅まで見送ってくれた。呉君と私は共に感動し、皆に手を振って別れた。車内から温泉郷の風景を眺めながら、北投を後にした。

（七）修学旅行

修学旅行は、学生が課外学習として文化、古跡、産業などの重要地点を実地で見聞して知識や視野を広めるため、教師が引率して行う旅行である。その実施は通常学生が卒業する前に行われる。台湾では修学旅行を「畢業旅行」（卒業旅行）と称している。

先輩の話によると、日本統治時代、師範学校の学生は卒業する前に慣例として内地（日本の本土）へ修学旅行に行く。旅行先は本州の東京、大阪、京都、奈良、あるいは九州の重要都市などであった。台湾から内地までの交通手段は船舶を利用するため、修学旅行の日数は約三週間に及ぶ。しかし、戦争末期、日本の軍艦や商船に対する米軍機の攻撃が日増しに激化し、その上、台湾と日本本土が毎日空爆を受けていたため、修学旅行は中止された。そして、戦後中国本土において国共内戦が勃発し、四年間にわたる激戦の末、中華民国政府が敗れて台湾に移転した。ゆえに修学旅行のコースは台湾島内に限定された。

われわれの修学旅行が実施された月日ははっきり覚えていないが、野山がいたるところすべて青々としている季節であったので、三月の下旬または四月の上旬ではないかと思う。旅行コースは台湾を一周するいわゆる「環島旅行」で、日程は台中と台南に各二泊、台東と花蓮に各一泊、計六泊七日である。宿泊と食事（昼食の弁当を含む）は現地の師範学校の施設を利用するため、台北師範、台中師範、台南師範、台東師範、花蓮師範が連動式の旅行を同時に実施した。もちろん、各校の旅行人数は学校の規模によって多少の差があり、寝室が足りない場合、講堂に畳を敷いて寝床とする。畳と寝具は各校とも備品としてつねに用意している。

交通手段は汽車（蒸気機関車で牽引する鉄道列車）と遊覧バスを利用する。台北から台中、台中から台南、台南から高雄は「縦貫鉄道」、高雄から屏東は「七分車」、屏東から台東は遊覧バス、台東から花蓮は「五分車」、花蓮から宜蘭は遊覧バス、宜蘭から基隆は「七分車」、基隆から台北は「縦貫鉄道」であった。台中、台南、台東、花蓮における見学活動は遊覧バスを使った。

台中、台南、台東、花蓮を拠点にして、各地の代表的な文化・教育機構、名勝古跡などを見学した。初日は汽車で台北から南下し、正午に台中に着いた。台中師範で昼食を済ませた後、バスで夕方まで台中市内を巡った。翌日は台中から約四十キロ離れた南投県魚池郷の日月潭への観光で、午前八時に五、六台のバスが一列に並んで出発した。バスが南投県に入ると、風景は一変した。渓谷の沿路には檳榔樹やバナナが栽培され、山腹には茶園や果実園がある。春の山林はいたるところすべて青々としている。嘉南平野に生まれ育った私にとって、沿路の風景は特に美しく感じた。

道路は半分以上が山道なので、バスが約三時間走ってやっと日月潭の入口にある文武廟に辿り着いた。この廟は孔子、文昌帝君（科挙試験の神様）と関聖帝君（関羽）を祀っていることから文武廟と名づけられた。ここで約二十分の休憩時間があったので、皆数十メートルの階段を登り、廟内に入って拝観した。伝えによると、蔣介石総統は生前日月潭で休養する際、体力測定として必ずこの階段を登ったといわれている。この文武廟は日月潭の観光スポットの一つである。

バスは再出発してホテルや旅館が立ち並ぶ日月潭の町を通過し、湖を一周して遊覧ボートの乗り場に到着した。バスの中から澄み切った湖面および鬱蒼と茂った湖畔の樹木を眺め、その絶景に魅せられた。さすが国内外に名を馳せる日月潭だ。

日月潭の名は湖の北側が太陽の形に、南側が月の形に似ていることに由来する。すなわち日潭と月潭を併せた呼称である。湖畔の周辺は原住民邵族（Sao、サウ族）の居住地であり、遊覧ボートの乗り場周辺の近くに聚落がある。正午に皆自由活動の時間を利用して原住民の村を見学し、民族衣装を着たサウ族娘と記念写真を撮った（有料）。私を含め、大多数の学生は日月潭に来たのは初めてである。

三日目は台中から汽車で南下し、昼過ぎに台南に着いた。夕方まで、まだ時間があるので駅から台南師範まで歩いて行った。途中、延平郡王祠を拝観した。この廟は鄭成功を祀る廟で、初めは「開山王廟」または「開台聖王廟」と名づけられたが、清朝時代からいまの名称となった。

四日目は赤崁楼、孔子廟、億載金城と安平古堡の四箇所を巡った。赤崁楼は一六五〇年、オランダ人が台湾を統治する殖民行政の中心地として赤崁（台南市）に建設したプロヴィンシア城（Provintie）

である。一六六一年、鄭成功がオランダ人を駆逐した後、プロヴィンシア城を承天府と改称した。清朝時代に至って、元来の建物が倒壊し、漢人はその跡地に一部の城壁を残して中国式の廟を建てた。そして日本統治時代と戦後初期に、赤崁楼は何回か改修されて今の壮大な景観となった。

台南孔子廟は、別称台南文廟で、一六六五年（鄭氏王朝樹立の五年目）に建設された。清朝領有の時期、台南孔子廟は全台湾の「童生」の書院（講学所）となった。童生とは科挙制度の下で県の試験には合格したが、秀才試験をまだ受けていないあるいは合格していない読書人をいう。いわば、秀才試験を受ける学生である。したがって、台南孔子廟は「全台首学」（全台湾の最高学府）と称される。

安平古堡は、一九二四年オランダ人が「台湾の門」と呼ばれる鹿耳門（現台南市安南区にある）から一鯤身島に上陸し、ここに軍事要塞を構築したゼーランジャ城（Zeelandia）の跡地である。一六六一年鄭成功がオランダ人を駆逐した後、父親・鄭芝龍が故郷の泉州に構築した安平の城を記念してゼーランジャ城を「安平鎮」と改名した。安平古堡はその跡地である。

一鯤身島とは七つの鯤身島の最北の島で、台江を隔てて台湾本島の赤崁地方（現台南市）と相対している。しかしながら、一八七一年、大風雨が台湾の南部を襲い、赤崁と七鯤身島の間にあった台江（浅瀬）および鹿耳門の水域は流砂の堆積によって陸地となった。現在安平は台南市と陸地で連接している。

億載金城は、一八七六年清朝が台湾の海防を強化するために建設した砲台である。砲台建設のきっかけとなったのは、一八七四年、日本が台湾に出兵して牡丹社の原住民を襲撃したいわゆる「牡丹社事件」である。事件の経過は、一八七一年、台湾南端の牡丹社に漂着した琉球（宮古島）の島民が原住民に殺害され、日本は清朝に抗議したが、清朝政府は原住民を「化外の民」とし、事件とは関係がないと答え、明治政府はこれを口実に、一八七四年、台湾に出兵して牡丹社の原住民を襲撃した。結局、清朝は日本に賠償金を払うほか、琉球人が日本の国民であることと、琉球が日本の属地であることを間接的に承認した。

この事件に鑑み、清朝が総理船政大臣・沈葆楨を欽差大臣として台湾に派遣し、台南の二鯤身島に台湾最初の洋式砲台を建設し、億載金城と命名した。億載は億年、金城は「金城湯池」（『漢書』・蒯通伝）の略で、金湯ともいう。すなわち永遠に攻め落とされない堅固な城という意味である。

台南は私の生まれ育った故郷であり、幼い頃、孔子廟、赤崁楼、延平郡王祠、安平古堡等は何回か行ったことがあるが、基礎知識がなかったため、これらの名勝古跡が重要な文化財であるとは知らなかった。今回の見学により、古都の台南に誇りを感じた。

五日目は台東への旅である。台南から台東まで、距離的に遠いし、その上交通が不便であるため、この日は早く出発して台南駅まで歩いて行った。台南駅から縦貫鉄道の列車で南下し、高雄駅で七分鉄道の列車に乗り換え、午前十時頃に屏東駅に到着した。当時屏東から台東までは鉄道がなく、バスに乗り換えて台東に向かった。

バスは屏東から一般道路を走って南下し、枋山郷楓港で南台湾を横断する「南廻公路」に入り、台東県達仁郷まで、約百キロの山道を走った。達仁郷を出た後、バスは台湾の東海岸に沿って北上し、午後二、三時頃にやっと台東市に辿り着いた。長時間の旅であったが、東台湾は皆初めてなので疲れを感じなかった。夕食後、皆街に出て散策し、海岸で太平洋の夜景を楽しんだ。

「南廻公路」は、日本統治時代、台湾総督府が東台湾を開拓するために建設した山道で、工事は一九三三（昭和八）年に始まり、一九三九（昭和十四）年に竣工した。旧名は「楓港台東道」であったが、戦後「南廻公路」に改名された。

台東平原は古くから原住民卑南族（Puyuma、ピューマ族またはピナン族）と阿美族（Ami、アミ族）の居住地であった。ピナン族の大多数は台東県内の中央山脈以東、卑南大渓以南の海岸地帯および花東縦谷南部の山地に分布している。アミ族は台東県、花蓮県、屏東県に分布し、大多数は花東縦谷平原および東平原海岸の北から南までの地域に居住している。台東県内の原住民は卑南族と阿美族以外に、なお布農族（Bunun、ブヌム族）、魯凱族（Rukai、ルカイ族）、排湾族（Paiwan、パイワン族）、達悟族（Tao、tau、タウ族）、旧称雅美族（Yami、ヤミ族）の諸族がある。

清朝領有時代、台東平原は「卑南」と称され、光緒年間に卑南庁が設置された。後に台湾巡撫・劉銘伝が卑南庁を台東州と改称した。日本が台湾を領有した直後、明治三十年に台東州を台東庁に改め、台東庁の行政中心地である卑南街を台東街と改称した。戦後、中華民国政府は台東街を台東鎮と改称し、一九七六年台東市に昇格して現在に至っている。

卑南大渓の河口南岸に「宝桑庄」という漢人村がある。これは、清の道光年間、屏東枋寮の漢人・鄭尚が台東原住民と交易を行うために築いた拠点より発展した漢人聚落である。「楓港台東道」開通以前、屏東から台東までは横断の山道がなく、唯一の交通路線は船で台湾最南端の鵞鑾鼻岬まで南下し、バシー海峡を回って台東に北上する航路だけであった。したがって、最初、台東に移住した漢人は主として商業活動に従事していた商人であった。しかし、「楓港台東道」開通後、漢人の台東への移住は土地開墾を求める農民が主流となり、漢人の人口は年とともに増え、ついに原住民を上回るに至った。

日本統治時代、台東庁内に行政機構の役人、治安維持の警察、海岸守備の軍隊、学校の教員、医療機構の医師、インフラ建設の技術者、台東製糖株式会社所属の職員および土地開墾の農民など、約五、六千人の日本人が住んでいた。農民は主として台東製糖株式会社が新潟県や長野県から募集してきた私営移民である。開拓団の農民は台東平原に鹿野村（現龍田村）、旭村（現豊里）、鹿寮という村落を建てた。しかし、一九四五年、日本の敗戦により、日本人は本国に引き上げた。

中華民国が台湾を接収した後、台東庁を台東県に改めた。そして一九四九年、国民政府が台湾に移転した際、一部の難民および「栄民」（退役軍人）を台東県に移住させた。現在台東県内の人口構成は、本省人と外省人を含む漢人が約七割を占め、原住民は約三割に過ぎない。

修学旅行の六日目、台東駅から花東鉄道（五分鉄道）の列車に乗って花蓮に向かった。花東鉄道は花蓮と台東両県を結ぶ大動脈である。建設は三段階に分けて行われ、全線開通するまで十七年間もかかった。明治四十二（一九〇九）年から大正六（一九一七）年までに、花蓮港から玉里までの区間、約八十七キロが完成された。

台東製糖株式会社が台東県の卑南から里壠（現関山）までの区間、約四十三キロを完成した。これはサトウキビ（甘蔗）の運搬および客車・貨車兼用の鉄道である。そして大正七年から十五（一九二六）年までに、玉里から里壠間の区間、約三十七キロも開通した。全長約百六十七キロの鉄道である。日本統治時代は「台東線」と呼ばれ、戦後は「花東鉄道」と改称された。

鉄道は花東縦谷に沿って敷設され、西側は中央山脈、東側は海岸山脈、沿線に渓谷と平野が交ぜ織り、至るところに茶園、水田、果実園がある。縦谷は幅二～七キロ、全長百五十八キロ、緑の回廊地帯のように花蓮と台東を結んでいる。鉄道の沿線に、ところどころに原住民または漢人の聚落が散在している。列車は七時間走って午後三時頃に花蓮港駅に到着した。走行距離で計算すると、五分鉄道の列車は時速二十五キロ前後となる。

下車した後、花蓮の港を見学し、五時頃まで埠頭や海岸で散歩し、果てしのない太平洋を眺め、大自然の景観を満喫した。夕食後は自由活動の時間なので、学生は三々五々繁華街に出てぶらつきながら屋台で珍しい果物を食べたり、お土産を買ったりして修学旅行の最終夜を楽しんだ。

花蓮港の旧称は「回瀾港」という。花蓮は回瀾の当て字である。回瀾とは、花蓮渓の水が海に注ぐところの瀾（波）が回る状態になっていることで、漢人がこの地を「回瀾港」と名づけ、後に近似音の花蓮港に改められた。日本が台湾を領有した後、明治三十（一八九七）年に台東庁を設置したとき、花蓮港に台東庁花蓮港出張所を設け、同三十四年に花蓮港出張所を花蓮港支庁に改め、そして同四十三（一九一〇）年地方制度改正と同時に花蓮港支庁を花蓮港庁に昇格させた。注②

日本統治時代、台湾総督府は台湾東部を開発するため、花蓮に近代的な商港の建設を決定した。第一期の工事は一九三一（昭和六）年に始まり、八年間かけて一九三九年に三つの埠頭を完成した。第二期の工事は一九四四年に完成する予定だったが、大東亜戦争の勃発により中断を余儀なくされた。しかし、開港後、花蓮港は急速に発展し、ついに台東街を上回って東台湾最大の街となった。

花蓮港開港以前、台湾北部の東西交通が極めて不便であったため、日本人は関西弁で花蓮港を「帰られへん港」と呼んでいた。戦後、花蓮港庁は花蓮県に、花蓮街が花蓮鎮に、さらに花蓮市に改められたため、花蓮港という地名は単に花蓮の港を指す名称となった。

花蓮県は元来原住民の阿美族（Ami、アミ族）、泰雅族（Atayal、アタイアル族）、太魯閣族（Taroko、Truku、タルク族）、布農族（Bunun、ブヌム族）、撒奇莱雅族（Sakizaya、サキザヤ族）、噶瑪蘭族（Kavalan、クヴァラン族）などの生活基盤であったが、十九世紀後半以降、閩南人、客家人、外省人が相次いで入植し、人口は原住民を上回るに至った。現在原住民の人口は全県総人口の四分の一に過ぎず、大多数は花東縦谷と沿岸地帯に居住している。ちなみに、日本統治時代、花蓮港庁内に約一万五千人の日本人が居留していたが、戦後本国に引き上げた。

七日目は修学旅行の最終日で、花蓮港から台北に戻る長時間の旅であった。当時花蓮港から宜蘭県の蘇澳までは鉄道がなく、「蘇花公路」が唯一の道路であった。この道路は清朝同治年間に開通された「北路」で、路幅は僅か二～三メートルに過ぎず、人間や牛車ないし馬車が利用できる狭い道であった。

日本統治時代、台湾総督府が東台湾を開拓するため、一九一六（大正五）年から「北路」の路幅をバスやトラックが走れる一車線（一方通行）の道に拡大し、一九三一（昭和六）年に完成した。一方通行の道路なので、途中の崇徳に管制ステーションと休憩エリアを設け、南北往来の車両がここで擦れ違いをする。道路の全長は百十八キロ、東海岸の太平洋に面していることから「臨海道路」と改称された。戦後、中華民国政府は臨海道路を蘇花公路に改めた。

バスは早朝花蓮師範学校から出発し、まもなく蘇花公路に入った。さすが国内外に名を馳せる臨海道路だ。バスは断崖絶壁の上を走り、太平洋は岸壁の下に接している。険しい曲がり角にさしかかると、バスはスピードを落として徐行する。安全のため、車内で立ち上がって動くことは禁止されたが、座ったままでも果てしのない太平洋の景観やそそり立った険しい岩壁がはっきり見える。皆初体験なので、びくびくしながら蘇花公路の光景を眺めた。

バスが蘇澳駅に到着したのは午後二、三時頃で、早速七分鉄道の宜蘭線に乗り換え、基隆に向かった。基隆駅で縦貫鉄道に乗り換え、夕方に台北駅に到着した。台北駅から歩行で学校に帰った。一週間の「環島旅行」は一生忘れない青春時代の思い出となった。

（八）台北師範学校卒業

修学旅行から帰ってくると、最終期末試験が待っていた。皆気持ちを引き締めて試験の準備に取り組んだ。試験が終わった後、各クラスはそれぞれ別れ会を開き、三年間の思い出を話題にして語り合った。卒業式は一九五六年の七月上旬に挙行され、三年間の師範学校生活に終止符が打たれた。

私どものクラスは一年生から「旋風会」と名づけ、クラスメートは三十九人で、在校三年間、同じ屋根の下で暮らし、同じ釜の飯を食べ、その絆は兄弟のように堅いものであった。卒業後、旋風会は毎年同窓会を開き、現在も続いている。ただし、クラスメートはすでに十三人が他界した（二〇一六年五月現在）。光陰矢の如し、皆後期高齢者になっている。

〈注釈〉

注①　黄秀政・張勝彦・呉文星共著『台湾史』、二八二〜二八四ページ、二〇〇二年、五南文化事業機構

注②　安部明義著『台湾地名研究』、三〇九ページ

第四章　青年時代の後期

一、台北市龍山区西門国民学校の教員時代

（一）師範学校卒業生の勤務先配属制度

師範学校の学生は在学中の三年間、国家が学費および生活費をすべて賄うので、卒業後に最低三年間教員として勤務しなければならない。これは義務であるが、給料は一般の公務員と同様、毎月支給される。換言すれば、卒業生の就職は全員保証されている。台湾ではこれを「鉄飯碗」と呼んでいる。

勤務先の配属は二段階に分けて行われる。第一段階は勤務県市の配属である。この段階では学生が卒業する前に就職調査表に希望の勤務県市を記入して学校に提出する。省立師範学校の管轄権は台湾省教育庁にあり、卒業生の勤務県市への配属は教育庁によって決められる。各師範学校は学生の三年間の成績表を添付して教育庁に送り、教育庁は各県市の求人数を確認した上で、学生の調査表および成績表を審査して配属先を決める。各県市の教育局が教育庁の配属名簿を受けとると本人に通達する。台北師範学校卒業生の大多数は台北市か台北県を志願するが、郷里に帰っての勤務を希望する者も少なくない。私は志願の台北市に配属された。

第二段階は、勤務学校の配属である。各県市の教育局が教育庁の決定を本人に通達した後、勤務先の学校は自分で探すか、教育局に委ねるか、その選択は本人が決める。自分で探しても受け入れてくれる学校がなければ、教育局によって配属される。私は父の知人の推薦で台北市龍山区西門国民学校に内定された。数日後、教育局から辞令が届いた。

一九五六年（民国四十五年）八月一日に辞令を持参して西門国民学校に赴き、陳炳鎔校長先生（戦後二代目）の面接を受けた後、人事課で就任手続きを済ませた。新学年度は九月一日から始まるが、月給は八月一日からもらえるといわれた。その後、総務課長が新着任の教員十余人を案内して校舎の各種施設を見学した。

就職が決まり、早速住まいを探した。総務課の紹介で、学校のすぐ近くに六畳の個室を賃借した。当時弟合洲が省立台北高等商業学校に在学中であったので、一緒に住むことになった。部屋が狭くて、やむを得ず二段式の木造ベッドを買ってきた。食事は外食で、トイレと風呂場は大家の家族と共用した。

（二）台北市龍山区西門国民学校の沿革

台北市龍山区西門国民学校の歴史は、大正四（一九一五）年三月に創立された「台北第五尋常小学校」に遡るが、校名は同年九月に「台北城西尋常小学校」と改められた。台北城は清朝末期に建設され、城の東西南北にそれぞれ城門があったので、「台北城西尋常小学校」は文字とおり、台北城の西にある尋常小学校である。大正十一（一九二二）年に至って、校名がまた改められ、「台北市寿尋常小学校」となった。

当時、台湾の初等教育機構は日本人専用の尋常小学校、台湾人専用の公学校および原住民専用の蕃人公学校の三種類があったが、昭和十六（一九四一）年三月の台湾教育令により、同年四月一日から三種類の小学校は共に国民学校に統一された。[注①] したがって、台北市寿尋常小学校は、創立から昭和十六年まで、学生は日本人児童しかいなかったが、それ以降、台湾人の児童の入学が認められた。一九四三（昭和十八）年全校約千七百名の児童のうち、台湾人の児童が二百四十余名、約七分の一を占めていた。ところが一九四五年、日本の敗戦と共に日本人児童は本国に引き揚げることになった。一九四六（民国三十五）年二月一日、校名は「台北市龍山区西門国民学校」に改められたが、日本人児童がいなくなったため、近隣の老松国民学校、龍山国民学校などより一年生から五年生までの男子児童二百六十名、女子児童二百七十名を回してきて補った。戦後授業再開時の児童数は約千二百名、二十九学級の編制であった。[注②] 現在は「台北市萬華区西門国民小学」という校名になっている。これは一九九〇年台北市行政区の変更に伴って改称されたのである。

台北市龍山区西門国民学校（以下「西門国民学校」と略称）は、西門町の成都路と康定路の角にある。学校の正門は東西向きの成都路にあり、後門は南北向きの康定路にある。日本統治時代、西門の外郭地域に商店街が建設され、西門町と名づけられた。その後、西門町は次第に発展し、ついに台北最大の繁華街の地位を占めるに至った。しかし、一九八〇年代以降、台北市の発展は西から東へ進み、西門町は一時衰退した。その後、若年層向けの商店街に変貌して、現在は台北の渋谷や原宿と呼ばれている。

なお、台北市の道路拡張と地下鉄の建設により、西門の城門は撤去され、西門町の成都路は中華路を横切って城中区（現中正区）の衡陽路とつながるようになった。総統府から西門町までの距離は僅か数百メートルに過ぎない。西門国民学校の学区は龍山区（現萬華区）の西門町を中心に城中区の大部分に及んでいた。

（三）中学への高進学率と児童数の急増

一九五六年九月一日、新学年度が始まり、早起きして学校に行った。八時から教職員の朝会が行われ、校長先生が簡単な挨拶をした後、新着任の教員を皆に紹介したが、人数が多いので、自己紹介は省かれた。つづいて、教頭主任が全校の学生数と各学年の学級数および新年度の主な行事について報告した。児童数と学級数を聞いて驚いた。確実な数字は覚えていないが、記憶では一学級約五十名、一学年約十数クラス、六学年で計算すれば全校児童は約三千人にのぼる。一九四六年の児童数は千二百名であったが、十年で児童数が二・五倍に増えた。

児童数増加の原因は、西門国民学校が全台湾随一の中学への進学名門校であったことにある。戦後初期、台湾の義務教育年限は小学校の六年までで、中学への進学は入学試験を受けなければならなかった。当時台北市の有名中学は省立建国中学、省立台湾師範大学附属中学、省立成功中学、省立台北第一女子中学、省立台北第二女子中学などであった。この五校はいずれも初中部（中学部）と高中部（高等中学部）を設けているが、中高一貫教育ではない。初中部から高中部への進学はやはり試験をパスしなければならない。

激しい進学競争の中で、西門国民学校の卒業生の合格率は毎年ダントツで、二位に大差をつけていた。特に台湾で最も評判が高い建国中学と台北第一女子中学の生徒は西門国民学校の出身者が最多である。進学率が高いことから、学区外の教育熱心な親が戸籍を西門町や城中区の親戚や友人の家に置き、子供を西門国民学校に入学または転入させた。これは違法行為であるが、学区外から来る学生の中に各界の有力者の子弟が多数含まれることになるので、主管機構である台北市教育局は見て見ないふりをしていた。ゆえに西門国民学校の児童数は毎年増え続けたのである。

終戦直後、西門国民学校の校舎は東北西の三棟だけで、U字形となっている赤煉瓦の二階建てであった。その後、児童の急増に対応するため、十年の間に鉄筋コンクリートの三階建ての校舎を二棟増築した。一棟は運動場の南側に、もう一棟は西棟と康定路との間に建てられた。前者は三十教室、後者は二十四教室、二棟を合わせて計五十四教室が増築された。しかし、児童数は増え続け、学校にはもう空き地がなく、これ以上校舎を増築することはできない。対策として一学級の人数を基準の四十名から五十名前後に引き上げることと、一、二年生の授業を午前と午後の二部制、つまり、二クラスが一つの教室を共用し、授業を半日にすることである。授業時限は午前も午後も同じ四時限で、午前の部と午後の部は月ごとに交替する方式が採られた。

就任の一年目は二年男子組の担任で、授業は半日だけであった。三年生以上の音楽、美術と体操の三科目は専門の教員が担当するが、一、二年生の授業はすべて担任の教員が受け持つことになっている。半日だけの授業であるため、生徒に毎日通常より多めに宿題を与えて自宅で勉強させる。一、二年生担当の教員は授業のない半日は、教員室で児童の宿題をチェックしたり、教学の準備をしたりする。ベテランの教員は毎日数時間にわたって机の上に積んでいる児童の宿題をチェックしていた。これに対して、新任の教員は二部制の経験がなく、児童に与えた宿題の量はベテランの教員に比べてはるかに少ないため、いつものんびりしていた。

学校の定期試験は毎月の試験（「月考」という）と期末試験（「期末考」という）がある。各学年の試験問題は統一され、試験の結果は各クラスの平均点に基づいて順位を公表する。二年生の初回の月考成績は、上位と下位の平均点数には大きな開きがあり、下位は全部新任教員の担当クラスであった。私は失望の余り学年主任の呂碧蘭先生にその原因を尋ねた。彼女は人に好かれる有能なベテラン教師で、親切に励ましてくれた。その内容は大体次のとおりである。

台北市立西門国民小学校で授業する著者

「毎年初回の月考成績が発表されると、新任教員はほとんどがっかりします。私もこのような辛酸を嘗めたことがあります。新任教員は皆師範学校で学んだ教育理念と教学方法を心がけて、教壇に立ち、熱心に児童を教えています。だが、西門国民学校は進学の名門校であり、この地位を維持するには低学年から児童の学力を強化しなければなりません。特に教室不足で低学年は二部制になり、授業時間は短縮されています。これを補足するには、担任の教員が国語や算数などの練習問題を作って児童に宿題として自宅でやらせる必要があります。宿題の質と量は児童が消化できる範囲内の程度でいいです。私は皆さんを信じています。要領さえ分かればきっと徐々に追いついてきます。焦る必要はないです」。

呂学年主任の励ましを聴いて自信を取り戻した。それ以後、毎日児童に与える宿題を作成し、児童の出来具合を見ながら、練習問題の内容を調整した。その結果、クラスの平均点は上位との差が徐々に縮まった。児童の成績をアップさせるため、児童に対する要求は幾分厳しくなった。しかし、教師として「鉄肩担教育、笑臉看児童」（鉄肩で教育を担ぎ、笑顔で児童に接する）という教育態度は一貫して堅持し続けた。

一年目の二学期の半ば頃、ある日、校長室に呼ばれた。校長先生は「座りなさい。人事のことで、君に頼むことがある」と要件を述べた上で、つづいて「新年度に定年退職、転勤および生徒数の増加により、新規採用の教員として約十余名が必要となる。現在のところ、七、八名はすでに内定しており、後三、四名の若い男性教員が欲しい。君の同級生もしくは同期生の中で、適当な人選がいれば推薦してもらいたい。この件に関しては、水面下で進めて欲しい。頼む！」と説明した。私は「承知しました。信頼できる同級生または同期生に打診してみます。適当な人がいればただちにご報告いたします」と答えた。

数日後、三人の希望者の履歴書を校長先生に提出した。三人のうち二人は同級生の謝石龍と陳添武で、もう一人は同期生の張徳旺である。校長先生が三人を面接した後、私を校長室に呼び、「三人とも温厚誠実な人柄で、採用する。近いうちに正式に本人に通知する。君にはご苦労をかけた。ありがとう！」と言われた。

任務を果たしてほっとしたが、一つの疑問が脳裏に去来していた。すなわち自分が西門国民学校に勤務してから僅か九ヶ月に過ぎず、なぜ校長先生にあんな大役を任されたかという疑問である。信任されていると思えばそれで済むが、しかし、平素校長先生に褒められたことがなく、単独で面談する機会も余りなかったのに、信任されるわけが思いつかない。

聞くところによると、当時台北市教育局は毎年学年度が始まる前に教員資格のない政府高官や高級将校の奥さんを西門国民学校に紹介してくる。最初陳校長は情に絆されてたまに一人か二人を受け入れたが、その後、対策として、つねに必要な新規採用の教員数を事前に内定したのである。

(四) 算盤選手の訓練を兼務

就任の初め頃、経験不足のため、試行錯誤を繰り返していたが、第一学期の半ばに至って、徐々に要領を得て、時間的にも精神的にもゆとりができ、クラスの運営以外に何か学校のために役立つ仕事はないかと考えた。ふっと北投国民学校で算盤選手の訓練を見学したことを思い出し、そこで学んだ指導方法を西門国民学校で試してみる意欲が湧いてきた。

早速算盤選手を指導している陳秀琴先生を尋ね、単刀直入に選手の訓練を手伝いたいと申し上げた。彼女は怪訝な表情で私を見て、「大歓迎ですが、どうして算盤選手の指導に興味を持つのですか、そのわけを聞かせてくれませんか」と述べた。私は北投国民学校で半年実習したことと、算盤選手の指導方法を学んだことについて説明すると、陳先生は「なるほど、分かりました。是非力を貸してください。ただし、教職員の兼務は校長先生の同意が必要です。問題ないと思います。選手の訓練は教職員の朝会（午前八時）から升旗典礼が終わるまでの時間（約四十分）を利用しています。宜しくお願いします」。当日の正午、校長先生の同意を得て、翌日から算盤選手の指導を兼務し始めた。

陳先生は高等商業学校の出身であり、算盤に関する専門知識と技能を持っている。初日、私は練習問題の配布や回収などを手伝い、教室を巡回しながら児童の練習を見ていた。練習は八時四十分に終わった。教職員室に戻った後、当日午前中に授業がなかったので、陳先生がお茶を入れ、一緒にお茶を飲みながら選手の訓練について意見交換した。

陳先生は「練習に参加している児童は六年生と五年生が各十余名います。六年生はすでに一年数ヶ月の訓練を受けており、実力は三級か二級の程度で、五年生は訓練を受けて僅か二、三ヶ月しかないので、実力はまだ評価できません。全般的にレベルが低いといえます。レベルをアップするには練習時間を増やさなければなりません。しかし、五、六年生には進学問題があり、算盤の練習に時間を費やす余裕はないです。一級以上の選手がなければ、団体と個人とを問わず、試合で入賞することは期待できません。これが本校の算盤選手の現状です」と説明した。

私は「三、四年生から算盤の練習に興味を持つ児童を募集して養成すれば、五、六年生になると、一級ないし初段以上の選手が出てくる可能性があります」と述べたところ、陳先生は「そのとおりです。私もつねに三、四年生から養成することを考えていましたが、しかし、三、四年生と五、六年生のレベルは大きな開きがあり、一人で同時に指導するのは無理です。楊先生が協力してくれるなら、この構想を校長先生に報告して実現させましょう」と語った。

数日後、学校の掲示板に三、四年生を対象とする算盤練習の募集に関するポスターが一枚貼られた。応募者の申し込みは担任の先生を通じて教務課への提出とした。募集人数は三、四年生各十名、計二十名の予定だったが、約二倍の人数が応募した。五、六年生を加えると、一つの教室では収容できないので、応募者の中から半分だけ選抜することにした。早速三年生向きと四年生向きの見取り算問題を作成してテストを行い、成績順によって上位の二十名（三、四年生各十名）を採った。落とされた生徒には気の毒なことをしたと思い、心が痛むほど苦しかった。それ以降、毎年同じ方式で三、四年生を募集した。

三、四年生の加入で、算盤練習の児童は倍増した。レベルは学年によって差があり、その上、練習の項目は見取り算、読み取り算、見取り暗算と読み取り暗算があるため、同じ教室で如何に指導するかが問題となった。特に読み取り算と読み取り暗算は先生が数字を読み上げて児童に計算させるが、児童のレベルが違うので、同時に練習することはできない。陳先生と協議した結果、次の方式を考え出した。（1）児童を三、四年生と五、六年生の二グループに分け、一グループが読み取り算ないし読み取り暗算を練習しているとき、他のグループは見取り算を練習する。（2）見取り暗算の場合、二グループの練習問題は違うが同時に練習できる。（3）三、四年生は時間的に五、六年生より余裕があるので、毎日三十分以内で完成できる見取り算と見取り暗算の宿題を与えて自宅で練習させる。翌日からこの方式を取り入れて児童の練習を指導した。最初は多少の混乱があったが、徐々に慣れて難なく軌道に乗った。

算盤選手の養成に携わった一、二年目、主力選手の実力は二級か三級の程度に過ぎず、試合に入賞することはなかった。しかし、三年目以降、状況は一変した。五、六年生の選手は皆三、四年生から訓練を受けてきたので、レベルは顕著にアップした。主力選手は概ね初段ないし一級あるいはそれに近い実力を持ち、団体試合でも個別種目の試合でも上位の強豪チームと戦えるようになった。当時台北市の最強チームは老松国民学校（児童数一万人を超える世界最大の小学校）であり、毎年団体優勝を独占していた。団体の二位はつねに西門国民学校と東門国民学校が争っていた。個別種目の試合でも毎年何人か入賞した。無名なチームが突然上位に食い込んだので、校長先生は大変喜んでいた。

（五）大学へ進学する準備

すでに述べたが、中華民国の兵役法では、二十歳以上の男性は身体障害者あるいは身体検査で不合格と認定された者を除き、皆兵役の義務があると規定している。服役の期間は三種類がある。第一、大学、専科（短大）を卒業した人は一年間の予備軍官（少尉の階級）に服役する。第二、高校卒以下の人は充員兵（補充の兵員）になるが、服役期間は空軍と海軍が三年、陸軍が二年で、階級はいずれも二等兵から始まる。第三、師範学校の卒業生は後備補充兵（二等兵の階級）として五ヵ月の服役を務めるだけであった。ところが、われわれが卒業する一九五六（民国四十五）年に兵役法が改定され、師範学校卒業生の服役期間は高卒以下の人と同様になった。

この兵役法の改定により、大学が集中する台湾北部に勤務する同期のクラスメートは、ほとんど教員就任早々から大学へ進学する準備に取り掛かった。私は師範学校に進学するときに、すでに三年の教員を務めてから大学へ進学することを志していた。兵役法の改定が公布されると、私はさらに進学の決意を固めた。

進学する決意は固まったが、進路を文系にするか、理系にするか、すぐに決断しないと何も進まない。受験科目と師範学校で履修した科目を比較して検討した末、文系を目指すことにした。師範学校の教科は教育関係の授業があるため、数学、英語、物理、化学、生物などの授業時間は高等中学に比べて少ないばかりでなく、内容もより易しいものであった。国語、歴史、地理、三民主義などは高等中学のものと概ね同じであった。文系の受験科目は国語、数学、英語、歴史、地理、三民主義の六科目であり、三年の間に数学と英語を強化すれば高等中学の卒業生と競争できるはずと確信していた。夜に予備校に通うことも考えていたが、年齢が現役の学生より三つも四つも年上になっているのであきらめた。

進学は三年後のことであり、時間的に十分余裕がある。学校の職務と受験の準備を両立させるには公私混同を避けるように心がけなければならない。すなわち、平日の昼間は学校の職務に専念し、受験の準備は絶対勤務時間を利用しないことである。学校の教員には夏休みと冬休みもあり、夜と休日も勉強できるし、時間を無駄にしなければ、願いをかなえられるはずだと信じていた。決心をつけた後、数冊の受験参考書や問題集を買ってきて勉強し始めた。

一九五七年の九月、西門国民学校での勤務は二年目を迎え、三年生男子組の担任となった。三年生は全日制で、当時給食制度がなく、生徒は弁当を持参しなければならない。もちろん、正午に家族が弁当を持ってくることもできる。学校には「蒸飯」(弁当を蒸す)施設があり、各クラスが四人一組の当番を編成して弁当を運ぶ。教員は原則として弁当を持参して児童と一緒に昼食をとるが、私はいつも当番の生徒が弁当を配り終わってから、教室を離れて外食に行った。昼食後、約三十分の休憩時間は皆両手を机に伏して昼寝をする。

三年生以上の体育、音楽と美術の授業は専門の教員が担当するので、全日制になっても担任の授業時間は余り変わらない。ただし、西門国民学校は進学の名門校であり、児童の学力を概ね三年生から強化し始める。そのために一部の教育熱心の父兄が担任の先生に放課後に課外補習を求める。補習の時間は一時間半程度で、場所は参加者の父兄の誰かが提供する。参加の児童は希望者に限り、月謝は随意で、父兄が各自に金額を決める。

この問題は私にとって大きな悩みとなった。(1)自分は大学への受験を準備しており、夜の時間で勉強したい。(2)一部の児童だけに課外補習をすれば、クラスの運営に公平さを失う恐れがある。(3)月謝が随意であっても、師弟間の金銭往来は師道に傷がつく。(4)世論は課外補習を「悪性補習」と決め付け、厳しく批判している。第一点は私的な問題で時間を調整すれば何とかなるが、他の三点は、教師として受け入れ難い。

しかし、父兄が言うには、「悪性補習」と批判されているのは確かだが、激しい受験競争が存在する限り、課外補習は不可欠だ。西門国民学校の三年生以上のクラスは皆課外補習を行っている。これは西門国民学校だけの問題ではない。台北市内に限っていえば、どの学校もやっているはずである。まして、政府は禁止していない。そこまでいわれると、私も頑強に断ることができず、ついに課外補習を引き受けた。

ある日、西門町の漢中街で「台湾電気行（電気工事店）」を経営している郭さんという父兄が私を訪ね、次のように述べた。「わが店の裏側に木造の二階建ての家があります。二階は「西門浴池」経営者のもので、一階は私が所有している。部屋の広さは十畳で、押入れ、洗面所、トイレがあります。すっと使っておらず、空室になっています。一度見に来て、気に入れば、お住まいとして使ってください。家賃はいりません。弟さんが一緒に住んでいると聴いておりますが、ご遠慮なく一緒に移って来てください。なお、この部屋は課外補習にも使えます。座敷机を二台用意します」と。郭さんの誠意に感謝し、下見もせずに数日後に入居した。やがて、課外補習も始まった。児童数は郭さんの長男を含めて十人前後であった。

「台湾電気行」の裏側の二階建ての木造の家は四、五軒並んでおり、「西門浴池」（上海式の高級浴場）の建物と長さ約四十メートルの袋小路を挟んで相対している。私の住む部屋は三軒目、袋小路から蛾媚街に出ると、約三十メートルで漢中街につながる。学校まで歩いて十分間もかからない。付近に食堂も多数あり、独身者にとって便利なところである。

引越しの翌日、袋小路で思いがけなく、西門国民学校に転勤してきたばかりの陳献士先生に出会い、二人が同じ屋根の下に住んでいることがわかった。陳先生は、「西門浴池」の経営者とは親戚であり、その関係で入居していたのである。

二人は学校では同じ三年生の担任であり、住むところも同じ建物の中にあることから、互いに自分のことを語り合える仲間となった。陳先生は私と同年齢であるが、一九五三年に台南師範学校を卒業し、すでに五年の教員経歴を有している。彼には兵役問題はないが、私と同様、大学へ進学する準備をしている。その後、二人とも大学に進学し、さらに海外に留学した。私は日本へ、彼はアメリカへ、それぞれ異なった道を歩んできた。現在陳先生は家族と一緒にアメリカに居留している。

大学入試は後一年となり、進路は文系に決めたが、全日制にするか、夜間部（定時制）にするか、すぐには決断できなかった。内心では全日制の大学に行きたいが、年齢が現役の学生より六つも年上になっているので、夜間部の方がいいという考えもあった。この問題に悩まされているところ、台湾師範大学が一九五九年度から「六年制」（在学五年、実習一年）の夜間部を設置し、学生を募集するニュースが報道された。この時点で、私は台湾師範大学夜間部を志願する決断を下した。

一九五九年、大学受験は正念場にさしかかった。受験科目は国語、数学、英語、歴史、地理、三民主義の六科目があり、三年の間、大部分の時間は数学と英語に費やされた。入学願書に志望学科を史地系（歴史地理学科）と記入した。入試は六月の中旬に行われ、合否発表の日、不安な気持ちを抱いて師範大学に行き、史地系の合格者に自分の受験番号が入っているのを見てほっとした。その日は休日だったので、合格した数人の同級生と一緒に羅斯福（ルーズベルト）路の四川飯店で、互いにコップにビールを注いで乾杯した。

合格発表の翌日、台湾師範大学夜間部に受かったことを校長先生に報告した。校長先生は「おめでとう！　勤務しながら大学で勉強することは大変だと思う。頑張りなさい。ただし、職務はいままでどおりしっかりとやって欲しい。なお、大学在学中は五、六年生の担任になることは無理であろう」と述べた。

進学が決まった後、大学の近くに引っ越すことを考えていた。なぜなら、新学期が始まると、郭さんの長男が五年生になり、自分は五年生を担任しないので、引き続き郭さんの家に住む理由がなくなり、けじめをつける必要があるからである。夏休みに入る前、郭さんに大学に進学することと、大学の近くに引っ越すことを告げた。郭さんは再三慰留してくれたが、私は「授業は午後六時半から十時半まで、自転車で通学するので、大学の近くに住む方が便利だ」と説明した。郭さんは私の気持ちを察して同意した。

やがて、同級生の劉佳欽の誘いで、古亭国民学校の構内にある彼の宿舎に移った。この頃、弟合洲はすでに台北高等商業学校を卒業して軍隊に召集され、空軍の気象兵士として金門に派遣された。したがって、劉君の宿舎に移ったのは私ひとりだけであった。

郭さんの家に住んでいたその二年間、一生忘れないことが二件ある。一件は虎尾中学の同級生鍾廖権に関することで、もう一件は従弟の明凡に関することである。

鍾廖権は中学卒業後、高校を経て台湾大学法学部に進学した。一九五七年の夏、彼は西門町に来て私に会い、元気なさそうな口調で「軍訓課程が不合格のため、大学を卒業することができず、父も母も怒って仕送りが絶えた。百元貸してくれませんか、いつか必ず返す」と語った。当時、百円は私の月給の四分の一に相当する金額であったが、私はすぐ財布から百元出して彼に渡すと同時に、「生活費が切れたら、また言ってくれ、遠慮しないで！」と述べた。ところが、それ以降、彼に会ったことはなく、彼からの連絡もなかった。借金のことで、私を避けるはずはないと信じていた。きっと何かあったに違いない。

その後、彼の消息を知ったのは、一九六九年私が京都大学に留学した頃でった。ある日、図書館の本棚で偶然『台湾青年』という月刊誌で台湾の政治犯のリストを見つけた。その中に鍾廖権および師範学校の同級生劉佳欽と同期生呂国民の名前が載っている。劉君と呂君が政治犯として投獄されていることは出国前にすでに知っていたが、鍾君のことは初めて知った。その後、劉君から聞いた話では、緑島で鍾君と知り合った。彼は七年の徒刑に服して釈放された。その後、互いに連絡を取っていないので、現在どうなっているか全然分からない。劉君と呂君のことに関しては後述する。

従弟の明凡の件は、一九五八年八月二十三日から十月六日の間に発生した「金門砲撃戦」（別称「八二三砲戦」）に関することである。当時、海軍服役中の明凡は輸送船に配属され、砲撃戦の期間中、ほとんど毎週軍需品や食糧などの補給物資を満載した艦船に搭乗して金門と基隆を往来していた。金門全域が敵の射程内にあるため、船舶は料羅湾外の海域に止まり、積み荷を小型船艇に卸して地下運河と呼ばれる「翟山坑道」の埠頭に搬入する。

しかし、輸送船が金門の料羅湾に近づくと、人民解放軍はより強力な火力を使って輸送船を射撃するので、輸送船が荷卸しをしている間に着弾することもよくある。任務を終えて輸送船が基隆に戻ると、船体の点検や補修および物資の船積みが数日かかる。その間、明凡は暇を取って台北に来て私と合洲に会う。別れるときは、彼はいつも「生きて戻ったらまた会おう」といい、私は「必ず戻ってきてまた会おう」と言い返した。四、五年前、明凡は他界したが、二人の合言葉は一生忘れない。

（六）台湾師範大学への進学

劉佳欽は大安区古亭国民学校（羅斯福路三段）に勤務し、学校の宿舎に住んでいる。宿舎は正門のすぐ傍にあり、建物は木造の一階建てで、四つの部屋からなる。劉君以外に台北師範学校の同級生藍松栄、同期生呂国民もそれぞれ一室を使っている。もう一室は王壬生先生が住んでいるが、王先生は妻子がいるので、自分で部屋の裏側に寝間と台所を増築した。

王先生は後に教員を辞めて商業に従事し、大企業家になった。彼は河南省出身で、両岸交流後、故郷に戻り、大規模な企業を次々と創設し、河南省財界の重鎮となった。雑誌の報道によると、彼は大陸で「河南王」（河南省の王さんと河南省財界の王様という二様の意味を含む）と呼ばれている。

一九五九年、劉君は台湾大学農学部の夜間部に、呂君は同大学法学部の夜間部にそれぞれ進学した。藍君は進学せず、義務兵役に召集された。劉君は私より一つ年下であるが、生まれは僅か三ヶ月の差

（私は一九三四年十月、彼は翌年の一月）で、二人は年齢が近いことから、何事も語り合える仲間となった。

今まで西門町に住んでいたころ、西門国民学校への通勤はほとんど徒歩であった。古亭国民学校の宿舎に移ってから自転車で通勤するようになり、西門町までの所要時間は二十分ぐらいであった。担当の学級は三年生なので、以前と同様、一部の児童に課外補習をしなければならない。しかし、退勤は午後五時、大学の授業は午後六時半に始まることを考えると、内心では課外補習を避けたい。結局、希望者の父兄の同意を得て、補習時間を三十分短縮して一時間にした。補修の場所は西門町の武昌街にある「東光洗衣店」（洗濯屋）の経営者・陳金葉女史が店の四階を提供した。

補習が終わると、自転車で和平東路一段にある台湾師範大学に直行、約二十分で着く。食事の時間がないため、空腹のままで教室に入り、授業が終わってから、大学の垣根の外側に並んでいる屋台で夕食をとっていた。そのとき、よく食べていたのは「紅焼牛肉麵」（四川風の辛い牛肉麵）であった。大学から古亭国民学校まで、自転車で約十分間、いつも午後十一時前後に宿舎に帰った。

師範大学夜間部の授業は月曜日から金曜日までは毎晩四時限、一時限が五十分で、時限ごとに十分の休憩がある。授業は午後六時半から始まり、十時二十分で終わるが、履修科目によって、二時限または三時限の日もある。土曜日の午後にも四時限の授業があり、ほとんどが共通科目の授業であった。

必修共通科目は全国大学（文系と理系を問わず）統一必修共通科目と各大学独自の必修共通科目の二種類がある。前者は三民主義、中国近代史、国際知識と国際情勢、軍訓の四科目を含む。中国近代史はアヘン戦争以降における列強の中国侵略史を学生に勉強させて愛国心を培うために必修共通科目とされたのである。第二種は大学によって科目が異なるが、師範大学の場合は、教育関係の科目が中心で、例えば、教育概論、普通教学法、心理学、歴史教材教法、地理教材教法、社会学、教学実習などである。このほかに、国文、英文、四書、哲学概論、体育の五科目も共通必修科目になっていた。

歴史地理学科は、三年生から専攻分野を歴史組と地理組に分かれるが、私は歴史組を選んだ。しかし、六年制の夜間部は創設されたばかり、各学科の学生数は概ね二、三十人程度で、歴史地理学科の両組は一年から五年まで、ずっと同じ授業を受けていた。歴史関係の科目は、史学通論、中国上古史、中国中古史、宋遼金元史、蒙古史、明清史、中国現代史、西洋上古史、西洋中古史、西洋近世史、西洋現代史、英国史、西洋史文献講読、アジア各国史（東洋史）がある。地理関係の科目は、地学通論、自然地理、中国地誌総論、中国地理誌、中国区域地誌、南大陸地誌、北米地誌、アジア地誌、欧州地誌がある。科目が多くて、私は全部で百六十七単位取得した。

西洋史とアジア各国史および地理関係の授業はほとんどテキストまたはプリントがあり、講義の内容は概説的なものであった。英国史と西洋文献購読の授業は、いずれも英文のテキストが使われた。中国史担当の先生方はほとんど自分の専門分野に重点を置き、テキストなしで講義するので、学生は筆記をしなければならない。

履修科目の中で、最も興味を引かれたのは民国史、すなわち中国の現代史であった。担当の先生は秘密結社研究の権威者である戴玄之教授であった。戴教授の主張では、革命団体は革命が成功するまで、政権側から見れば非合法組織、すなわち秘密結社である。したがって、先生の講義は辛亥革命から始まり、辛亥革命と関わる秘密結社組織を逐一取り上げて詳述した。例えば、孫文の率いる興中会、黄興の率いる華興会、蔡元培の率いる光復会、そしてこの三団体によって結成された中国同盟会、さらに革命運動を支援した天地会（洪門会）、哥老会、大刀会、致公堂などの如くである。

民国初期の歴史に関して、戴先生は、まず政局の動向、軍閥の地方割拠と中央政権争い、および軍閥と列強の関係を概説した上で、秘密結社について講義する。特に大運河と上海を拠点とする青幇、揚子江流域を地盤とする紅幫、および華北の農村で組織された保守的、排他的な紅槍会（赤いふさのついた槍を武器にした武装自衛団体）などを中心に講義した。講義内容は秘密結社の紹介に止まらず、これらの秘密結社が国民党政権ないし軍閥との癒着によってもたらした政治的、経済的影響についても論述を加えた。戴先生の講義は、実にユニークな授業であった。

（七）大学四年時に結婚

大学に進学してから、西門国民学校での担任は、三年と四年の繰り返しであった。一九六一年は三年男子組の担任となった。放課後、いつもながら、課外補習を行ってから大学へ行った。西門町西寧南路の「陳婦産科医院」の院長・陳家旺医師の次男・陳春光も補習参加者の一人で、補習の場所は病院五階にある卓球室を使った。

陳家旺医師は若い頃、台南師範学校を卒業し、台南州虎尾郡虎尾国民学校の教員として六年間勤務した後、一九四〇（昭和十五）年、台南一中を卒業した二人の弟（二番目の弟・陳家興、三番目の弟・陳家丁）と一緒に医学部の試験を受けるために台北に北上した。陳家旺と陳家丁は台北医学専門学校（「台北医専」と略称）に、陳家興は台湾帝国大学医学部にそれぞれ合格した。ところで、一九四五年日本が敗戦した後、台北医専が台湾大学医学院に合併され、兄弟三人が同学となった。卒業後、三兄弟はそれぞれ総合病院で数年勤務してから開業医となった。陳家旺は台北で産婦人科医院を開設し、二人の弟は外科医として高雄で開業した。

一九六一年、元来台南市安南区で病院を開設していた呉平城医師（問題と研究出版、一九九六年刊『海軍軍医日記』の著者）が子供達の教育のために台北市民生路に移転し、そこで新しい「呉内科医院」を開設した。呉医師（私は幼い頃から呉医師を「城叔」と呼んでいる。「城叔」は平城叔父の意）の三人息子は私のアレンジで西門国民学校に転入した。

私との関係で、陳家旺医師と呉平城医師が数十年ぶりに再会した。呉平城は台南師範で勉強したことがある。そのときは陳家旺と同級生であった。しかし、呉平城は内地留学のため公費の賠償金を払って台南師範を中退した。その後、呉平城は京都両洋学院を卒業して岩手医専に進学した。卒業後、台南市に帰って「呉内科医院」を開設した。

ある日曜日の朝、呉医師が突然電話をかけてきて「大事な話が有ります。時間があればすぐに来て欲しい」といった。呉内科医院に行ったら、台南市長と市議会議長を歴任した楊請伯父（父のいとこ兄弟）が応接間で呉医師と雑談しているのを見て、きっと何があるに違いないと感じた。呉医師が私に向かって「実は数日前、陳家旺医師夫婦があなたの家柄と家族構成を聴きに来ました。私は如実に説明して上げました。どうしてそんなことを聴くのか、分かりませんが、常識的には、妹婿を物色している可能性があります」と述べた。つづいて、楊請伯父は「私も台南師範出身で、陳家旺医師より何期上か、覚えていないが、彼ら三兄弟が同時に医学部に進学したことはよく知っている。妹も立派な方だと思う。前向きに検討しなさい」と勧めた。

数日後、陳医師のお母さんと妹さんが台南から台北に来た。病院の四階に約二週間滞在した。その間、課外補習の出入りで何回が会ったが、挨拶だけで、言葉を交わすことはなかった。ある日、病院の近くに住んでいる姪は失念したが美玉さんという四十代の女性が西門国民学校に来て私を訪ねた。彼女は自己紹介した後、陳医師の妹さんとの縁談話を持ち出し、私の意向を聴いた。私は結婚のことについて両親と相談しなければならないので、すぐには答えることはできない。彼女は「来週にお返事を聞きに来ます」といって帰った。

父は私が師範学校三年（一九五六年）の頃、台北工業公司のコンクリートミキサー工場に砂利を供給する工事を請負ったため、家族も同時に雲林県虎尾鎮から台北県新店市（現新北市新店区）に転居した。工事は新店渓の砂州から砂利を採掘し、それをトロッコに積み込んで工場の砂利堆積場に送る作業である。砂利の需要量が多く、採掘と輸送はすべて人力で、つねに数百人の工員を雇っていた。縁談が進められている時期、父は台北市最初の高層ビルである「国賓大飯店」の基礎工事と地下室の建設を請け負っていた。したがって、父は毎日新店と台北の工事現場を行き来し、忙しい毎日であった。

父の都合に合わせて正式に見合いをセットしようと思っていたが、父は「君はすでに相手と会っているし、わざわざ見合いをセットする必要はない。まして阿城（呉平城）と馬仔（楊請の俗称）も賛成しており、いい縁談だと思う。後は君の意向次第である」と述べた。母も同じ意見であった。私は「進める方向で先方に返事します」と決意を示すと、両親はそろって頷いた。

翌日、美玉さんに両親と相談した結果を伝えた。その翌日、放課後に課外補習のため、陳婦産科医院へ行った。陳医師夫人・林鳳桂が私に「今日大学の授業は何時限からですか、時間があれば補習が終わったら三階で家族と一緒にお茶でも飲みましょう」と誘った。私は「二時限からです」と答えると、彼女は「時間は大丈夫ですね。お茶を用意します」と述べた。

補習後、私は児童が皆帰ってから三階に下りた。陳医師ご夫婦と陳医師のお母さんと妹さんがすでに集まっていた。着席後、陳医師がお母さんと妹さんを紹介してくれた後、家族について次のように説明してくれた。「妹の名前は鶴という。母は日本語で彼女を『つる子』と呼び、兄弟たちは『つるちゃん』と呼んでいる。六人兄弟で、上に兄が四人、姉が一人、彼女は末っ子で、私とは二十三歳の差がある。父は彼女が十三歳のときになくなった」と。

つづいて、陳医師のお母さんは「ご両親とあなたがこの縁談に同意したことを美玉さんから聴きました。私とつる子は来週台南に帰る予定で、できれば近日中に婚約指輪を交換し、半年以内に結婚式を挙げましょう。ご両親とよく相談して返事してください」と語った。結局、婚約は指輪の交換だけにし、結婚式は翌年（一九六三年）の冬休み中の二月十六日に挙げた。披露宴に約二百人の親戚、友人、同僚、同窓などが出席した。新婚旅行は日月潭に行き、教師会館に二泊した。

結婚後、借家生活がつづき、初めは泉州街に約十ヶ月住み、その後は龍山寺の近くに移った。翌年（一九六四年）三月長女品瑜が生まれた。私は朝早く家を出、夜遅く帰るので、妻は大変苦労した。同年七月、師範大学五年の学業が終了した後、夏休み中に台中県の成功嶺で十二週間（一九六四年七月一日〜九月二十三日）の「大専学生暑期集訓」（大学・専科学生に対する暑期の軍事訓練）を受けた。大学六年生は教学実習の課程だけで、私はそのまま西門国民学校で勤務し、一九六五年七月に卒業した。

（八）一年の予備軍官役

一九六五年七月五日、第十四期予備軍官として召集され、高雄県鳳山鎮（現高雄市鳳山区）にある陸軍歩兵学校の予備軍官班歩兵科に入隊し、同年八月三十日まで、計八週間の訓練を受けた。その間、歩兵に関する基礎訓練、銃砲実弾射撃、「七一四高地」攻撃、行軍演習などが実施された。猛暑の時期であったので、訓練は毎日炎天下で行われ、その厳しさは汗じみた軍服の背中に白い塩が浮くほどであった。

鳳山歩校に入隊する前、家内と長女が台南の実家に帰り、私が退役するまで、義母と一緒に一年間過ごしていた。同年九月、私が金門に派遣され、翌十月に長男が生まれた。

金門到着後、第三十三師団に配属された。所属の団（連隊）と営（大隊）の番号は忘れたが、連（中隊）と排（小隊）は覚えている。第二連の第三排で、私は第三排の見習排長（小隊長、少尉）に任命された。第三排は重砲を扱う小隊で、「兵器排」ともいう。一連は三排からなるが、将校と兵士の編制は、連長（中隊長、大尉か中尉）と輔導長（政治思想を補導する軍官、中尉）各一人、排長三人、営務官（食事、事務などを司る軍官）と幹事（輔導長の補佐、少尉）各一人、排副（副小隊長、曹長）三人、兵士は一排四十人、三排合わせて百二十人となる。

中隊の中で予備軍官は私と幹事の王震華少尉二人だけで、その他の将校は皆職業軍人であった。王少尉は私立世界新聞専科学校（現私立世新大学）を卒業して政工幹部学校（現国防大学政治作戦学院）で訓練を受けた後、第三十三師団に配属された。退役後、彼は中央日報の新聞記者になり、仕事の合間よく我が家を訪れ、子供たちに多くの写真をとってくれた。二、三年後、王さんは新聞記者を辞めてアメリカに留学した。現在はアメリカに居留している。家内は王さんがとってくれた写真を常時何枚か選んで応接間に飾っている。さすがにプロの傑作である。

所属する第二中隊の駐屯地は五龍山という要塞地で、馬山観測站（「馬山喊話站」ともいう）に隣接している。営舎はすべて、堅固な鉄筋コンクリートで構築された堡塁《トーチカ》であり、小隊長以上の将校は皆個室がある。食事のときは皆茶碗、お箸と腰掛けを持参して炊事場前の広場に集まり、低い食卓を並べて、将校が一卓に、曹長以下は八人一卓に座って一緒に食べる。料理は上下の区別がなく、将校も兵士も同じものを食べる。

浴場は山の麓にあるが、それは井戸を掘り、テントを張って造られた野外の浴室である。入浴するときは、各自井戸の水を汲み上げ、洗面器に入れて体を洗う。冬に大陸から吹いてくる冷たい西北風の中で、野外の浴場で井戸の水を浴びるのは実につらかった。

小隊長の主な任務は三つある。一つは小隊を指揮すること、二つ目は、中隊長の指示の下で、三人の小隊長が週ごとに交替して中隊の軍事訓練や団体活動を指揮すること、三つ目は「査哨」という任務である。

査哨とは中隊の本部と中隊の守備区域内の海岸線に配置している哨兵を巡察することである。哨兵は中隊本部に二人、海岸線数箇所の重要地点に一人ずつ配置している。警備は二十四時間体制で、哨兵は二時間で交替する。交替するとき、当番する兵士は一列に並んで海岸線の塹壕に沿って前進しながら歩哨の引き継ぎを行い、歩哨終了の兵士も一列に並んで中隊本部に戻る。夜間の歩哨交替は必ず互いに「口令」(合言葉)を確認してから引継ぎを行う。中隊指揮当番の小隊長は一日に数回兵士二名を従えて随時「査哨」にいくが、夜間の場合は哨兵の交替と同様、口令を確認してから近寄る。強風や豪雨の夜は声が聞き難いので、塹壕の曲がり角で声高に口令を叫んで確認する。口令を確認しないままで近寄ると、哨兵が緊張して発砲する危険性がある。夜の「査哨」は実に嫌な任務であった。

中隊指揮の当番になると、中隊長との接触が多く、公務に限らず、私事についてもよく話題にした。中隊長は抗日戦争の時期、在学中に「十万青年、十万軍」の呼びかけに応じて軍人になった。豪快な人柄で、部下に対して厳しい一面もあるが、賞罰ははっきりしている。ある日、私は中隊長に国民党に加入することを勧誘された。私は即答しなかったが、よく検討して返事すると約束した。実は、私は台北師範学校時代から、何回か同様な勧誘を受けたが、いつも「政治に対して興味がない」という理由で断ってきた。しかし、今回は中隊長の人柄を信じ、あっさり同意して国民党に加入した。

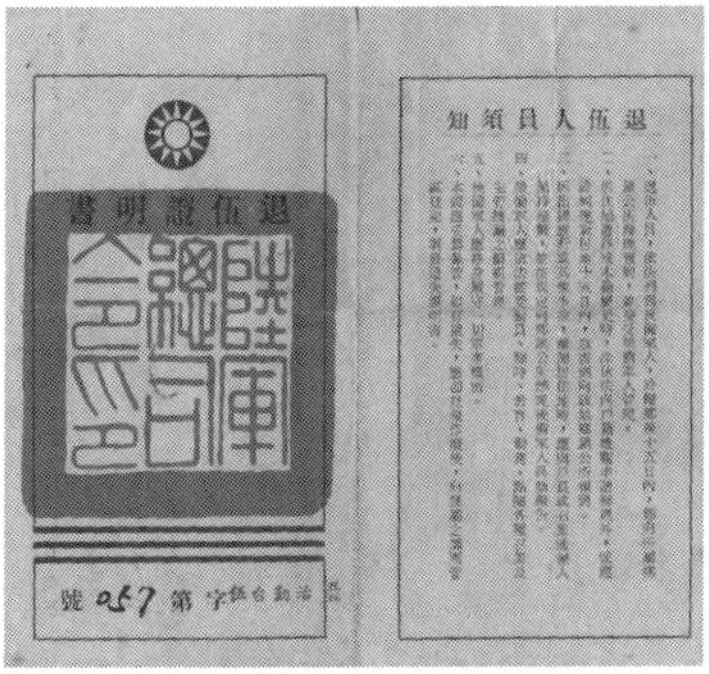

陸軍歩兵学校卒業証書

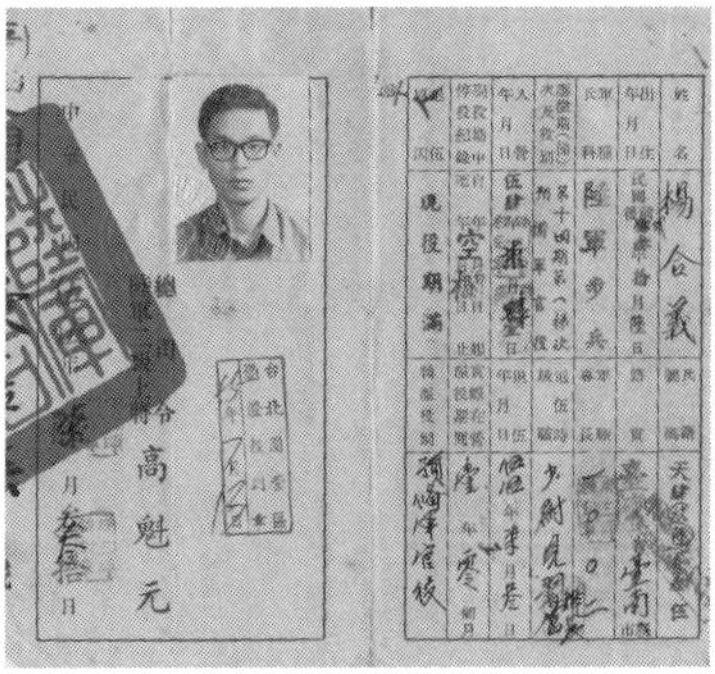

陸軍予備軍退役証書（現役満期）

金門で初めて人民解放軍（以下「解放軍」と略称）の「隔日砲撃」と両岸の「放送合戦」を経験した。「隔日砲撃」は、一九五八年の「八二三砲戦」以降、解放軍が奇数の日に金門諸島に対して心理作戦の宣伝ビラを撒き落とすために行う砲撃である。砲撃は夕方六時に数箇所の砲台によって一斉に行われる。砲弾は金門諸島の上空で空中爆発して宣伝ビラが舞い落ちるが、弾頭は民家や堡塁に落ちることもよくあるので、奇数日の夕方六時になると、金門の軍民は皆堡塁や地下坑道の中に一旦避難する。国民政府軍（以下「国府軍」と略称）は反撃せず、ただ兵士や住民を動員して宣伝ビラを回収するだけであった。この「隔日砲撃」は、一九七九年元日の米中国交樹立まで、二十年にわたって中断することなく続けられていた。

「放送合戦」は、双方とも至近距離の軍事基地に放送ステーションを設置し、岩壁に多数の強力なスピーカーを装置して、日本のNHKのように二十四時間放送する。放送内容は互いに国策宣伝、相手批判、自己賞賛、投降の呼びかけなどの政治的話題以外に、軍歌や歌謡曲もある。放送される歌謡曲を聴くと、台湾側は主として大衆向きの流行歌を流すが、大陸側は国民政府軍の老兵に望郷の念を募らせる大陸各地の民謡が多数を占める。

金門諸島の放送ステーションは二、三箇所あるが、最も有名なのは「馬山観測站」である。馬山は金門島の東北端にあり、対岸との距離は僅か二千百メートル（引き潮時千八百メートル）にすぎない。国府軍はここに観測所と喊話站を設置して敵の動向を監視し、並びに対敵心理作戦を行う。観測所内に三台の高倍率の望遠鏡が設置され、晴天の日には、小窓から対岸の光景がはっきり見える。観測所の外側に数十個の大型スピーカーが蜂の巣のように岩壁に付けられている。

戦時体制が敷かれた金門に計五ヶ月（一九六五年九月〜翌年二月）駐在した。その間、特別任務がなければ、中隊長が軍隊を率いて野外で訓練を行う。もちろん、指揮をとるのは当番の小隊長である。射撃練習は小隊単位で行う。重砲の訓練に関して、私は自信がないので、いつも排副に任せて指揮をとってもらった。悪天候の日、兵士は皆基地内で兵器の整備をする。とにかく、休日を除いて、軍隊は毎日何かをしなければならないのである。

金門は「地下金門」と称される。これは、砲撃戦に備えて、金門諸島の重要な軍事施設、例えば軍用坑道、民防坑道、地下運河、埠頭、ホール、迎賓館、病院などがほとんど地下に建設されている由縁である。軍用坑道は多数あるが、最も有名なのは中央坑道、翟山坑道と九宮（四維）坑道の三つである。坑道とは、地下交通路、地下トンネルないし地下運河の総称である。一九八〇年以前、これらの地下施設は特別許可がなければ見学できなかった。私は、公務で「馬山観測站」と「中央坑道」および「擎天庁」を見学する機会を得た。「馬山観測站」はすでに紹介しており、ここでは「中央坑道」と「擎天庁」

だけについて略述する。

「中央坑道」は太武山の中に構築された最大規模の地下交通路であるが、坑道内には兵器庫、弾薬庫、戦車基地などがある。道幅が広く、戦車は随時地下から地上に出撃できるように設計されている。この坑道は太武山の核心基地である。翟山坑道と九宮（四維）坑道は「地下運河」であり、残念ながら、金門駐在中、この二つの坑道を見学する機会はなかった

「擎天庁」は、一九六三年太武山の花崗岩を掘って造った地下ホールである。ホールは長さ約五十メートル、広さ十八メートル、高さ十一メートル、一千人を収容できる座席が設けられ、会議場、式場、集会場、劇場、映画館として利用されている。「擎天庁」の名は蒋介石がつけたといわれている。「擎天」は天を支える意味で、「人間の力が大自然に打ち勝つことができる」という深意がある。

陸軍少尉として金門島勤務当時

地上の軍事関係の施設として最も有名なのは、金城鎮莒光湖畔の「莒光樓」である。これは金門戦役中、軍功を立てた将校や兵士を顕彰するために、金門防衛司令官・胡璉将軍が一九五二年に建築し

た地上三階の麒麟閣宮殿式建物である。当時において、対岸の砲撃射程内にある金門に地上三階の莒光楼は極めて目立つ建物であった。

なお、金門には多くの歴史的文化財がある。そのうち「邱良功母節孝坊」が最も印象深く残っている。これは、清朝浙江水師提督邱良功の母許氏が夫に死別した後、二十八年間後家を通し、独力で邱良功を国の重任を担う人物に育てた功績を表彰するため、清朝政府が嘉慶十七（一八一二）年に建てた「牌坊」（忠孝貞節の人物を顕彰する鳥居状の建物）である。牌坊はすべて良質の石材を使って築き、建物の彫刻も精巧を極め、実に芸術傑作といえる。現存の牌坊として台湾地区を含め、これは最も完備した最大規模のものといわれている。

なお、金門の水頭村、珠山村、山後村に多くの洋館や大邸宅が歴史文化財として保存されている。これらの豪華な建物は、金門の華僑が海外とりわけ東南アジアないし日本に出稼ぎに行き、財を成して故郷に錦を飾るという思いで建設したものである。

金門駐在中、上述の地下軍事施設および名勝古跡を見て、平和の時代が訪れてきたら、金門は必ず世界の有名な観光地になるだろうと推測していた。この推測は的中した。二〇〇一年元日、金門・馬祖と対岸の「小三通」がスタートした。「三通」は通郵、通商、通航の略称で、その実施においては「小三通」と「大三通」との区別がある。前者は福建省の「両門」（金門と廈門）および「両馬」（馬祖と馬尾）の「三通」を指し、後者は大陸と台湾（澎湖諸島を含む）の「三通」をいう。「小三通」の実施により、軍事基地であった金門諸島は国内外に名を馳せる有名な観光島に変貌した。

戦時体制が敷かれた金門に計五ヶ月（一九六五年九月～翌年二月）駐在した。一九六六年二月、第三十三師団は金門駐屯防衛満三年となり、台湾中部の南投県に移駐した。所属の第二連隊（団）は同県の集集鎮に駐屯し、集集鎮と隣接の水里郷一帯において、トーチカなどの軍事施設を構築する任務を与えられた。

日本統治時代、集集は台湾で最も有名なバナナの産地で、生産量が多く、美味しさにも定評がある。日本へ毎年大量に輸出され、日本宮内庁にも御用バナナとして納めていた。そのために集集産のバナナは、高級バナナとして市場に出荷し、その価格は他地区産のバナナより数倍も高いといわれている。戦後、一九七〇年代まで、バナナがずっと集集の経済を支えていた。

部隊が集集鎮に移駐した直後、私の職務は小隊長（排長）から営務官に変わった。小隊長は工事現場に行って兵士の施工を監督するが、営務官は食事や中隊の事務を司る官職で、一般機構の総務課長のようなものである。予備軍官は肩書きがあっても実務経験がないので、職務の執行において「士官長」（軍曹）に頼るところが多かった。例えば食事メニューの編成、食材の購入、弁当の用意、食堂と炊事場の衛生管理、一般事務の処理、諸経費の支出会計報告などの事務は、いつも「士官長」に手伝ってもらった。

営務官になってから時間的に多少の余裕ができたので、休日を利用して何回か台南に行き、家内と一緒に二人の子供を連れて台南公園の中にある動物園へ遊びに行った。また、台北県新店の実家にもしばしば帰って両親と兄弟に会ってきた。集集に約五ヶ月駐在したが、金門駐在のような緊張感はまったくなかった。

一年間の予備軍官役はついに満期となり、一九六六年七月三日、「退伍証明書」をもらって退役した。一年間の軍人生活を総括すれば、絶対服従の精神を学び、労苦に耐え、身体を鍛えたことが最大の収穫であった。

（九）西門国民学校への復職と日本への留学試験

一九六六年七月三日、退役と同時に、自動的に西門国民学校に復職した。まもなく夏休みが始まり、八月末に新学期の人事が決まるまで、担当の職務がなく、約二ヶ月完全有給休暇となった。その間、七月末に陳炳鎔校長が定年退職し、後任の游祥雲校長が着任した。八月中旬、游校長に呼ばれ、「師範大学を卒業し、兵役が終わった。これから高学年を担任しないか」と聞かれた。私は「日本へ留学するつもりで、高学年の担任は避けたいです」と答えた。游校長は「人はそれぞれ自分の意志を持ち、無理強いできない。頑張りなさい」と励ましてくれた。

夏休み中、住まいを賃借して家内と二人の子供を台北に迎えた。新居は厦門街にあり、庭付きの一戸建ての家で、部屋数は五つもあるので、二番目の弟・合洲と新婚の三番目の弟・勝三夫婦が一緒に住んだ。合洲は師範大学夜間部国文学科在学中、「中国石油公司」（国営）の入社試験に合格、ガソリンスタンドの従業員となった。卒業後は教職に就かず、引き続き同公司で働いていた。勝三は高校卒業後、私の紹介で広告会社に入り、二十代前半で同僚と結婚した。

九月一日、新学期が始まり、四年男子組の担任となった。一年の空白があったが、不安を感じるところはまったくなかった。今までどおり、放課後に一部の生徒のために課外補習を行うが、大学へ行く必要がなくなり、夜は家でのんびり過ごせるようになった。しかし、留学試験を準備しなければならないので、毎晩子供が就寝してから夜中十二時まで勉強していた。翌一九六七年、次女が生まれ、家族がまた一人増えた。

当時外国へ留学するには教育部（文部省）主催の留学試験にパスしなければならない。試験は毎年の六月下旬に実施される。試験科目は国文、三民主義と本国史地（中国歴史地理）、留学国語、専門科目の四科目がある。国文と三民主義と本国史地は共通科目で、テスト問題は文系と理系の区別はない。留学国語と専門科目は受験生自身が決めて願書に記入する。私は日本語と西洋史を選び、予備軍官服役中から暇を盗んで受験準備をしていた。退役直前の一九六六年六月二十六日に行われた公費・自費留学試験に試しに出願し、試験を受けた。結果は国文六十一点、三民主義と本国史地四十一点、留学国語（日本語）三十四点、専門科目（西洋近世史）六十七点、合計二百三点という成績であった。合格か不合格か、手元に史料がないが、たぶん不合格だったのだと思う。

翌一九六七年六月二十五日に実施された同試験に再挑戦した。成績は国文三十四点、三民主義と本国史地五十七・五点、留学国語（日本語）四十六点、専門科目（西洋通史）五十五点、合計百九十二・五点となった。成績は前年度より十・五点も低いのに、教育部の合格通知が届き、各新聞紙が掲載した合格者名簿にも自分の名前が入っている。

合格者は教育部主催の留学講習に参加しなければならない。一九六七年の講習は七月二十四日（月曜日）から七月二十六日までの三日間挙行された。講習の内容は、よく覚えていないが、大体次の三項目が含まれている。（1）中華民国を巡る国際情勢、華僑社会の動向、留学生の組織などについての説明。（2）台湾独立運動の組織と共産主義者の浸透工作に対する注意事項。（3）留学先の大学入学申請、出国手続きなどについての説明。最終日に留学講習会参加証明書が発給された。

自費留学試験に合格した後、専攻分野と志願の大学について、師範大学の恩師戴玄之教授と相談した。専攻分野について、戴先生は「中国現代史や台湾史は、現代の時勢を考えれば避けた方がいい。できれば近代史を研究しなさい」と勧めた。志願の大学に関して、戴先生は「私は東京教育大学の酒井忠夫教授と親交があり、推薦すれば、酒井教授は引き受けてくれるでしょう」と述べた。戴先生は推薦書と私の在学成績表を酒井教授に送った。

約二週間後、酒井教授が指導教授として引き受けることを戴先生に返事した。しかし、私は日本政府の奨学金試験に挑戦しようと思っていたので、出国手続きを引き延ばした。

一九六八年九月六日、教育部から一九六九年度日本政府奨学金選抜試験の通知が届いた。その内容を要約すれば、次の諸点となる。

（1）奨学金の定員：十八名、中華民国教育部がその倍数の三十六名を候補者として推薦する。

（2）応募者の資格：①一九六七年および一九六八年両年度自費留学試験合格者の日本留学志望者、

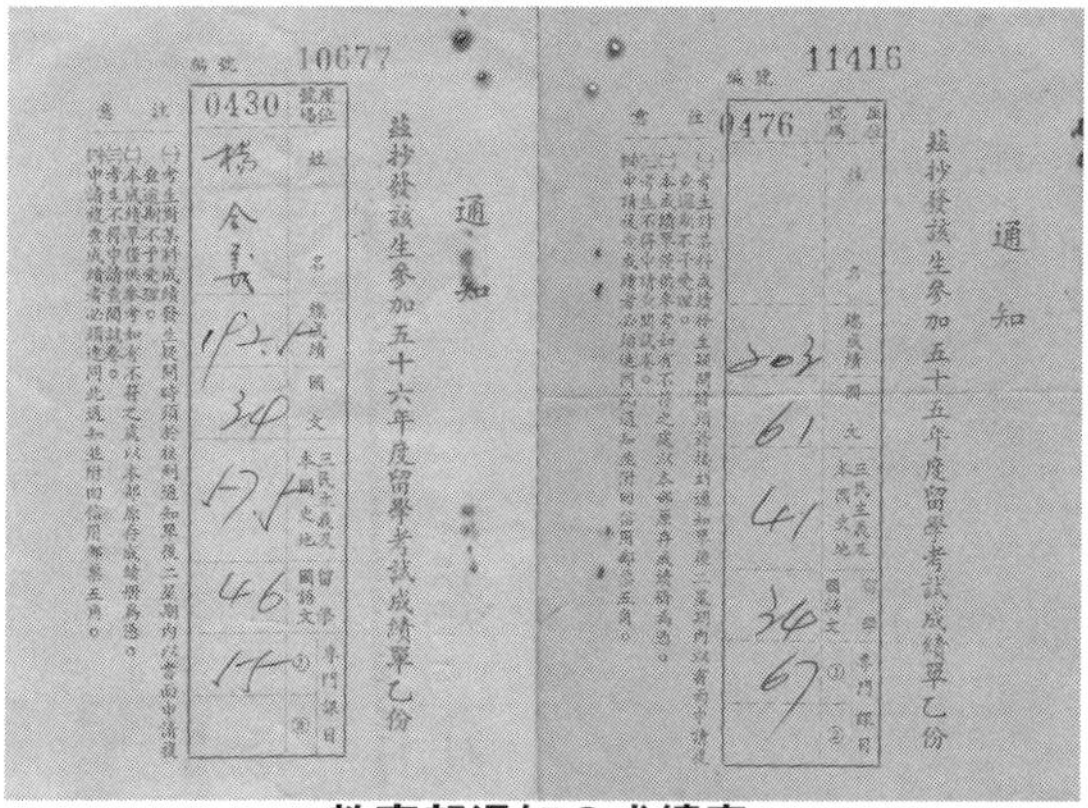

通知

茲抄發該生參加五十六年度留學考試成績單乙份

通知

茲抄發該生參加五十五年度留學考試成績單乙份

教育部通知の成績表

公費自費留學考試錄取名單

新聞掲載の合格者名簿
（自費の上から２段目右から 16 番目）

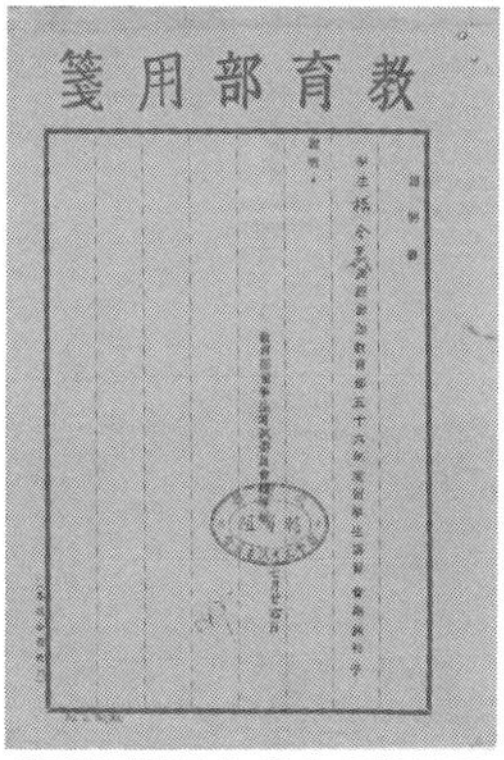

教育部用箋

留学講習会参加証明書

②大学卒業、③予備軍官の資格を有する（男性に限って）、④年齢三十五歳未満（一九三五年年四月二日以前生まれ）。

（３）申し込みの期日：九月十二日午前八時〜正午十二時三十分。

（４）確認書類：①一九六七年あるいは一九六八年の自費留学試験合格通知、②国民身分証、③大学卒業証書、④予備軍官証明書。

（５）提出書類：大学全学年学科および操行成績表。

（６）口頭試問の日時：九月十五日

　午前八時三十分〜十二時　申し込み番号：一〜四十番

　午後一時〜五時三十分　申し込み番号：四十一〜八十番

通知の内容を読んで、私は第五点と第六点に注目した。まず第六点の口頭試問についてみると、九月六日に通知を出した時点で、九月十五日に行われる口頭試問のスケジュールを午前四十名、午後四十名と設定したことは、すなわち選抜試験の参加者は八十名を超えていないということである。ところで、手元にある新聞紙掲載の一九六七年度自費留学合格者数は千三十九人、一九六八年度も千人前後と考えれば、二年で約二千人となる。そのうち、日本留学を志望する人は少なくとも数百人いるはずである。したがって、この八十名は教育部が事前に留学試験の成績に基づいて選定した者と断定できる。

第五点の大学全学年学科および操行成績表の提出は、口頭試問の成績と合わせて合否の判定を決め

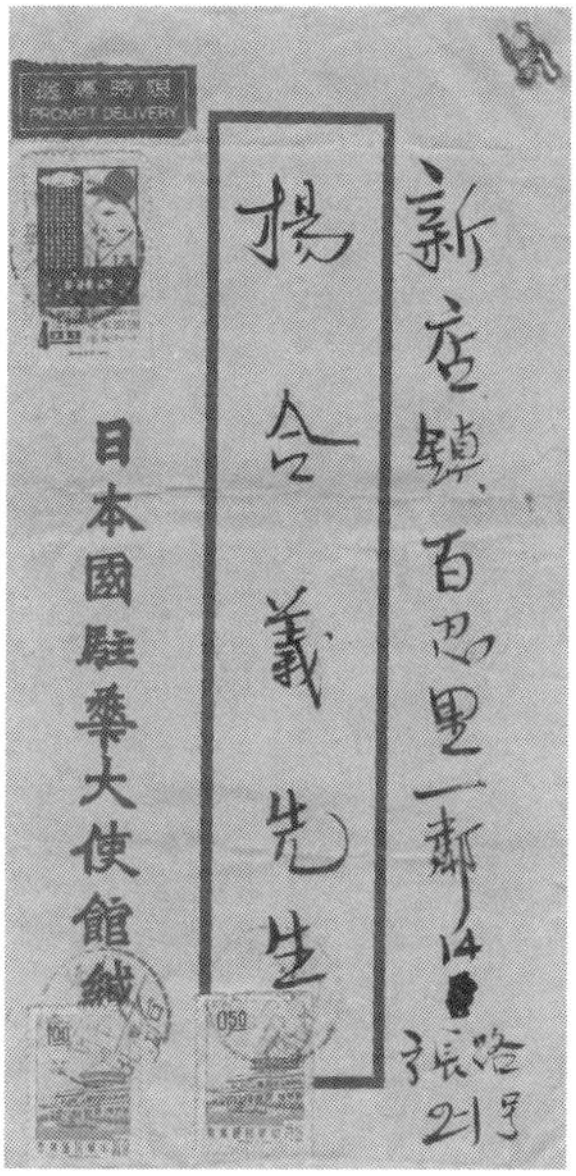

封筒、「日本國駐華大使館緘」とある

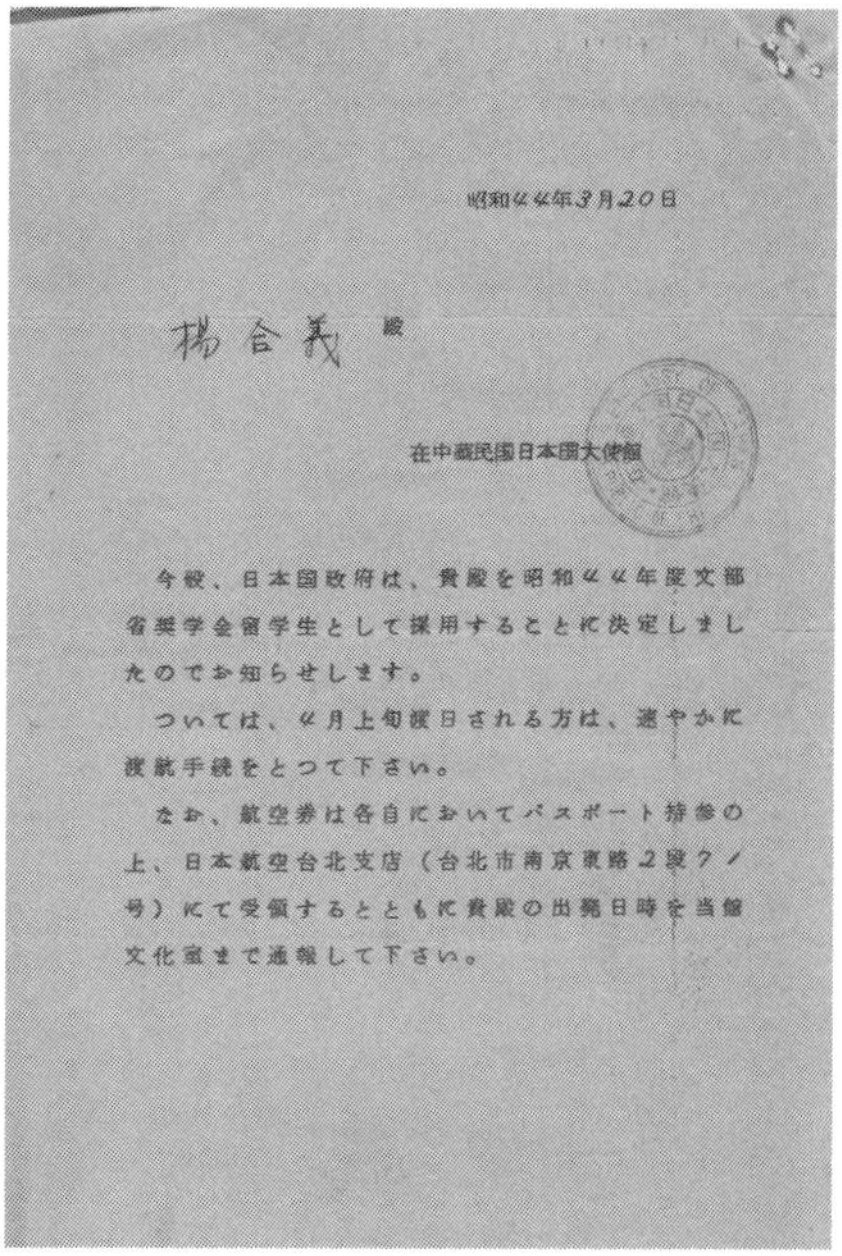
昭和44年3月20日

楊合義 殿

在中華民国日本国大使館

今般、日本国政府は、貴殿を昭和44年度文部省奨学金留学生として採用することに決定しましたのでお知らせします。

ついては、4月上旬渡日される方は、速やかに渡航手続をとつて下さい。

なお、航空券は各自においてパスポート持参の上、日本航空台北支店（台北市南京東路2段7ノ号）にて受領するとともに貴殿の出発日時を当館文化室まで通報して下さい。

昭和44年3月20日文部省奨学生採用通知、国交があるので日本大使館発行

るためである。自分の大学の成績表では、卒業成績の平均点は、学科も操行も八十一点を超えている。したがって、勝敗は口頭試問の結果次第である。

九月二十三日、教育部から日本政府奨学金の候補者に選抜されたという通知が届いた。つづいて、十月八日、在中華民国日本国大使館から「今般中華民国教育部から当大使館に対し、昭和四十四年度日本国文部省留学生候補者として貴殿を推薦しました。ついては、日本語筆記試験および面接試験を下記のとおり行いますから御出願願います。試験の日時は十月二十七日午前九時より、場所は日本大使館（台北市中山北路三段二十五号）」という通知を受け取った。

十月二十七日午前九時前日本大使館に

到着した。試験は午前九時から十一時までが筆記試験、午後一時から面接試験に分けて行われた。筆記試験は数ページの長い文書を読んで問題に答える方式で、いわば日本文の理解力と表現力を測るテストである。約八割は答えたが、自己採点はまあまあであった。

午後の面接試験は一人約五分間、出願の番号順で面接室に入る。面接官は文部省と大使館の官員によって構成され、そのメンバーは五、六人であった。面接官は皆スーツ姿で横一列に並んで座り、厳粛な雰囲気でやや緊張を感じた。面接の内容は個人経歴、専攻分野、志望大学、将来の抱負などに関するものばかりで、難しい質問はなかった。ただし、一生忘れないミスは一つあった。ある面接官に「予備軍官は何兵種だったですか」と聞かれた。「陸軍の『ほう兵』です」と答えると、面接官は「空に向かって敵の飛行機を打つ砲兵ですか」と再質問した。「違います。歩く『ほう兵』です」と説明した。「それは『ほへい』（歩兵）と発音するのです」と面接官が親切に訂正してくれた。

合否の発表は翌年三月頃の予定で、その間の心境は、「人事を尽くして天命を待つ」という気持ちであった。しかし、日本への留学は既定の方針で、たとえ奨学金がなくても自費で留学するつもりであった。したがって、奨学金試験直後から、学校の職務に影響しない範囲内で、自費留学の手続きを進めていた。

一九六九年三月二十一日、日本駐華大使館から「限時専送」（速達）の書簡が届いた。「限時専送」の四字をみて、これは合格通知書だと思った。早速開封してみたら、冒頭に「今般、日本国政府は、貴殿を昭和四十四年度文部省奨学金留学生として採用することに決定しましたのでお知らせします」

という趣旨を述べた上で、「ついては、四月上旬渡日される方は、速やかに渡航手続きをとってください。なお、航空券は各自においてパスポート持参の上、日本航空台北支店（台北市南京東路二段七十一号）にて受領するとともに貴殿の出発日時を当館文化室まで通報してください」と説明している。

つづいて、同四月三日に教育部が外交部および台湾警備総司令部宛に送った公文の副本が届いた。主たる内容は「一九六九年度日本政府奨学金に選抜された楊合義にパスポートと出入国証明を発給すること」を要請する文言であった。

（十）パスポートと出入国証明の申請

パスポートと出入国証明の申請は規定の書類を提出したが、許可されるかどうか心配していた。なぜなら、親友の劉佳欽と呂国民が前年夏頃に台湾独立運動の容疑で逮捕され、有罪判決で投獄されているからである。

劉君は台北師範学校の同級生、古亭国民学校勤務中に台湾大学夜間部農学部に進学した。卒業後、一年の兵役を終え、一九六七年四月日本政府奨学金留学生として東京大学農学部大学院に進学したが、同年夏休みの帰省中に突如逮捕された。軍事裁判の結果、台湾独立運動という無実の罪名をかぶせられ、懲役十年を言い渡され、台東県の緑島（政治犯収容所の島、俗称「火焼島」）に七年余監禁された。一九七五年四月蔣介石総統が逝去したとき、減刑されて釈放された。裁判の拘留期間を合わせると、計八年間投獄された。その間、奥さんは良妻賢母な女性で、小学校の教員を務め、家計を支え、子供たちを立派に育てた。現在は家族と一緒に苗栗県の後龍鎮に住み、幸せな晩年を送っている。

呂君は台北師範学校の同期生、古亭国民学校勤務中に台湾大学夜間部法学部に進学した。卒業後、一年の兵役を終えて古亭国民学校に復職したが、一九六七年夏に劉君と同時に逮捕された。罪名は劉君と同じ台湾独立運動に従事したことであるが、判決は十五年の徒刑で、緑島に流された。十年後の一九七七年に減刑されて釈放され、実家の桃園県に戻って農業を営んでいた。不幸なことに、呂君は自由の身になって一年も経たないうちに、屋根のスレートを修理しているとき、不意に滑り落ち、帰らぬ人となった。

師範大学夜間部在学中、古亭国民学校の劉君と呂君の宿舎に約三年間半住んでいた。授業のない日、三人はつねに一緒に映画を見に行ったり、本屋を巡ったり、または同窓を誘って古亭国民学校近くの四川飯店で会食していた。台北市長選挙や台湾省議会議員選挙の際、三人は党外人士の選挙事務所を訪れ、政見発表会場にも足を運んだ。当時、応援していた政治人物は高玉樹(台北市長)、郭国基(省議員)、李萬居(省議員)などの「党外人士」(国民党でない人)であった。

このように劉君と呂君とはつねに行動をともにしていた経緯があったことから、出入国の申請はどうなるか、不安を抱いていた。幸いに、劉君と呂君の事案に引っかかることなく、数日後にパスポートと出入国証明が下りた。劉君が釈放された後、彼と呂君の起訴状には楊合義の名前は出ていなかったという。

パスポートと出入国証明書を入手した後、早速、西門国民学校の游祥雲校長に辞表を提出した。辞職は台北市政府教育局の許可が必要で、公文の往来で約一週間かかった。一九六九年四月十一日の日付で、教育局が批准した辞職令が届いた。発効日は一九六九年四月七日とされている。一九五六年八月一日西門国民学校に赴任、一九六九年四月七日辞職、予備軍官一年を含め、計十二年八ヶ月余同校に勤務した。

二、京都大学留学時代

（一）京都大学へ留学

元来、自費留学試験が合格したとき、師範大学の恩師・戴玄之教授の推薦で東京教育大学に留学し、酒井忠夫教授の指導を受ける予定だった。しかし、文部省奨学金留学（「国費留学生」ともいう）試験に提出した願書では京都大学を第一志望にし、東京教育大学を第二志望にした。結局、第一志望の京都大学に配属された。酒井忠夫教授には大変申し訳ないと思っている。

四月二十六日、台北市松山空港の日本航空のカウンターでチェックインするとき、同便に搭乗する五人の文部省奨学金留学生に出会った。留学先は京都大学が三人、大阪大学が一人、東北大学が二人であった。京都大学の三人は張雅孝、李文雄と私で、張君と李君は法学部の法律研究科に、私は文学部の東洋史研究科に配属された。六人とも出国の経験がなく、今度が初めてであった。飛行機は午後の便で、夕方六時頃羽田空港に到着した。空港に迎えに来てくれたのは陳栄生さんで、彼は前年度の同奨学金留学生として東京教育大学に進学、その日は文部省の依頼を受けて迎えに来たのである。陳さんと知り合いになったのはそのときからである。

駒場国際留学生会館の送迎車が首都高速を走り、車外は暗くて沿道の風景はビル屋内の明かりまたは一戸建ての屋根ばかりであった。目黒辺りから高速を下りても街頭の商店はほとんど店じまいになり、その静かさに一驚した。これが憧れの東京に対する初日の印象だった。

駒場国際留学生会館に到着した後、受付で宿泊の手続きをしてから部屋に入り、荷物を置いてすぐ食堂に集まった。食事中、文部省関係者の方が現れ、私どもに一時金を渡した後、次の二点を説明した。（1）労働者の春季賃上げ闘争により、各地の私鉄はほとんどストライキに突入、国鉄も追随する構えを見せている。したがって、五月一日のメーデーまで、会館に泊まって待機する。（2）多数の大学は学園紛争に陥って授業が中止になっている。大学に到着したらまず留学生課へ行って学生寮について相談しなさい。

交通機構のストライキと大学の学園紛争は、戒厳令下の台湾ではあり得ないことなので、皆困惑した表情を見せた。

食事後、食堂の掲示板に「日本政府よ！　けちけちするな！　奨学金を増やせ！」のポスターを見て立ち止り、寮生に聞いたら、それは欧米の留学生が貼ったものである。当時、文部省奨学金は生活費として月四万七千円、家賃の手当ては月約一万五千円、学費は免除となっている。月四万七千円の生活費は発展途上国の留学生にとって合理的に使えば多少貯金もできるが、欧米の留学生は不足だという。労働者の賃上げ闘争は分かるが、留学生が「けちけちするな！」という言葉を使って奨学金の増額を要求するのは如何かと思った。初日に、日本は自由な国であることを強く感じた。

東京に四日間滞在した。その間、六人はほとんど行動をともにし、渋谷や新宿などの繁華街をぶらつき、皇居周辺を散策した。また、下北沢に住んでいる故郷（台南市安南区）の高登福叔父さんに招待され、ダンスホールと舞台のあるキャバレーでショーを観賞しながら飲食した。満席でホステスが客を接待している。六人とも酒場に行った経験がなく、いきなりキャバレーに招待されてそわそわしていたが、楽しかった。

五月二日、張雅孝、李文雄、呉福安（大阪大学）と一緒に東京駅から快適な新幹線に乗って関西に向かった。張君、李君と私は京都駅で下車したが、呉君は新大阪駅まで行った。京都大学留学生課の浦上要三課長がプラットホームまで迎えに来た。京都駅を出て大学の送迎車で大学に直行した。車内で浦上課長は「住むところはすでに手配している。張君は山科の国際留学生会館に、李君と楊君は暁学荘に下宿する。大学に到着したら荷物を留学生課に預けて寝具などの生活用品を買いに行く。暁学荘に住んでいる台湾の留学生呂昌平が案内に来る」と説明した。

送迎車は大学の正門から入り、留学生課の前に止まった。早速荷物を降ろして呂昌平先輩の案内で大学西門の生協へ行き、寝具などの生活用品を買って留学生課に戻ってきた。大学の送迎車は、私どもをそれぞれ暁学荘と山科国際留学生会館に送った。午後六時頃、暁学荘に到着した。管理人の高橋さんが玄関に出てきて李君と私にカギを渡し、部屋まで案内してくれた。しばらくして三日前に来た張隆義が現れ、荷物の運びを手伝ってくれた。夕食は近所の日本家庭料理の食堂で食べた。この食堂は三、四人の家庭主婦が経営している。ご飯に焼き魚、サラダ、味噌汁、温かくて美味しかった。一食の代金は僅か百八十円だった。

暁学荘は民間経営の学生寮で、日本人も外国人も入居できるが、外国人は五人の台湾の留学生しかいない。すなわち農学部の呂昌平、医学部の李文雄、法学部の李文雄、文学部の張隆義と私である。同姓同名の李文雄が二人いて、一緒にいるときは学部をつけて「医学部の李さん」、「法学部の李さん」または「大李」、「小李」と呼んでいた。

部屋の面積は二坪の広さしかないが、空間をうまく利用して造られている。ドアと同じ広さの通路の奥、すなわち窓際に勉強の机があり、入り口の左側に通路と平行して、幅約七十センチ、高さ百五十センチの衣服や生活用品を収納する押入れが畳の寝床と並び、寝床の奥に二段の本棚が壁に付けられている。洗面所、風呂場、トイレおよび応接間は共用になっている。家賃は、水道電気代を含め月に約一万五千円であった。

暁学荘は京都左京区南禅寺北ノ坊町にあり、永観堂はそのすぐ近くにある。永観堂の裏側から哲学の道に入ると、南は南禅寺に、北は銀閣寺に通じる。歩行の所要時間はいずれも二十分前後である。なお、平安神宮も暁学荘がら約一キロのところにある。周辺の環境は静寂で、近所の住民も皆人情味があり、出会ったら、いつも優しい京都弁で声をかけてくれる。いいところに下宿できて幸せを感じた。天王町から大学まで路面電車に乗って約十分間で着く。料金は距離を問わず一律十五円であった。徒歩で大学へ行く近道もある。すなわち天王町から吉田神社を経由して大学に入る道で、所要時間は約三十分前後である。この道の周辺は映画やテレビの時代劇のロケに適し、大学へ行く途中、しばしば撮影中のシーンを見たことがある。

（二）学園紛争と授業中止

五月三日、法学部の李文雄と一緒に、天王町から路面電車に乗り、百万遍停留所で下車して北門から大学に入った。二人は留学生課へ行く前にちょっと構内を歩き回った。文学部前の通路には教室から運び出された机や椅子で構築されたバリケードがあり、数人のヘルメットをかぶった学生が見張っている。法学部への通路にはバリケードはなかったが、文学部と同様、授業は中止されているようであった。時計台前の広場に多数の立て看板が並んでいる。昨日も車内で見たが、何を書いているか、読めなかった。今日はゆっくり目を通して読んだ。内容はベトナム戦争反対、米帝打倒、安保粉砕、造反有理、教学改革、学園民主化などが中心であった。

その後、留学生課に入り、四月と五月の奨学金をもらった。浦上課長は、「学生部の建物は学生運動の学生によって封鎖され、しばらくの間、入学手続きはできない。なお、文学部も封鎖され、先生方はほとんど研究室に入れないので、指導教授との面談は留学生課がアレンジする。決まり次第改めて連絡する」と述べた。

翌日、張隆義と一緒に留学生課に行くと、事務員の大橋敏子さんはすでに指導教授の佐伯富先生と佐藤長先生との面談をアレンジしていた。面談の場所は両先生の自宅で、大橋さんが両先生の住所と電話番号およびアポイントメントの日時をメモした便箋を渡してくれた。その後、張君と一緒に相前後して佐伯先生と佐藤先生の自宅を訪ね、両先生から大学の現状と大学院入試などについて説明を受けた。両先生との面談は似通った話題で、内容は大体次のとおりである。

「せっかく留学にきたのに、あいにく学園紛争に遇い、授業の中止で勉強ができない状態となって、真に気の毒である。一年目は研修員として東洋史研究科に籍を置き、授業が再開した後、聴講することができる。来年二月頃に大学院の入試があり、合格すれば修士課程の院生になる。試験科目は、四科目、すなわち東洋史、日本史、漢文史料の翻訳および本国語以外の外国語である。外国語は自分で選んで願書に記入する。なお、願書提出時に日本語で書いた四千字の論文を添付する。学園紛争はいずれ収まるであろう。動揺せずに来年の入試に専念しなさい」と。

指導教授と面談した翌日、台湾の留学生と一緒に大学へ行き、学校周辺を歩き回った。西門のすぐ近くにある教養学部の入り口に、ヘルメットをかぶった学生が見張っており、構内に入れなかった。東大通に沿って北に進み、百万遍の交差点で右折して今出川通にある農学部に行った。農学部もヘルメットをかぶった学生が入り口で見張り、部外者の立ち入りを阻止している。文学部も入れないので、吉田神社から歩いて暁学荘に帰った。

暁学荘の日本人学生の話によると、京大の学園紛争は学生寮問題を巡って吉田寮・熊野寮の寮生によって組織された寮闘争委員会が大学側と対立し、一九六九年一月中旬に学生部の建物を封鎖したのが発端である。同月末、教養部が無期限ストに突入すると、これに追随して、同二月、文学部、医学部、工学部、農学部も次々と無期限ストに突入し、紛争はついに全学に拡大した。注③

留学のために日本に来て、思いがけない学園紛争に逢い、精神的に大きなダメージを受けた。奨学金は原則として一期二年だけで、二年目に修士課程に進学すれば、自動的にもう一年延長できる。しかし、大学の無期限ストが長期化し、来年の大学院入試がもし中止されたら、二年目も研修生の身分になる。その場合、奨学金は満二年で打ち切られる可能性がある。同期の文部省奨学金の留学生は皆同じ悩みを持っていた。

こうした情況の中で、最大の関心事は大学紛争の行方であった。新聞やテレビの報道によると、長引く紛争に対して、政府は大学立法へ動き出し、大学紛争に介入する構えを見せている。ところが、大学紛争は元来それぞれの大学が自主的に解決すべきものであり、政府の介入は反って学生の反発を招くに至った。京都大学においては、五月中旬、全学共闘会議（略称「全共闘」）系の学生が「大学治安立法粉砕」を唱えて再び学生部建物を封鎖した。下旬には鉄パイプや角材を持つ学生集団が本部構内の各門にバリケードを構築して封鎖した。奥田東総長は放送で学生に退去を呼びかけたが、学生は応じなかった。やがて、機動隊が大学の要請なしに構内に入り、大学本部と教養部のバリケードを撤去した。

新聞の報道では、政府が「大学の運営に関する臨時措置法案」を国会に提出した。この法案が採択されれば、政府による大学の運営、とりわけ学園紛争への介入を許すことになる。この法案に対して、京大を含め多くの大学が反対声明を出した。学生たちの反発はさらに激化し、京都全共闘大会と京都府学連が京大構内でそれぞれ集会を開き、集会後両派の学生が衝突し、互いに鉄パイプや角材を使って戦い、多数の負傷者が出た。五月から六月にかけて学内で学生の武力衝突事件は何回かあった。台湾から来たばかりの私どもにとって実に恐ろしくて不可解なことである。

七、八月、「大学の運営に関する臨時措置法案」が衆参両院で採択された。九月中旬、武装した学生が京大の象徴である時計塔を占拠した。さらに本部構内の各門にバリケードを構築して封鎖した。大学側の要請があったかどうか分からないが、約一週間後、京都府警の機動隊が構内に入り、文学部、医学部、農学部、工学部、教養部および時計塔の封鎖を解除した。これで京大の学園紛争は収束に向い、各学部は相次いで授業を再開した。文学部は十一月七日にようやく授業再開にこぎつけた。

(三) 授業再開と修士課程へ進学

封鎖解除後、文学部の校舎に入り、各階の廊下を歩き回った。教室は一、二階にあり、三、四階は先生方の研究室である。教室や研究室の壁には立て甲板と似通ったスローガンおよび先生方に対する個人批判の落書きがなお残っている。東洋史研究室は荒廃状態で、まだ整頓されていない。十一月七日、授業が再開したとき、教室も研究室も清掃されて使用できるようになった。

授業再開直前に東洋史研究科専任の佐伯富教授、佐藤長教授、萩原淳平助教授、竺沙雅章助教授の研究室へ行って挨拶をした。佐伯先生は東洋史の主任教授で、専門は、宋代より清代に至るまでの中国近世史であるが、研究領域は政治、社会、経済など多方面にわたっている。特に中国の塩政史に就いての研究が最も有名である。佐伯先生は一九八三年勲三等旭日中綬章を受賞し、一九八九年『中国塩政史の研究』により日本学士院賞・恩賜賞を授与された。佐藤先生はチベット史研究の世界的な権威者である。一九七九年『チベット歴史地理研究』により日本学士院賞を授与された。萩原先生の専門は明代蒙古史を中心とする中国北方民族の歴史である。竺沙先生は宋代佛教史と人物史の研究が専門である。

京大留学当時、東洋史研究科は東洋史専攻と西南アジア史から構成される。そのうち東洋史専攻の対象となる分野は、主として中国、朝鮮、内陸アジア、東南アジアなどのアジア諸地域である。授業再開後、研修生として佐伯先生、佐藤先生、萩原先生と竺沙先生の授業を聴講した。

佐伯先生の演習は、『硃批諭旨』の講読である。『硃批諭旨』とは清の雍正（一七二三〜三五）年間、雍正帝が地方官からの奏摺（地方の総督、巡撫らが直接皇帝へ送る上奏文）に対して親ら硃筆（朱筆）を以て批答した論旨である。後に奏摺とそれに朱筆を入れた諭旨が編纂されて出版され、『雍正硃筆諭旨』ともいう。

演習は佐伯先生の研究室で行われ、講読は、週ごとに院生が順番に担当する。担当者は史料を読むだけでなく、文中に出てくる固有名詞、典故、事件などについても説明しなければならない。担当者が分からないところがあれば、先生は他の学生に質問する。したがって、授業に出る学生は皆事前に予習を怠ることはできない。

漢文の講読は日本語の文法に従って、その意味に当たる日本語の読み方で読む。すなわち訓読である。漢文を中国語で読む場合、読んだ人が意味を理解しているかどうか、他人には分からない。しかし、訓読の場合、読み間違えば、意味を理解していないことがすぐ発覚される。今まで訓読を学んだことがなく、佐伯先生の演習授業を受けて初めて日本人が開発した訓読の素晴らしさを感じた。

授業は再開したが、紛争の余波は続いていた。特に機動隊導入による封鎖の解除に対する急進的な学生の反発は小さくなかった。彼らの論理では機動隊によって封鎖が解除されてもストライキはなお継続している。したがって、彼らは授業をボイコットすると同時に、再開した授業を妨害する。

私が出ている授業は何回か授業妨害に遭った。授業妨害の学生は、集団で授業中の教室や研究室に押し入り、先生に暴言を吐いたり、授業を受けている学生たちに怒鳴ったりした。授業妨害に遭った際、先生方は学生同士の衝突を避けるため、つねにその時点で授業を終了させた。

私は文学部の入り口で、授業再開反対の学生に襟を摑まれ、厳しく質問されたことがある。そのときのやり取りは大体次のような応答であった。

「どうしてわれわれの決定したストライキを遵守しないのか?」

「私は台湾からの留学生です。まず襟を掴んでいる手を放してからお答えします」。

「何のために留学にきたのか?」

「勉強のためです」。

「今のような勉強はまったく役に立たない。さっさと台湾に帰って独裁的な蔣介石政権を打ち倒せ！」

「台湾のことは台湾の人が自分で決めます。あなたにいわれる筋はありません」。

相手は二十代の学生で、しつこく質問を続けようとしたが、私はこれ以上応答したら、口論になる恐れがあると思って、早速その場を離れて暁学荘に帰った。

学生の授業妨害は十二月に入って回数が次第に減り、ついに沈静化した。その後、授業をボイコットした学生もほとんど授業に出るようになった。これで文学部の紛争は一段落したので、大学院入試に専念することができた。

試験科目は、前述のとおり、東洋史、日本史、漢文史料の翻訳、本国語以外の外国語および日本語で書いた四千字の論文である。東洋史と日本史はもともと基礎知識があるが、外国の人名、地名、民族名、王朝名、宗教名などはほとんどカタカナで表記され、それらを覚えるのが大変だった。外国語は英語を選び、こつこつと勉強してきた。四千字の論文は大学時代に書いた「宋教仁暗殺事件」というレポートを日本語に翻訳して提出した。したがって、漢文史料の翻訳は特に練習しなかった。

大学院の入試は二月頃に実施され、留学生は日本人学生と同じ教室で試験を受け、問題も同じものであった。日本語の表現力が足りないため、全科目すべて半分前後しか書いていなかった。多分不合格になると覚悟していたが、面接のときに、佐伯先生と佐藤先生に研究分野と研究計画などについていろいろと質問され、最後に佐伯先生が「大学院に進学したら積極的に勉強しなさい」と励ましてくれた。この言葉を聴いてまだ望みがあると思った。数日後、合格の通知が届き、ほっと胸をなでおろした。張隆義君は京大東洋史の大学院入試を受けずに大阪大学に転校した。

張君が転校した後、東洋史研究科の台湾留学生は邱添生先輩と私二人だけとなった。邱先輩は台湾師範大学歴史地理学科を卒業した後、日本文部省奨学金の留学生として京都大学に留学した。修士課程修了後、さらに博士課程に進学し、唐代史を専攻していたが、母校の歴史学科に就職機会があったため、奨学金を放棄すると同時に博士課程を中退して帰国した。彼は勤勉かつ堅実な努力家であり、講師、副教授を経て、教授になった。『唐宋変革期の政経と社会』などの著書がある。

（四）大学院の授業

一九七〇年四月一日から正規の院生として修士課程に進学した。修士課程は二年の間に最低三十二単位を修得しなければならない。このほかに四万字以上の修士論文を提出することになっている。先輩のアドバイスを受け、一年目は演習、研究と集中講義を含めて二十余単位を履修し、二年目は履修科目を少なくしてより多くの時間を修士論文に投入することにした。

佐伯先生の『硃批諭旨』の講読は東洋史の伝統的な授業であり、中国史を専攻する院生はほとんど履修する。そのために、先生の研究室はいつも超満員で、ちょっと遅れていくと、廊下に並んでいる椅子に座って授業を受ける。演習は二時限続くが、その間に、十分間のコーヒーブレークがある。講読は日本人学生が順番に担当し、留学生の出番はない。履修人数は十数人もいるので、当番は一学期にせいぜい一、二回に過ぎない。

修士課程一年目の夏休み、台湾に帰省することを佐伯先生に報告したところ、先生が「君に頼みがある。帰省中、故宮博物院（略称「故宮」）の文献処へ行って『雍正硃筆諭旨』の奏摺原本を若干コピー取ってきて欲しい。コピーする奏摺の選択は君に任せる。これは演習授業に使うものである」と指示した。私は、「台北師範学校の同期生・荘吉発が故宮の文献処に勤めています。彼は協力してくれると思います。奏摺の選択は閲覧の上、適当なものを選んでコピーします」と答えた。

帰台後、約一週間故宮に通い、毎日朝から夕方まで文献処の閲覧室において、奏摺の原本を借り出して読みながら適当なものを選んで奏摺の題名と番号をメモした。最終日にメモした奏摺をもう一度借り出して、荘君の助言を受けて、雲貴総督・オルタイ（鄂爾泰）、浙江巡撫・李衛、河南巡撫・田文鏡などの奏摺数十通を選んだ。檔案と奏摺のコピーは文献処の事務員が取ることになっている。その理由は原本の破損を防ぐためである。

荘吉発は台北師範学校卒業後、一九六三年台湾師範大学歴史地理学科に進学、一九六九年台湾大学歴史研究科の修士学位を取得して故宮の文献処に勤め、編纂、副研究員を経て研究員となった。研究の専門分野は清朝史であるが、独学で満洲語を学び、故宮所蔵の清代の檔案や奏摺などを駆使し、『清代奏摺制度』、『清代檔案述要』、『故宮檔案述要』、『雍正朝満漢合璧奏摺校注』、『清高宗十全武功研究』、『清代秘密会党史研究』、『清史論集』など、多数の著書と論文集を出している。大学で非常勤として中国近代史、清朝史、中国秘密社会史、故宮檔案研究、満洲語などを教授している。

夏休みが終わって京都に戻り、早速コピーした奏摺を佐伯先生に手渡した。先生は鄂爾泰、李衛、田文鏡の奏摺を見て、嬉しそうな表情で、「この三人は雍正帝が最も信頼する地方の総督と巡撫であり、君は最適なものを選んだ。ご苦労をかけてありがとう」と褒めた上で、「これから『硃筆諭旨』の授業は奏摺の原本をテキストにするので、次回台湾に帰るとき、また頼む」と述べた。その後、先生の指示のとおり、台湾に帰省するごとに故宮に行って『雍正硃筆諭旨』の奏摺をコピーした。

佐藤先生の授業は演習と研究の二つがある。演習は『魏志』倭人伝と邪馬台国論争を検討する授業であった。邪馬台国の所在地は大和説（近畿説）と北九州説に分かれて定説がない。倭人伝の中に記述されている地名、航行の方向と日数などに沿って前進すれば奈良にも北九州にも到達しない。授業期間中、課外授業として先生が受講生を引率して大和盆地にある卑弥呼の古墳および嵩神天皇稜などを見学に行ったことがある。実地調査ではないが、日本古代史に対する認識が若干深まった。

佐藤先生のもう一つの授業はチベット歴史地理の研究で、講義の範囲はチベット、西康、青海、四川などのチベット族居留地に及ぶ。地名や人名などの固有名詞はすべてカタカナで書くので、覚えるのが大変だった。その他の授業については、省略する。

修士論文は「清代東三省開発の先駆者~流人」をテーマとし、約四、五万字書き上げた。内容は流人（死罪減一等の罪人、すなわち流刑に処せられた罪人）を東三省（満洲地方）の軍隊駐屯地に送って土地を開墾させた史実についての研究である。後にそれを約三万字に濃縮して京都大学文学部東洋史研究会が発行する『東洋史研究』に発表した。

一九七二年四月、博士課程への進学は修士論文の審査と口頭試問だけで、結果は合格判定であった。

奨学金の申請も一挙に三年の延長が許可された。当時、日本の経済は高度成長の時期にあたり、国家の税収が豊かになって奨学金は年々引き上げられた。一九六九年の奨学金は毎月四万七千円だけであったが、一九七二年は約その二倍となり、一九七五年には約十二万円に達した。

博士課程の修業年限は三年であり、授業科目は演習だけで、取得単位は最低二十単位となっている。修士課程に比べて時間的に余裕があるので、単位のない授業をも幾つか選んで勉強した。その中で、最も強い印象に残ったのは京都大学人文科学研究所（略称「人文研」）所長・日比野丈夫教授が主催した『天下郡国利病書』の研究会であった。これは清代の顧炎武が撰修した明代の地理書で、内容は明代全国諸地誌の記述の中から政経に有用のものを抜粋したものである。研究会は二週間に一回人文研で行われ、参加者は人文研と京大文学部の先生方および博士課程の院生以外に、大阪大学、神戸大学、名古屋大学などの先生方も数人いた。出席者はつねに二十人を超えていた。この研究会は五年間の研究プロジェクトで、私は博士課程の三年間ずっと参加していた。

毎週金曜日に東洋史研究室で昼食会がある。参加者は東洋史の先生方と院生以外に、この日に大学に来ている東洋史出身の他大学の先生も集まってくる。慣例として参加者は自分でパンやサンドイッチを買ってくるが、コーヒー、ミルク、お茶などは研究室が用意している。食事中、先生方が京大東洋史の先輩、例えば内藤湖南、矢野仁一、宮崎市定、田村実造などに関する逸話、ないし東洋史学界の動向を話題にして歓談する。昼食会は東洋史の伝統になっている。

このほかに、東洋史研究室に学生が自主的に組織した分野別の研究会があり、私が参加したのは中国近代史研究会であった。この研究会は洋務運動（自強運動）を主題とし、参加者は順番にテーマを選んで報告する。院生を中心として組織した研究会は東洋史を専攻する学部の三、四生も参加できる。なお、中国語の勉強会もあるが、私は頼まれて主催した。この勉強会は、修士課程から博士課程を修了するまで、計五年間続いていた。各種研究会は週一回であったが、中国語勉強会だけが週二回行われていた。

（五）妻と子供たちの来日

一九六九年四月、日本に留学して以来、すでに三年経った。その間、妻が三人の子供を台南の実家に連れて帰り、義母が面倒を見てくれた。博士課程に進学したとき、長女品瑜が小学三年生、長男が小学一年生、次女が幼稚園児になった。博士課程の修学年限は三年なので、これ以上、子供の養育を義母と家内に任せっぱなしにすることはできないと思い、一日も早く家族を日本に呼び寄せることを決意した。

しかし、当時台湾の教育部の規定では、自費留学生は出国後、家族を呼び寄せることができるが、公費留学生の場合は禁止されていた。それは、公費留学生には学業修了後帰国して国のために勤める義務があり、家族を国外に連れ出したら帰国しない可能性があるからである。すなわち家族を人質にして公費留学生の帰国を迫ることである。

教育部の公費留学生の定義は、外国政府が提供した奨学金留学生、例えば日本政府文部省奨学金留学生も含まれていた。したがって、私が妻子を日本に呼び寄せるには別の方法を考えらなければならない。結局、家内は「応聘」（商社の招聘）の理由で出国を申請し、日本への入国は「依夫生活」（夫に頼って生活すること）を理由にビザを申請した。両方とも許可された。一九七二年夏頃、家内は子供を台南の実家に残して先に来日した。

暁学荘は単身学寮なので、住まいを右京区（現西京区）川島尻堀町の「菊水荘」というアパートに移った。桂駅（阪急線）から徒歩約十分のところにある。大家の青木さんはとっても優しい方で、私が台湾の留学生であることを聞いて、不動産屋を通さずに直接賃貸契約を結び、礼金と敷金はともに免除された。青木さんは明治生まれの年配者で、若いときは国鉄に勤めていた。定年退職後、アパートを経営する傍ら、寿司屋を営んでいる。

ところで、家内が来日した後、一九七二年九月二十九日、日本政府は中華人民共和国と国交を樹立し、中華民国と断交した。同年十二月、双方の窓口として台湾が亜東関係協会を、日本側が交流協会を設立した。これに伴って、日本文部省奨学金は交流協会奨学金と改称された。教育部は交流協会奨学金留学生を公費留学生から除外した。それゆえ、三人の子供を日本に呼び寄せる申請がすぐ許可された。

一九七三年三月、当時京都大学法学部の院生であった謝長廷が一時帰国すると聞いて、彼に三人の子供を日本に連れてくることを頼んだ。来日の日、家内と一緒に伊丹空港へ迎えに行った。謝長廷ともう一人の美人女性が一緒に荷物の台車を押し、三人の子供が後ろについて税関から出てきた。謝さんは美人女性を指して「家内の游芳枝です」と紹介した上で、「この度は結婚のために帰国したのです」

と述べた。私は「恭禧！　恭禧！（おめでとう）」と祝賀すると同時に、「ご結婚のために帰国するのを知らなかった。大変ご迷惑をおかけしました。申し訳ございません」とお詫びした。家内は半年振りに子供と再見し、親子抱き合って泣いていた。落ち着いてから、家内が謝さんご夫婦に挨拶し、感謝の意を述べた。

美人の游芳枝は謝長廷の同級生である。台湾大学在学中から恋人として付き合い、つねに一緒に図書館で勉強し、互いに切磋琢磨していたといわれている。初対面ではあるが、第一印象として美人の游芳枝は良妻賢母の女性であり、内助の功を発揮できる伴侶であると断定した。その後の謝長廷の成就を見ると、游芳枝から得た内助の功は極めて大きいと思われる。

謝長廷は一九七二年四月日本文部省奨学金試験に合格、京都大学法学部大学院に進学し、法学を専攻した。同年九月日本は中華人民共和国と国交を樹立し、台湾と国交断絶した。その後、日本文部省奨学金は交流協会奨学金と改称された。したがって謝長廷を含め、同年来日した台湾の文部省奨学金留学生は最後の一期である。謝長廷が来日した際、私は留学生課浦上要三課長の指示を受け、謝長廷の接待役を務めた。学寮は留学生課がアレンジした暁学荘で、管理人は高橋さんであった。

留学生課派遣の送迎車が暁学荘に到着したとき、管理人の高橋さんはすでに玄関でわれわれを迎え、部屋まで案内して鍵を渡した。荷物を部屋に置いた後、二人はすぐ同じ車で大学西門にある生協へ行き、寝具など基本的な生活用品を買って帰った。それ以来、私と謝さんは親友となり、今日に至っている。

謝長廷氏（右から３人目）と著者（左から３人目）

呂政達撰『謝長廷～人生這條路』によると、謝長廷は一九四六年五月十八日、台北市延平区打鉄街（現台北市大同区赤峰街）に生まれ、相前後して台北成功中学、台北高等商業学校（現台北商業大学）を経て、一九六七年に台湾大学法律学科に進学した。優秀勤勉な努力家で、授業以外の時間はほとんど図書館で本を読み、在学中に弁護士と司法官の試験を受け、両方とも最優秀成績で合格した。卒業後、さらに大学院の法律研究所に進学したが、一九七二年四月日本政府文部省奨学金試験に合格し、京都大学大学院法律研究科に進学した。

来日後、謝長廷夫婦は大学の近くにアパートを賃借して住まいとした。謝長廷夫婦は子供らを非常に可愛がってくれた。子供たちも寵愛されて謝長廷夫婦を「謝叔叔」（謝叔父さん）、「謝阿姨」（謝叔母さん）と呼び、現在も同じように呼んでいる。こういう特殊な関係で、謝長廷夫婦とは長年にわたって家族付き合いをしてきた。

謝長廷は一九四六年生まれ、私は一九三四年生まれ、生肖は十二干支の犬（戌）にあたる。謝さんは私より十二歳若いので、二家族が京都の公園ないし広場で遊んでいるとき、つねに長男とキャッチボールをしたり、相撲を取ったりしていた。このことは半世紀経った今でもなおはっきり覚えている。謝長廷夫婦には深く感謝している。

京都大学留学時代、台湾の留学生は二週間に一回楽友会館で研究会を行っていた。時間は夕方六時から八時の二時間で、参加者は京都大学以外の台湾女性留学生が二人参加した。ひとりは龍谷大学の張優理、あと一人は花園大学の楊鉄菊、二人とも台湾高雄の「仏光山大学」派遣の尼さん（法師）である。帰国後、二人とも仏光山大学の重職に就いている。

ところが、大阪総領事館は中華民国関西留学生会会長・連根藤を研究会から追放しなければ、京都大学中華民国留学生に対する補助金（行事があれば一回に数万円の程度）を打ち切ると言ってきた。京都大学は学問の自由を非常に重視し、したがって、留学生会は総領事館の要求を受け入れなかった。当時私は京都大学留学生会の会長を務めていた。これによって京都大学中華民国留学生会と総領事館との関係がますます悪化したのである。

実は連根藤は追い詰められてやむを得ず反抗するようになった。中国では「逼上梁山」という諺がある。すなわち英雄好漢が追い詰められて梁山泊に立てこもって反抗することである。これは幾つかの事実によって証明できる。

一九七一年四月愛知県名古屋体育館で開催された第三十一回世界卓球選手権の際、日本と国交のない中華人民共和国が要請を受けて選手団を派遣した。その狙いは試合の参加よりも「ピンポン外交」を展開することにある。大阪総領事館は関西地方の台湾留学生を動員して体育館周辺で抗議した。ところが、名古屋へ行く列車の中で、連根藤が台湾の政治体制を批判した。当時国民党が留学生を監視するため、多数の「職業学生」（留学生の言動を密告する学生）を派遣している。連根藤はその発言でブラックリストに入れられた。

ほぼ同じ時期に、神戸の左派華僑が「中山記念館」（「孫文記念館」ともいう）を占拠しようとした。これに対して、大阪総領事館がまた関西地方の台湾留学生を動員して中山記念館を守った。連根藤もこの行動に参加した。

こうした状況の中で、一九七一年十月中華民国が国連から追放され、大阪総領事館指導の下で「中華民国関西留学生会」会長が改選され、林さんという方が当選した。連根藤は罷免されたが、留学生会の印鑑を新会長に渡さなかった。これによって中華民国関西留学生会が分裂したのである。連根藤は「台生報」（半月刊の台湾留学生新聞、現在も定期的に発行している）を発行し、つねに台湾の現体制を批判している。

当時、中華民国の関西地方の台湾留学生は青年節（三月二十九日）や国慶節（十月十日、「双十節」ともいう）を祝賀するため、つねに大阪の台湾出身華僑洪萬経営の「大東洋大飯店」で集会する。食事代はすべて洪萬が寄付した。一九七一年十月十日国慶節集会のとき、中華民国の関西地方の台湾留学生が大東洋大飯店に集まり、大阪総領事館総領事のご光臨を待っていた。しかし、約半時間経っても総領事の姿が現れないので、連根藤が怒って中華民国の国旗を引き下ろした。これがいわゆる「撕国旗事件」である。

この事件に対して、亜東関係協会駐日代表（現台北駐日経済文化代表処）・馬樹礼は「撕国旗」を「叛国」行為と認定し、連根藤のパスポートを取り上げた。連根藤はすぐ京都地裁に「偽造文書罪」で馬樹礼代表を告訴した。

当時、日台は断交したばかりで、台湾人のパスポート更新や日本人のビザ申請などは亜東関係協会駐日代表処が漢城《ソウル》大使館の名義で発行していた。政治的裁判なので、京都地裁は判決を下さなかったようである。

京都大学に留学する直前、台北民生西路で開業している呉平城医師が「京都両洋学院」校長・中根正親を紹介してくれた。京都大学に留学に来て間もなく台湾の留学生数人を誘って中根校長を訪問し、両洋学院を見学した。両洋学院が募集する学生は台湾と韓国の学生であり、両洋の二字は台湾と韓国を以て名付けたのである。呉平城医師は両洋学院を経て、岩手医専に進学、卒業後、帰国して一旦総合病院に務めてから呉内科医院を開設した。その後、呉内科医院は台北に移転した。

台湾の著名な弁護士劉旺才も両洋学院の校友である。両洋学院の教職員が勤労組合を組織して学院の経営権を奪おうとした。謝長廷は劉旺才法律事務所で勤務したことがあり、その関係で、劉旺才弁護士が謝長廷に指示して両洋学院の勤労組合と交渉した。結果はどうなったか覚えていない。

家内の姉・陳雀の夫・黄振村は十六歳のときに両洋学院に留学した。帰国後、台南成功大学に進学し、卒業後、国営の新竹肥料工場に勤務していた。私が京都大学留学中、黄さんは京都に来て私を誘って一緒に両洋学院を見に行った。校舎が古くなって廊下の板ががたがたしている。構内の雑草がいっぱい生えており、垣根も一部倒れている。その風景を見て、黄さんは思わず「草木依然、人事全非」と嘆息した。

一九七五年、京都大学法学部出身の黄書璋は、父親黄啓瑞（台北市長など歴任）が重病にかかり、一時帰国することになった。黄書璋は京都大学法学部博士課程修了後、京都外国語大学で教授として中

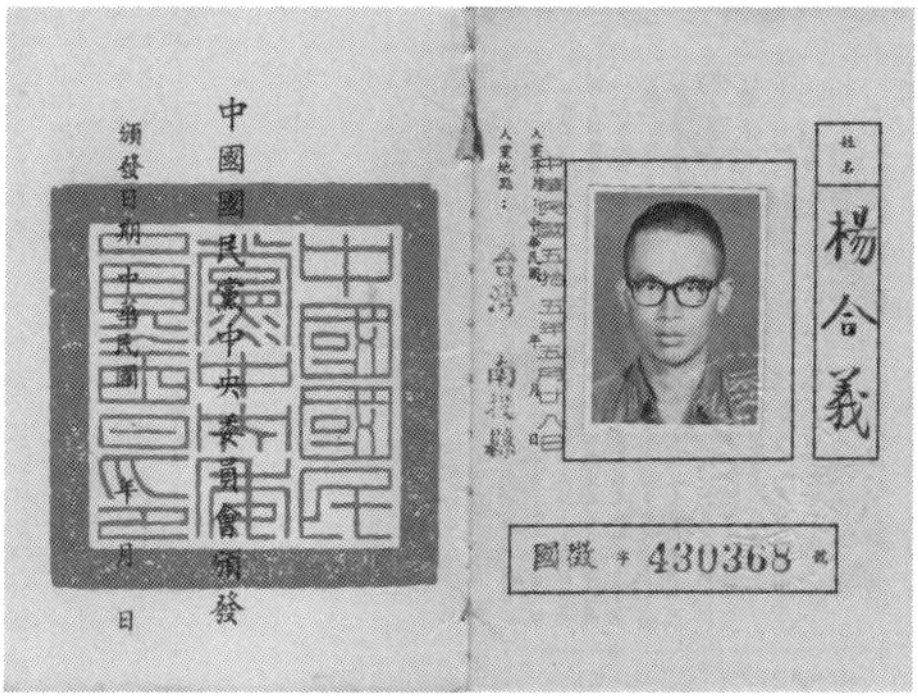

姓名 楊合義

國徵 字 430368 號

中國國民黨中央委員會頒發

頒發日期 中華民國 年 月 日

中国国民党党員証

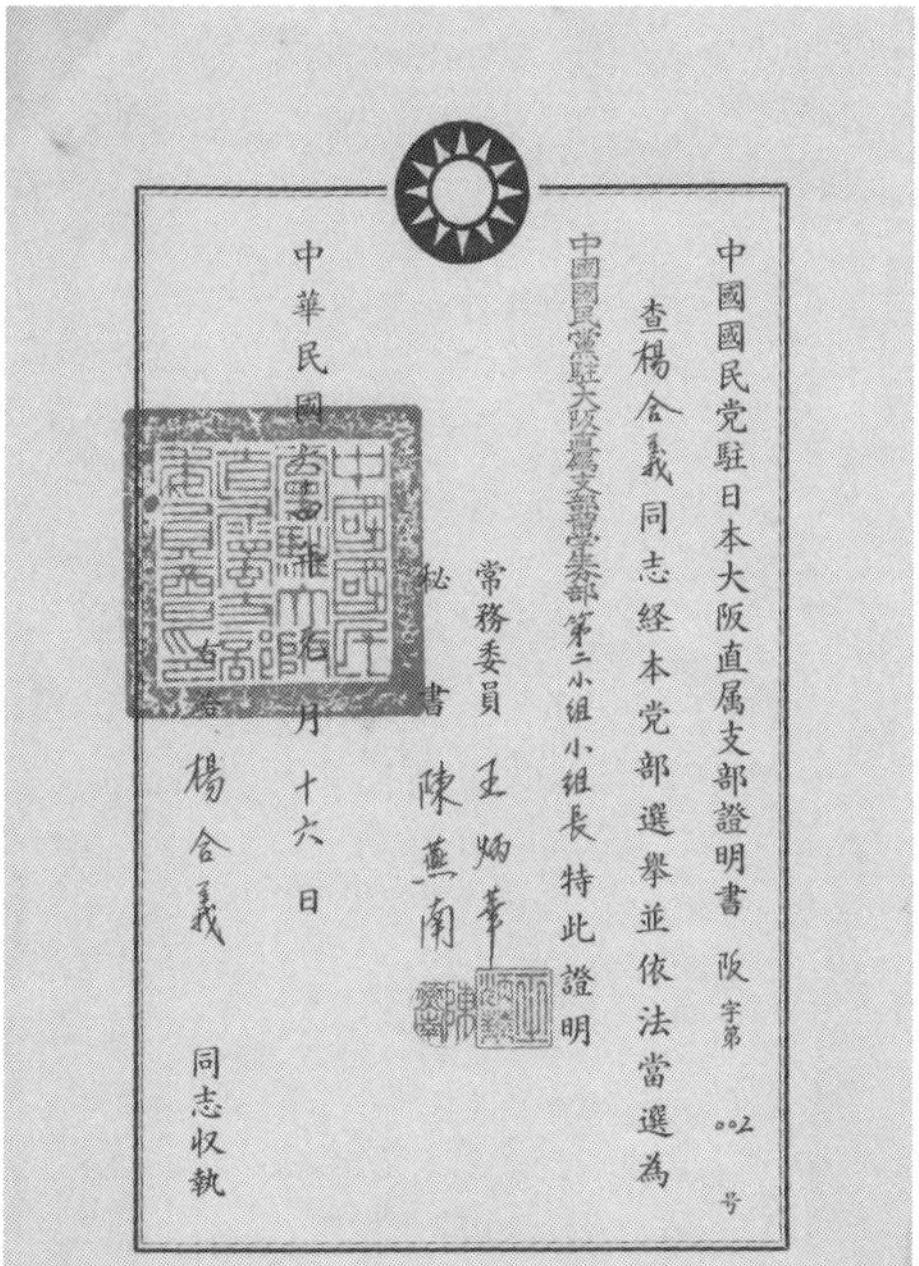

中國國民党駐日本大阪直属支部證明書 阪字第002号

查楊合義同志経本党部選舉並依法當選為

中國國民黨駐大阪直屬支部留學生分部第二小組小組長 特此證明

常務委員

秘書

中華民國 年 月 十六日

右給 楊合義 同志收執

中国国民党駐大阪直属支部学生分部第二小組小組長証明書

国語を教えている傍ら、奥さんと一緒に「蓬莱餐館」を経営していた。当時、私は博士課程三年で、黄さんに頼まれて京都外国語大学の授業を代講した。一方、謝長廷夫婦は「蓬莱餐館」の経営を頼まれた。

急に頼まれて徹夜で注音符号の声母二十一字と韻母十六字を大陸のローマ字に変換するのを繰り返し練習し、翌日、京都外国語大学へ出講した。私は台北師範学校と台湾師範大学で注音符号を徹底的に勉強していた。したがって、教壇に立って講義する自信はあったので、緊張感はなかった。謝長廷夫婦が黄書瑋に頼まれて「蓬莱餐館」を経営していた時期、台湾の留学生は応援の気持ちを兼ねてしばしば「蓬莱餐館」で会食した。

謝長廷は台湾の大物政治家であり、現在も民進党の重鎮として活躍している。彼は台北市議会議員、立法委員、高雄市長、行政院長、民進党主席などを歴任し、現在は台北駐日経済文化代表処代表（大使に相当）を務めている。

一九七三年四月、長女と長男は西京区の小学校に転入し、それぞれ四年生と二年生に編入された。次女品瑋は近くの幼稚園に入園した。幼稚園に通う次女は言葉が通じなくても他人の動作を真似て踊ったり、遊んだりすることはできるので、特に問題はなかった。長女と長男は日本語の教科書が読めないし、先生の授業を聞いても分からないため、最初の数ヶ月、先生が毎日連絡帳に国語の宿題を出して練習させた。宿題は平仮名と片仮名の暗記と書き方から始まり、次にはカナを使って簡単な言葉、例えば「おはよう」、「こんにちは」、「こんばんは」、「がっこう」、「せんせい」、「さよなら」などを作文する練習であった。担任の先生には大変な迷惑をかけた。

宿題が書き終わった後、私は長女と長男に国語の教科書を使って録音しながら日本語を教え、私がいないとき、二人は自分で録音を聞いて繰り返し練習した。子供たちは学校へ行くと、先生も児童も皆日本語しか使わず、放課後、家で視聴するテレビ番組もほとんどが日本語であるため、一年経たずに学校の授業は大体理解できるようになった。子供の日本語の進歩を見てやっと一安心した。

翌年、品瑜は担任の推薦で毎日新聞と京都女子大学共同主催の小学生学年別のお話しコンクールに参加し、「お父さん」を題として約五分間発表した。結果は五年生組の二位を受賞した。この意外な受賞は多分外国人であることで加点されたであろう。翌日、受賞者が毎日新聞に報道され、新聞を見た近所の人たちは皆驚いた。大家の青木おじさんは喜びの余り豪華な寿司を作り、お祝いのしるしとしてアパートに持ってきた。

子供たちの教育が軌道に乗った後、家内はパートタイムのアルバイトがあれば働きたいと、私に相談した。彼女は片言の日本語しか話せないので、アルバイトを探すのは難しいと知りながら試してみた。ある日、大学から帰宅する途中、四条河原町にある高島屋の角に「新雪」という小さな編み物店を発見した。家内は編み物が得意で、もしこの店でアルバイトのチャンスがあれば最適であろう。

私は勇気を持って店に入った。まず自己紹介で「楊合義と申します。台湾の留学生です。京都大学の博士課程で勉強しています。家内が毛糸関係のアルバイトを探しています」と率直に述べた。店主の山石徹さんは、「奥さんは編み物ができますか」と聞いた。私は「はい、できます」と答えた。山石さんは「では、明日奥さんの編んだ編み物を一枚持ってきてください。それを見てから検討しましょう」と述べた。

翌朝、家内と一緒にセーター一枚を持参して「新雪」を訪ねた。山石さんがセーターを見て、驚いた表情で、「これは二本の異なった色の毛糸で編んだ花柄のセーターで、高度な技術を要する編み物です」と述べた後、家内に「何処で学んだのですか」と聞いた。家内は「高校時代、実家の一階が編み物教室に賃借し、そのときに学んだのです」と答えた。山石さんは「是非来て欲しい。ご都合の時間帯で結構です」。それ以降約二年半、家内は週三、四回、午前九時から午後三時まで、「新雪」でアルバイトをしていた。主な仕事は商品販売と顧客に毛糸の編み方を教えることであった。「新雪」は編み物商品の老舗で、年輩の顧客が多く、老人向きの編み物専門店である。

(六) 三つのアルバイト

〈座頭市「初日の出 一番勝負」台本の翻訳〉

一九七〇年の年末、佐藤長先生に呼ばれ、勝新太郎制作の『座頭市 初日の出 一番勝負』という映画台本を出して、「これは日本の俳優と香港の俳優が共演する映画の台本ですが、制作会社が台本を中国語に翻訳する台湾の留学生を紹介して欲しいと頼んできました。君か台湾の留学生の誰かがこの翻訳を引き受けてくれませんか」と述べた。私は「台本を読んでからお返事します」と答えた。

その日、台本を一通り通読した後、工学部博士課程の劉国雄先輩にも読ませた。二人が相談した結果、共同で翻訳することにした。翌日、二人で分担して翻訳することを佐藤先生に報告した。佐藤先生は「先方が急いで欲しいといっているので、年越し前後の休日を利用して翻訳しなさい」と指示した。二人はそれぞれ半分を翻訳し、約一週間で完成した。原稿料は全部で八万円、劉さんと私が各四万円をもらった。奨学金が月に四万七千円であったことを考えると、かなりいいバイトだと思った。

その後、制作会社がロケ現場の通訳として毎日二人を雇い、日給は一万円であった。この仕事は数人の台湾自費留学生がペアを組んで、授業のない日に行って通訳を担当した。日当が高いので、バイトした学生は皆喜んでいた。

映画の主役は勝新太郎と香港名優の王羽で、勝新太郎は盲目の座頭市を演じ、王羽は片手剣客の王剛を演じた。座頭市と王剛は互いに言葉が通じず、ついに決闘するに至ったのである。決闘は初日の出に行われ、勝負は二通りになっている。日本で上映するものは座頭市が勝ち、台湾と香港で上映するものは王剛の勝ちにしている。一九七一年夏、この映画は台北西門町の「中国戯院」（映画館）で上映していた。ちょうど、帰省中だったので、家族を連れて見に行った。自分の翻訳した台詞を聞いて嬉しく感じた。

〈三光商事貿易部の漢文手紙の翻訳〉

すでに述べたが、家内は日本商社の招聘という名目で出国手続きを申請した。そのために、友人の紹介で、神戸台湾系華僑蔡謀修が経営する三光商事貿易部で週一回バイトに行った。担当の仕事は海外華僑との取引の漢文手紙の翻訳である。バイトを通じて蔡社長との信頼関係を築き上げた後、家内に出国申請の必要書類である招聘書と会社謄本を頼んだ。蔡社長は何のためらいもなく、私の願いを承諾した。そのお陰で、家内来日の願望がかなったのである。神戸まで往復の交通時間が三、四時間かかるので、家内来日後、蔡社長の了承を得てバイトを辞めた。蔡社長は神戸台湾系華僑の有力者で、神戸華僑会長を勤めたことがある。留学生の面倒をよく見る方である。

〈ECC外語学院京都校の中国語非常勤講師〉

三人の子供が来日した後、家計の支出が大幅に増え、奨学金だけでは足りないので、家内が「新雪」編み物店で働くことになった。私は三光商事のバイトを辞めた後、京都市内で自分の長所を行かせるバイトを探していた。当時、四条河原町の近くに「ECC外語学院」があり、中国語の授業を開設しているか否かを確かめるため、二階の事務室に入った。受付で名刺を渡し、来意を説明したところ、応接間に案内され、教務係と面談した。私は鞄から履歴書を出して、教務係に手渡した。

教務係が履歴書を見た後、「現在のところ、本校には中国語の教室はありませんが、開設する予定であります。貴方は師範学校、師範大学、京都大学博士課程という学歴を持っており、中国語の非常勤講師として迎えたいです。ところが、現在本校専用の中国語教材がなく、もし貴方が基礎会話教材を作成してくれるなら、完成した時点で中国語の教室を開設します」と述べた。私は「貴校専用の中国語教材を作ります」と即答した。翌日、ECC校で「確認書」に署名して捺印した。

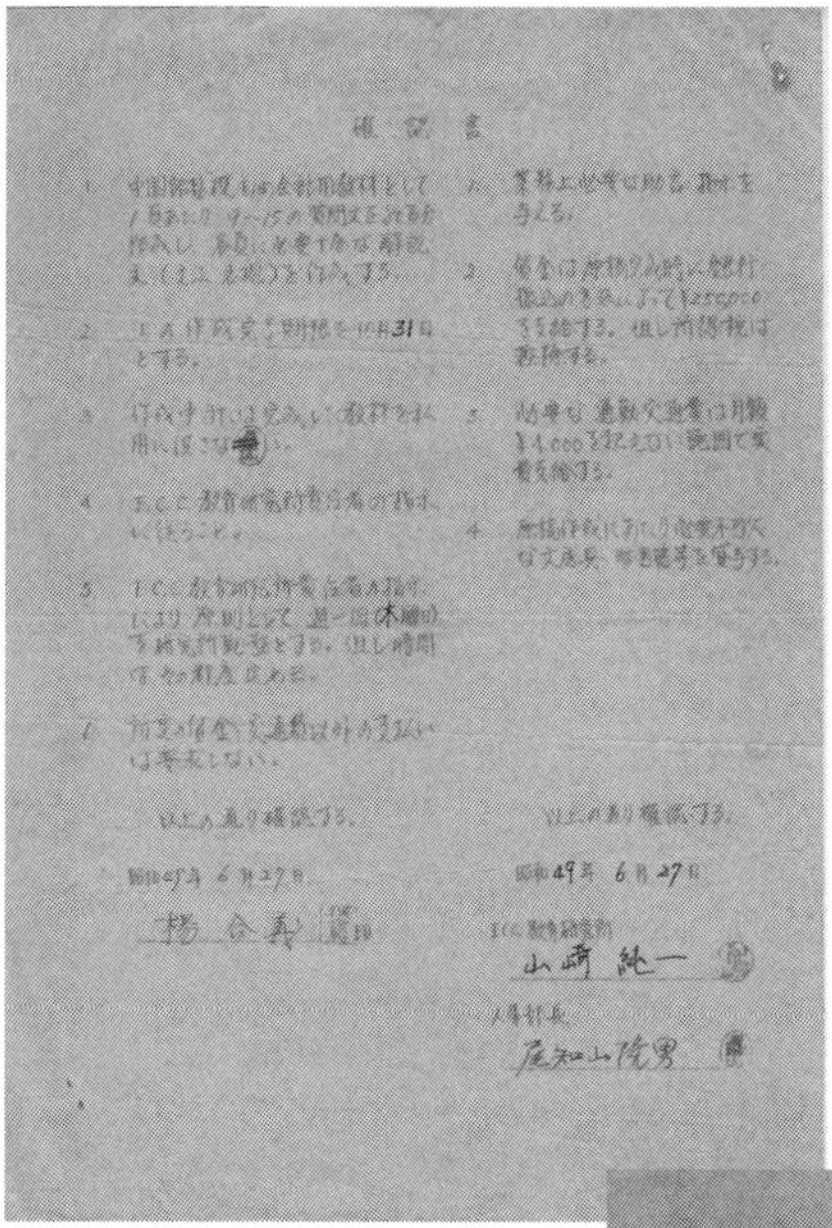

確認書

以上の通り確認する。

昭和49年6月27日

昭和四十九年六月、ECCの中国教材作成の「確認書」

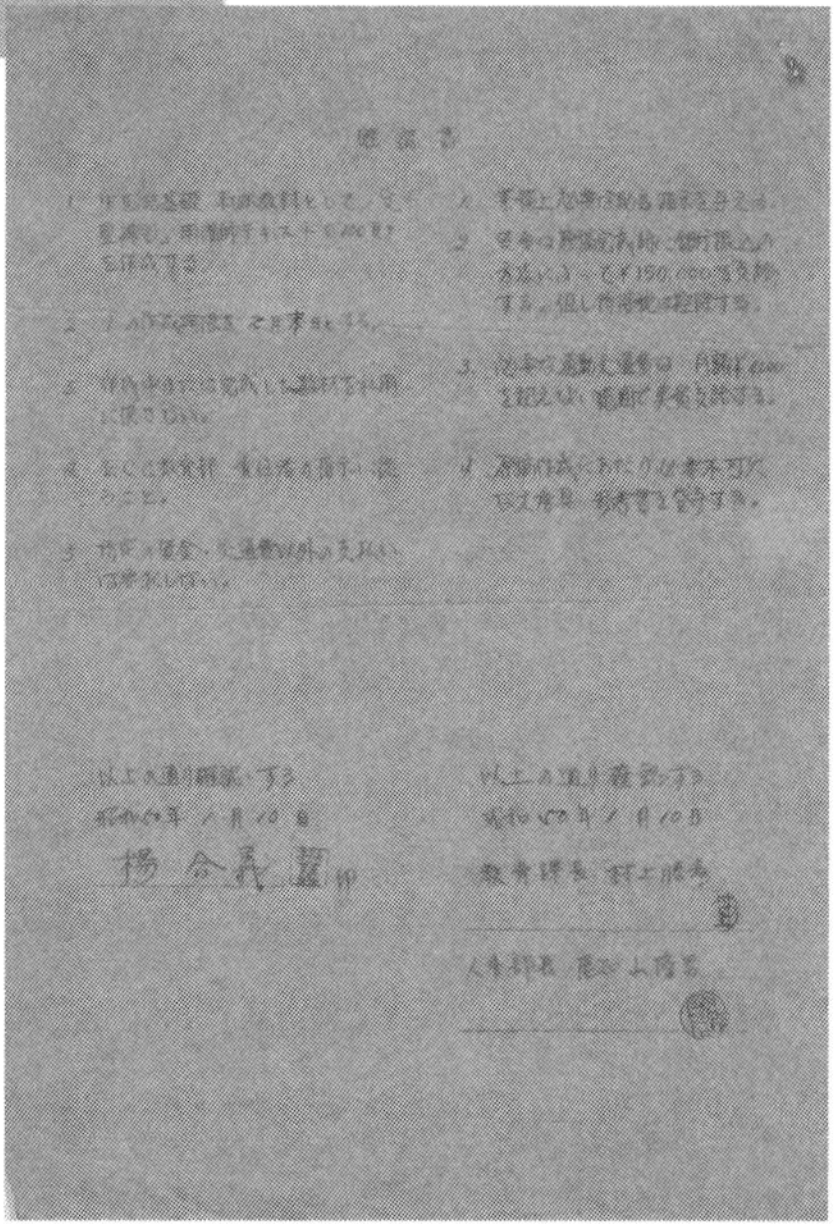

確認書

昭和五十年一月、ECCの中国テキスト作成の「確認書」

確認書に「中国語基礎自由会話用教材として一頁あたり、九～十五の質問文を八十頁分作成し、各頁に必要十分な解説文（文法、表現）を作成する」、「作成完了期限を十月三十一日とする」、「ECC教育研究所責任者の指示により、原則として週一回（木曜日）を研究所勤務とする。ただし時間はその都度定める」、「賃金は原稿完成時銀行振込みの方法によって二十五万円を支給する。ただし所得税は控除する」などの規定が明記されている。

確認書は一九七四年六月二十七日にサインしたので、作成完了期限は約三ヶ月となる。ECCの同じパターンの英語教材を参考にしながら書き始めた。中国語の簡体字とローマ字表記の拼音文字を使って質問文を作り、日本語で文法と表現を説明した。八十頁分の教本は約一ヶ月で完成した。ECCが「請你告訴我」（中国語で言ってください）という書名をつけたが、執筆者の名前は入れなかった。

半年後、また中国語基礎初級教材として、「文型練習」用講師テキスト（百頁）を作成することを依頼され、一九七五年一月十日、確認書にサインした。分量は百頁なのに原稿料は一冊目の八十頁より少なく、十五万円になった。多分一冊目の完成がはやかったので、カットされたに違いない。第一冊の教本を作成した後から一九七六年六月帰国するまで、非常勤として毎週木曜日の午後六時から十時までECCで中国語を教えていた。

〈注釈〉

注① 外務省条約局法規課編『日本統治下五十年の台湾』・「外地法制誌」第三部、二七八～二八二ページ

ジ、外務省条約局法規課出版、一九六四年

注②　台北市萬華区西門国民小学編『台北市立西門国民小学建校八十週年特刊』、三二ページ、台北市萬華区西門国民小学出版、一九九五年

注③　京都大学大学院文学研究科・文学部編集『京都大学文学部の百年』、九六〜九七ページ、二〇〇六年

注④　『東洋史研究』、第三十二巻第三号、京都大学文学部東洋史研究会発行

第五章　国際関係研究センターにおける四年五ケ月の国内勤務

一、博士課程修了後の就職活動

京都大学東洋史博士課程の在学年限は三年であり、所定の単位を取得すれば「学修証書」をもらって退学となる。日本人学生の就職先は専門分野によって指導教官が面倒を見てくれるが、留学生は特殊な事情（例えば台湾独立運動と関わりがあること。その場合、帰国すると政治犯として逮捕されるので、日本に留まることになる）がなければ、ほとんど帰国して自分で就職先を探す。すぐに就職できない場合、日本人も外国人も研究生として大学に残って研究することができる。ただし、外国人の場合は、入国管理局の規定では研修員の在留期間は一年間しか許可しないので、在留期間が満期になる前に本国に引き揚げなければならない。

台湾の学年度は日本と半年の差があり、新年度の開始が九月なので、就職が決まっても新学年度が始まるまで待たなければならない。したがって、ほとんどの留学生は博士課程修了後、大学に研究生として籍を置き、日本在留期間を一年延長して研究を続ける。私は一年の研修期間を申請し、その間に何回か帰国して就職活動をしていた。

一九七五年春、台湾大学文学部歴史学科の陳捷先教授が京都大学を訪問した際、私は彼に頼まれて案内役を勤めた。京都滞在中、私は宮崎市定先生、佐伯富先生など数人の東洋史および人文研の諸先生との会談をアレンジしてさしあげた。その間、就職のことについて陳教授と相談した。当時、陳教授は台南成功大学に出講し、歴史学科を設立し、学科主任を兼務していた。

陳教授は、私に「帰国の意向があれば、成功大学の歴史学科の客員副教授として招聘することを国家科学委員会に申請してみる。認可されれば一年勤務した後、そのまま副教授として採用される可能性がある。申請の資格は、規定では博士学位を取得した者、または修士学位取得後、四年間以上同分野の専門研究に従事し、かつ論文や著作を有する者である。解釈上、博士課程の三年は専門の研究と看做されるので、もう一年研修員として研究を続ければ、来年に後者の資格で申請することができる。申請の手順は修士学位取得証明、博士課程修了証明、大学院成績表、発表した論文などを成功大学に提出し、教授会が審査して同意した上で、歴史学科が国家科学委員会に申請する」と説明した後、付け加えて「教授会の同意を獲得するため、できれば一度成功大学に来て講演すること」を提案した。私はそれを承諾し、同年春頃、帰国して成功大学で「清代東北（満洲）に活躍していた漢族商人」を題として講演した。約二百人が出席し、講堂は満席だった。講演は午後一時から始まり、三時に終わった。講演後、陳教授の研究室で雑談した際、私は「台南市長・張麗堂と市政府主任秘書・謝伯村を訪問したいが、アポイントメントを取ってくれませんか」と頼んだ。陳教授はすぐ助手に指示して市長秘書室に電話をかけた。交渉の結果、午後四時半市長室でお会いすることが決まった。

張麗堂は、西門国民学校の同僚であった陳献士の台南師範学校の同級生である。彼は中興大学法商学院（現国立台北大学）法律学科在学中、週に何回か西門町に来て家庭教師をしていた。その頃、陳さんと私は台北市西門町の蛾媚街にある同じ建物に寄宿し、陳さんは二階に、私は一階に住んでいた。張麗堂は家庭教師の帰りにしばしば蛾媚街に立ち寄って陳さんを訪ね、その由縁で、彼と知り合いになった。彼が来訪すると、陳さんの部屋または私の部屋で歓談し、一緒に夜食を食べに行ったこともある。ところが、私が古亭国民学校の劉佳欽の宿舎に引っ越したあと、再び彼に会う機会はなかった。謝伯村は公費留学生として京都大学に留学したときに、知り合った先輩である。

アポイントメントを取った後、即刻陳教授と共に台南市政府に行き、四時頃に到着した。張市長は来客中なので、市長秘書が私どもを待合室に案内した。しばらくして張市長が現れ、まず陳教授と握手してから、私の手を握って、「楊さん！　十年ぶりだな、ようこそお出でくださいました」といいながら、市長室に入った。まもなく謝伯村主任秘書も来た。

歓談中、張市長は「楊さん、台南市は貴方の故郷です。古都台南市の再開発に関してご高見を伺いたい」と述べた。私は「現在台南市の道路拡大工事において、並木が大量に抜かれているようです。鳳凰樹は台南市のシンボルであり、できるだけ保存して欲しい」と提案した。張市長は「同感です。交通妨害にならない並木は抜かないようにしています」と答えた。その晩、張市長は十人ほどの関係者を招き、大飯店で夕食をした。

張麗堂は台南市出身で、中興大学法商学院法律学科を卒業した後、弁護士になり、一九七三年台南市長に当選した。一九七六年再選を期して立候補したが、僅差で蘇南成（国民党を離党して党外人士で立候補）に敗れた。その後、行政院研究発展考核委員会副主任（副大臣に相当）、台湾省政府委員、民政庁長、第二期国民大会代表、国民党中央委員、同中央評議委員などの要職を歴任し、台湾政界で活躍した。

京都に戻って約一ヵ月後、陳捷先教授からの手紙が届いた。手紙の中で、「成功大学教授会で客員副教授として招聘することが可決され、国家科学委員会への申請も認可された。後は教育部の批准を待つだけである。帰国の準備をしてください」と書いてある。私はこの吉報に驚き、困惑した。「修士学位取得後、四年間以上同分野の専門研究に従事し、かつ論文や著作を有する者」という資格で申請した場合、来年四月以降でないと年数が足りないので、許可されるはずはない。一体どういう理由を以て申請したのか、手紙の中では説明していない。

しかし、陳教授の親書を疑うのは失礼と思って、まずお礼の手紙を書き、七月の上旬に一時帰国することを知らせた。早速一家五人の再入国手続きを済ませ、航空券を買って帰国した。そのときの考えでは、教育部が批准すれば、家内と子供たちは台湾に残り、私だけが日本に戻って、アパートの解約、子供たちの転校、京大研修員の休学などの手続きをし、並びに引き揚げの荷物を台湾に送るが、もし教育部が認可しない場合、家族全員がまた日本に戻るつもりであった。

ところで、子供たちは日本に来て満三年となり、まだ東京に行ったことがなく、新幹線に乗ったこともなかった。今度帰国したら、子供たちは日本に戻ってこない可能性があると考え、帰国前に東京へ三泊四日の旅行をした。子供たちは初めて新幹線に乗って大変喜んだ。東京で後楽園の遊園地、東京タワー、皇居、銀座、浅草などを見学し、楽しく遊んだ。東京滞在中、当時東京大学留学中の親友・林瑞龍夫婦の住むアパートに泊まり、大変な迷惑をかけたことを今でも覚えている。林瑞龍については後述する。

旅行から帰ってきた翌日、大家の青木おじさんに「就職のため、しばらく台湾に帰ります。結果はどうなるか、分からないので、アパートはしばらく留保してください」と話した。七月初頭、伊丹空港から台湾に帰った。合洲と合坤（四番目の弟）が台北松山空港に迎えに来て、台北市木柵区（現文山区）保儀路の実家に帰った。帰途の車内で、合洲が「成功大学歴史学科から郵便物が来ており、まだ開封していないので、中身は分からない」といった。

木柵の家に着くと、早速成功大学の郵便物を開封した。中には返却された修士学位記、博士課程修了証書、大学院の成績表、論文抜き刷りおよび教育部が成功大学に通達した公文が入っている。教育部の公文を要約すれば次の三点となる。

（1）行政院国家科学委員会審査の結果、楊先生は副教授補助（招聘経費の補助）資格に符合する。ただし、博士学位証書のコピーを提出しなければならない。

（2）楊先生は博士学位を取得しておらず、副教授の資格を具えない。たとえ博士課程三年を専門研究に従事したと解釈しても、規定の年数（四年）に達していない。

（3）今のところ楊先生を副教授として、認可することはできない。

この裁決に対して、大学当局と歴史学科はそれぞれ教育部の公文の空白欄にその措置を書き入れている。大学当局は歴史学科に「招聘の案を撤回するか否かを検討しなさい」と指示し、歴史学科は「すでに楊先生に博士学位証書を送って来るよう通知した」と回答した。ただし、歴史学科の署名者は、その名前の下に「代」（代行）という字をつけている。これは学科主任の陳教授が出張または休暇により、代行者が処理したと考えられる。つまり、陳教授は教育部の裁決結果を知らないということである。

陳教授との話では、博士課程修了後、さらに研修員として一年研究を続けた後で、申請する予定であったが、陳教授がなぜ時期を繰り上げて申請したのか、不可解であった。公文の主旨に「一九七五年拡大延攬」（拡大招聘）という字句があり、陳教授はこれを理由にして申請を早めたのかも知れない。

翌日から数日続いて陳捷先教授の自宅に何回も電話をしたが、応答がなく、連絡はまったく取れなかった。たまたま、台湾大学歴史学科の友人・趙雅書副教授（当時）が電話をかけてきた。要件は中央研究院史語（歴史言語）研究所研究員兼台湾大学教授・陶晋生が食事を招待することについての打ち合わせであった。ついで趙さんに陳教授が何処にいるかを聞いた。彼は陳教授が六月末からヨーロッパに行き、しばらくの間、台湾には帰ってこないだろうと答えた。

陳教授は清朝史の著名な学者で、満洲語に精通し、清代の檔案文献（＊公務員の人事記録を記した公文書）に詳しい。台湾大学と成功大学の教授と学科主任を歴任し、教鞭をとる傍ら長期にわたって台北故宮博物院の清代檔案の整理と出版を指導し、清代檔案の研究を促進した。このほかに「清史檔案検討会」、「亜洲族譜学術検討会」、「中国域外漢籍国際学術会議」、「中韓歴史関係国際学術会議」など多数の国際的学術シンポジュウムを主催した。

二、政治大学国際関係研究センターの招聘

帰台して約一週間後、陶晋生教授の招待を受けて台北駅の近くにある「状元楼飯店」で会食した。

趙雅書のアレンジで出席者はほとんど私と面識のある学者であった。食事中、陶教授は「成功大学の招聘に関して、趙雅書から聞きました。残念です。もし国立政治大学国際関係研究センターへ就職する意向があれば、推薦します」と述べた。私は「研究分野が違うので、採用されないでしょう」と答えた。彼は「とにかく聞いてみましょう。一両日に連絡します」といった。私は「お願いします」と頼んだ。

帰途、趙雅書と喫茶店で雑談した。趙さんは、「政治大学国際研究センター主任・蔡維屏は陶教授の『姨丈』（母の妹の夫）で、外交部米州司長（局長）、駐ニュージーランド大使、外交部常務次長などを歴任、今年（一九七五年）七月国際関係研究センター主任に任命された。蔡主任は着任したばかりで、人事の異動ないし業務の調整によって欠員があれば、陶教授が推薦した人は採用されるでしょう」と話した。私は、「人事の採用は資格の審査や面接などがあり、結果はどうなるか、予測はできません」と率直に言った。

数日後、陶晋生教授が電話をかけてきて「国際関係研究センター主任・蔡維屏に会見するアポイントメントを取りました。明日午前十時の約束で、私も同行します」と知らせてくれた。翌日、政治大学の正門で陶教授と合流して、約二百メートルの坂道を登って国際関係研究センターの正門に到着し、警備室の係が主任室まで案内してくれた。主任室で陶教授が私を蔡主任に紹介した後、先に帰った。

蔡主任は「楊先生（楊さん）のことについて、すでに陶晋生から聞きました。本センターは政府のシンクタンクとして中国大陸問題および国際問題を研究する機構で、研究部門は匪情組（中国大陸情勢を研究する組）、経済組、国際組と俄情組（ソ連と東欧諸国を研究する組）の四組があります。また、自由主義諸国の学術機構との学術交流を担当する合作交流組があります。毎年米国、日本、欧州の学界と定期的に大陸問題を中心とする学術会議を交互で開催するほか、学者の相互訪問も盛んに行われています。専任の研究人員は約五、六十人、そのうち、欧米留学の研究者は約三分の一を占めています。日本語ができるスタッフは四、五人いるが、日本留学の経験者は一人か二人しかいません。楊先生が本センターに勤務する意向があれば歓迎します。ただし、人事の採用は二人の副主任および各研究組の召集人（組長）の同意が必要です。午後二時、数人の日本の学者が本センターに来て座談会を行う予定です。その際、副主任と召集人は皆出席します。せっかくの機会ですから、貴方も参加しましょう」と述べた。

私は「はい、参加します」と答えた。

その日の昼食は同中心の食堂で主任、副主任、各組召集人と同じ食卓に座り、美味しい牛肉麺を食べた。食事中、蔡主任が私を皆に紹介した。食後、友人の侯家国の研究室で、午後二時まで雑談していた。侯さんは大陸組に所属する副研究員で、一九七四年、国際関係研究所（国際関係研究センターの前身）の派遣で京都大学東南アジア研究所に一年間留学したことがある。そのときに知り合った友人である。

午後二時頃、日本の学者が到着した。蔡主任が私に「座談会の通訳を頼みます」といいながら、会議室に入った。議題は中共問題で、私にとっては門外漢であった。最初はやや緊張していたが、徐々に落ち着き、メモを取りながら、皆の発言を忠実に通訳した。当日の通訳は明らかに蔡主任が私の日本語の表現力を試すためであった。

座談会が終わった後、主任室に戻り、蔡主任は「私には日本語は分からないが、通訳のお陰で双方の学者が熱烈に議論することができました。ご苦労様でした。楊先生を副研究員（副教授に相当）として招聘します。国際組に配属する予定で、研究分野は着任してから召集人と相談して決めなさい。このほかに、対日学術交流の事務があり、それも着任してから考えます。近日中、人事組に履歴書、学歴証書などの必要書類を提出し、手続きを済ませたら、正式に聘書（辞令）を送ります」と述べた。

主任室を出た後、すぐに人事組に立ち寄り、劉懋栴組長に会い、招聘の手続きについて伺った。劉組長は「蔡主任からすでに指示を受けており、必要書類が整えば、手続きはすぐできます。しかし、聘書を送る前に安全調査（政治思想などの調査）があり、国内に居住している人に対する調査は数日で済むが、海外の場合は当地駐在機構を通じて調査するので、三ヶ月以上かかります。調査の結果、問題がなければ、ただちに聘書を送ります」と説明した。それを聞いて、私は「三ヶ月以上も待つなら、しばらく京都大学に戻って研究を続けます。聘書を受け取ったらすぐ帰国します。蔡主任に宜しくお伝えください」といって家に帰った。その晩、電話で陶教授に面接の結果を報告した。

京都に戻る前、子供たちを連れて台南に帰り、家内の実家に約二週間滞在した。その間、生まれ故郷の安南区海尾寮に帰ると、親族に暖かく迎えられ、一緒に先祖に線香を上げた。帰途、孔子廟の傍にある忠義国民学校に立ち寄った。これは長女と長男が出国前に勉強していた小学校である。台南滞在中、義母は忙しい毎日であったが、孫たちと再会ができて、喜びの余りついに疲れを忘れたようである。

八月下旬、一家五人は再び京都に戻った。その晩、青木おじさんご夫婦は早めに店じまいをし、特上の寿司を握り、再会の歓迎会を開いた。食事中、余興として青木おじさんが女装して隠し芸を披露し、「岩壁の母」という歌を唄った。誠に心をこめた至れり尽くせりのもてなしであった。

京都に戻った後、今までどおり、家内は「新雪」の店でアルバイトをし、子供たちは川岡小学校に通い、私は毎日大学へ行って研究を続けた。しかし、博士課程修了後、奨学金が打ち切られ、生活費を稼ぐため、夜は二ヶ所のアルバイトをやっていた。一つは家庭教師で、もう一つは「ＥＣＣ外語学院」の中国語講座である。家庭教師の学生は義兄陳家旺の友人樋口義明さんの長女（高校生一年）であるが、教える科目は英語と数学であり、事前に準備しなければ対応できないので、ずいぶん時間を費やした。中国語の授業は自分が作成した教科書を使い、準備しなくても対応できた。

十月下旬、国際関係研究センターから聘書が送られてきた。冒頭に「楊合義先生を助理研究員（講師に相当）として招聘する」と書き、約款の第一条に「招聘期間は中華民国六十四年（一九七五年）十一月一日から六十五年（一九七六年）十月三十一日まで」と定めてある。台湾の大学が発行する聘書は、公立と私立を問わず、すべて一年を期限としている。しかし、蔡主任は「副研究員として招聘する」とはっきり表明したのに、なぜ「助理研究員として招聘する」ことになったのか、まったく不可解なことである。失望の余り、聘書をコピーして原本をそのまま国際関係研究センターに送り返した。

その後、蔡主任は侯家国に指示して私に副研究員が助理研究員になった経緯を説明した。侯さんは手紙の中で次のように述べている。「一九七五年七月一日以前、国際関係研究所は独立した機構で、所内の人事任命権は主任にあった。しかし、国際関係研究所が国際関係研究センターと改称して政治大学に隷属した後、人事の任命権は相変わらず主任にあるものの、任用資格は政治大学の規定に沿って決めらなければならなくなった。政治大学の規定はすなわち教育部の規定である。したがって、博士学位がなければ、副研究員として招聘することはできない。結局、助理研究員として招聘することになった。蔡主任としては貴方が招聘を受けるよう再考して欲しい」と。

私は蔡主任が約束を守らなかったとは思っていない。年齢はすでに四十を超え、これ以上研修員として京大に残るよりもむしろ国際関係研究センターの招聘を受けて新しい人生の道を切り開いた方がいいと決断した。しかし、聘書を受けてからすでに一ヶ月以上になり、また引き揚げるにはいろいろ片付けなければならないことがあるため、帰国の時期を半年延ばすことにした。この決定を手紙で、侯さんに「子供の教育、自分の研修員期間が一段落を告げた後、すなわち来年四月以降に帰国します。蔡主任に宜しくお伝えください」と返事した。

翌年六月中旬、国際関係研究センターが改めて聘書を送ってきた。職位は助理研究員、招聘期間は民国六十五年七月一日から十二月三十一日までの半年であった。これによって、私が国際関係研究センターに勤務することになったのである。幾多の紆余曲折を経てようやく決まり、早速手紙を書いて陶晋生教授に報告すると共に、感謝の意を表した。

陶教授と知り合ったのは一九七五年春、彼が京都大学を訪問したときであった。陶教授は来訪する前、趙雅書を通じて私に宮崎市定先生、吉川幸次郎先生および天野元之助先生を訪問したいことをアレンジして欲しいと頼んだ。京都滞在中、私は陶教授の案内役を勤め、三人の先生を訪問した。

宮崎先生は戦後日本を代表する東洋史の学者であり、台湾の中国史学者は皆宮崎先生を敬慕し、彼に会えることを光栄とする。陶教授も同じ考えで宮崎先生を表敬訪問したのである。午前九時頃、宮崎先生のご自宅に参り、応接間で約二十分間会談した。陶教授は宮崎先生の元気な姿を見て、その秘訣を伺った。宮崎先生は淡々として朝の生活リズムを次のように語った。すなわち「朝早起きして、一時間散歩します。約七十センチの歩幅で四キロ歩きます。帰宅したら、シャワーを浴びて一休みをし、温かい紅茶にウイスキーを入れ、一杯飲んでから書斎に入ります。他用がなければ、毎日この繰り返しです」と。帰途、陶教授は私に「宮崎先生のように規律ある生活習慣を維持するのは容易ではない。健康第一、互いに頑張りましょう」と感想を述べた。

吉川幸次郎先生は中国文学の大家であり、彼との会見は京大の学友会館で行われ、中国語で会談した。話題は蔣介石の逝去に対する東大教授・衛藤瀋吉の発言であった。吉川先生は次のように語った。「一九七五年四月五日蔣介石が死去したとき、私が率いる訪中団はちょうど北京にいた。北京駐在の日本記者が訪中団の一員である衛藤教授に蔣介石の死についてコメントを求めた。衛藤教授は『蔣介石は中国現代史の偉大な指導者である』とコメントした。北京当局は怒って衛藤教授に発言の撤回を求めたが、衛藤教授は応じなかった。そのために北京当局は訪中団の翌日からのスケジュールを取りやめると警告した。私は東洋人の美徳として亡くなった人に対して悪口を言わない、と伝えた。このひと言でやっと北京側を納得させ、無事に予定の訪問スケジュールを終えて帰国した」と。陶教授は「衛藤瀋吉教授の発言は台湾でも報道されたが、吉川先生の対応に関しては言及されませんでした。貴重な逸話を聞かせてありがとうございました」と述べた。

天野元之助先生は中国農業史研究の専門家で、日中戦争が勃発する前、北京大学に留学したことがある。その由縁で、天野先生は当時北京大学で中国政治思想史と中国社会史を講義していた陶希聖教授と知り合ったのである。一九三七年日本軍が北京に入城する直前、陶希聖は慌てて北京を脱出したため、多年にわたって書き続けた『唐代経済史』の原稿を大学の研究室に置きっぱなしになり、ついに行方不明になった。戦争中、天野先生は陶希聖に頼まれて探したが、手がかりを得られなかった。

陶晋生は陶希聖の次男であり、父親の指示を受けて天野先生を訪問することにしたのである。天野先生の住まいは大阪にあり、一緒に昼食をとると約束したので、正午に先生の自宅に着いた。食事中、原稿探しを話題にして歓談した。

陶晋生は台湾大学で修士学位を取得した後、アメリカのインディアナ大学に留学、博士学位を取得した。帰国後、中央研究院語言研究所副研究員、研究員、台湾大学歴史学科副教授、教授を歴任、一九九〇年中央研究院院士（中華民国の最高学術栄誉）に選ばれた。アメリカのアリゾナ大学教授および香港中文大学教授を勤めたこともある。専門分野は宋遼金史と辺疆史で、主な著作は『女真論』、『宋遼関係史研究』、『北宋士族』などがある。陶教授は私の人生を変えた恩人である。

趙雅書は台湾大学歴史研究所（大学院）博士課程在学中、史料収集のために京都大学東洋史学科に一年間留学したことがある。指導教授は佐伯富先生、下宿は暁学荘、その関係で彼と親友になったのである。趙さんは宋代経済史が専門で、台湾大学の博士学位を取得した後、母校に勤務し、副教授、教授を経て定年まで勤めあげた。家族は一九八〇年前後にシアトルに移住し、趙さんは定年退職してからシアトルに移住した。

家族がシアトルに移住して以来、趙さんは渡米の帰りにつねに東京に七十二時間滞在する。その際、しばしば私の家に泊まり、深夜まで歓談していた。台湾の現状および両岸関係に関して、彼とはよく議論するが、意見の食い違いがあっても感情的に論争することはしなかった。趙さんは実に友情を重んじる方である。

三、京都からの引き揚げ

一九七六年六月中旬、国際関係研究センターが改めて送ってきた聘書を受け取ってから帰国の準備を始めた。京都に七年間も住んでいたので、生活用品と書籍などがかなりの量となり、これらの荷物を台湾に送るのが大変だった。貴重品、重要書類、夏服、毎日使う生活用品はスーツケースやカバンに詰め込んで帰国の日に持って帰ることにし、書籍とその他の荷物は日本通運に委託して海運で基隆港に送ることにした。海運で送る荷物は日本通運の段ボールを使って梱包した上で、コンテナに詰め込んだ。通関手続きがあるので、荷物は全部リストを作成して日本通運に渡した。書籍は検閲を受けるため、書名と著者名をリストに記入しなければならない。

六月二十日前後、日本アジア航空で大阪伊丹空港から台北松山空港に飛び、夕方に到着した。弟たちが空港まで迎えに来てタクシーで木柵保儀路の実家に帰った。両親は三年ぶりに孫たちと再会し、皆大きくなったのを見て驚いた。その晩は、一家水入らず、団欒のひと時を過ごした。翌日午前、国際関係研究センターに行って蔡維屏主任に帰国したことを報告すると同時に、人事課で着任に関する手続きを済ませた。

次に、解決しなければならないことは子供たちの転校問題である。転校先は居住地の学区によって決められるので、住まいを探して戸籍を登録することが先決問題だった。帰台直後、八年ぶりに華僑選出の立法委員劉彰徳夫婦と再会し、ホテルの食堂でご馳走になった。食事中、私は「政治大学国際関係研究センターに就職することが決まり、現在木柵の実家に住んでいるが、借家が見つかったら引越しする予定です」と申し上げたところ、劉委員は「私が所有する内湖新村の家はずっと使っていません。生活上、必要な家具は概ね揃っています。よかったらその家を使ってください。家賃はいりません」と述べた。その場で、カギを渡され、翌日、家内と子供たちを連れて内湖新村の家を見に行った。小学校と中学校は村の近くにあり、環境は静寂で、交通の雑音はほとんど聞こえない。下見をして、すぐ電話で劉委員に「お言葉に甘えてお借りします」と返事した。

約一週間後、内湖新村に引っ越した。新学年度が始まる前に子供たちの転校手続きを済ませた。長女品瑜は村のすぐ前にある私立達仁女子中学のテストを受け、一年生に編入された。長男と次女は内湖国民学校に転入し、それぞれ五年生と三年生に編入された。家から両方の学校までの距離はいずれも一キロ前後で、登下校時間は二十分を超えない。

内湖新村は台北市内湖区にあり、政府が中央民意代表（立法委員、国民大会代表、監察委員）のために建設した村の一つである。建物は一律上下二階、四ＬＤＫの一戸建て、前後の庭はブロック造りの垣根に囲まれている。劉彰徳委員は南アフリカ共和国のヨハネスブルグ（Johannesburg）に居留し、立法院（衆議院に相当）の会期、または国民党全国代表大会が開催されるときに帰国する。台湾滞在中はほとんどホテルあるいは国民党の招待所に宿泊する。したがって、内湖新村の家はつねに空き家になっているのである。

劉彰徳は抗日戦争中、華僑の祖国支援を求めるため、国民政府によって南アフリカのヨハネスブルグに派遣された。戦後、国民政府が憲政実施のために行った中央民意代表の選挙において、彼は南アフリカの華僑によって第一期の立法委員（立法院の委員、日本の国会議員に相当）に選ばれた。国民政府が台湾に移転した後、劉委員は会議のため年に何回か台湾に来て滞在する。後に私の教え子・陳世芳の母親・秀蓮さんと知り合って結婚した。その由縁で、私はしばしば劉委員と会う機会があり、それで親しくなったのである。

一九六三年の夏、劉委員夫婦が台湾南部を旅行するとき、私ども夫婦は生まれて四ヶ月未満だった長女の品瑜を抱いて同行した。台南駅に着くと、劉委員夫婦が私共と一緒に義母の家を訪ねてからホテルへ行った。その晩は私の案内で著名な「度小月」で担仔麵を食べてから台南市の盛り場を歩き回った。翌日の午前、安平古堡を見学した。安平は義母の生まれ故郷であり、義母と四番目の義兄陳再福（土木建築士、台湾鉄路局に勤務）が同行した。午後は私の案内で古都の名勝古跡を巡り、夕方には私が少年時代過ごしていた安南区海尾寮の家を見に行った。

翌日、南下して高雄に行き、千秋閣、澄清湖、寿山などを見学してから、二番目の義兄陳再興（外科医、高雄市立病院に勤務）と三番目の義兄陳家丁（内科開業医）を訪ねた。その晩は高雄に泊まり、夜は高雄の愛河と街を散策した。翌朝、私どもは台南に帰り、劉委員夫婦は直接台北に戻った。

旅行中、劉委員は私に「ヨハネスブルグの華僑学校に中国の歴史地理を教える教員がいないので、もし貴方が行くなら推薦します」と話した。私は、「師範大学は後一年で卒業するが、予備軍官役に服さないと出国できません」と説明した。劉委員は「海外華僑学校の教員として招聘する場合、兵役を免除できるか否か調べてみます」と述べた。結果は私の説明とおりであった。

その後、劉委員夫婦は台北県新店鎮（現新北市新店区）の「花園新城」に新居を構え、台湾に常住するようになった。私は兵役と留学により、劉委員夫婦と約八年間会うことはなかったが、手紙の往来はずっと維持していた。帰国後、八年ぶりに劉委員夫婦と再会し、彼らの言葉に甘えて内湖新村に住むことになったのである。

帰国して約二週間後、日本通運から「託送の荷物は基隆港に到着しました。通関手続きは済んでいますが、書籍は三冊差し押さえられました」との連絡が来た。私は「三冊の本は後で交渉してみますが、それ以外の荷物は内湖新村に送ってください」と返事した。その三冊の本は、林健太郎著『東西共産圏』、市古宙三訳『中国』（原著、John King Fairbank "The United States and China"）と『中国の現況』である。

『東西共産圏』は林健太郎が東西共産主義諸国を旅行し、その見聞をまとめた本である。内容は批判的なものであるが、多分「共産圏」の三文字に引っかかって差し押さえられたであろう。フェアバンクの原著である"The United States and China"は通関したが、その訳書である『中国』が差し押さえられるのは理解できない。検閲者はフェアバンクの原著を読んでいなかったと思うしかない。『中国の現況』は中共統治下における大陸の現状を紹介した本であり、差し押さえられたのはやむをえない。当時共産主義または社会主義国家に関する雑誌と書籍はすべて禁書であり、個人が所有することはできない。この三冊の本は、その後、国際関係センターが交渉して取り戻し、図書館に保管されることになった。

四、政治大学国際関係研究センターの沿革

国際関係研究センターの歴史は一九五三（民国四十二）年四月一日、蔣介石総統の指示を受けて邵毓麟、李白虹、卜道明、馬星野らが発起人として創立した「国際関係研究会」に遡る。これは「匪情」（中国共産党事情）、「国際共党」（ソ連、東欧とその他の共産国家）および国際関係を研究する専門機構で、邵毓麟が初代主任に推挙された。最初は台北市圓山遠盧（剣潭付近）に研究機構が設けられ、民間団体

の研究会として内政部に登録した。翌年、邵毓麟は健康問題を理由に主任を辞職し、卜道明がその後を継いだ。

一九六一年、国際関係研究会は教育部の許可を得て「中華民国国際関係研究所」（略称「国際関係研究所」）と改名、翌年台北駅前の左側にあった中央日報ビルの七階に移転した。一九六四年、卜道明が逝去、呉俊才が董事会（理事会）によって主任に選ばれた。一九六八年、大陸問題研究の専門人材を養成するため、国際関係研究所が国立政治大学と共同で東亜研究所を設立した。

一九七〇年、業務拡大を図るため、国際関係研究所は政治大学付近の萬寿路六十四号に独自の研究機構を建設した。敷地の面積は一ヘクタール余あり、四階建てのメーン建物は「蓄養楼」と「慎固楼」と名づけられ、「U」字形になっている。研究室、事務室、会議室、図書館、東亜研究所の教室はこの二棟に集中している。このほかに独身寮、学生寮、食堂、福利社（生協）、車庫などがある。のちに国際会議庁（ホール）が増築された。敷地は指南山麓にあり、盆地のような地形で、周囲は緑に囲まれている。翌年に呉俊才主任は政府の指示を受けて国際関係研究所の東京辦事処（事務所）を設立した。

一九七二年呉俊才主任が中国国民党文化工作会主任に任命され、杭立武が四代目の主任に選ばれた。一九七五年七月一日、国際関係研究所が「国際関係研究センター」と改名、政治大学の所属機関となった。これをもって、財団法人であった国際関係研究所の董事会が解散し、杭立武主任も辞任した。国際関係研究センターが政治大学に所属した後、国立の学術機構として再スタートしたが、主任の人選は総統によって任命されることになった。

杭立武主任が辞任したあと、外交部常務次長・蔡維屏が国際関係研究センターの主任に任命された。一九八一年蔡維屏主任が「北美事務協調委員会」（対米国の台湾の事実上の外交窓口機関）主任委員に転任、張京育がその後を継いだ。一九八四年張京育が行政院新聞局長（閣僚に相当）に転任、その後任に邵玉銘が任命された。一九八七年邵玉銘が新聞局長に転任、張京育が再び国関中心主任に返り咲いた。一九八九年張京育が国際関係研究センター主任を兼ねたまま政治大学の校長（学長）に任命され、翌一九九〇年林碧炤が国際関係研究センター主任になった。一九九四年林碧炤は総統府国家安全会議副秘書長に転任、邵玉銘が再び国際関係研究センター主任になり、一九九九年何思因にバトンタッチした。二〇〇〇年以降、国際関係研究センターは完全に政治大学の管轄下に置かれ、主任は校長（学長）が任命することになった。

五、国際関係研究センターの二大任務

国際関係研究センターは政府のシンクタンクとして創設された国際問題と大陸問題（中国問題のこと）を研究する学術機構であり、二つの重要な任務を負っている。一つは国際問題と大陸問題を研究し、研究報告を総統府および関係機構に提出して参考に供することである。国際間または大陸地区に重大な問題が発生した際、即時に情勢を分析するとともに対応策を作成して総統府に報告する。これを「上呈報告」という。専任の研究スタッフは五、六十人を数えるが、このほかに数十人の非常勤研究員が

いる。専任の研究スタッフは助理員（助手）、助理研究員（講師）、副研究員（副教授）、研究員（教授）によって構成され、四つの研究組に分かれて研究を行っている。四つの研究組は国際組（西側諸国の研究組）、匪情組（中国事情研究組）、俄情組（ソ連、東欧その他共産主義国家などの研究組）と経済組（主に大陸経済の研究組）である。そのうち、国際組と匪情組の人員が最も多く、それぞれ二十人前後に及ぶ。

二つ目の任務は外国の学者および学術機構との交流を促進することである。この任務は学者の相互訪問、学術会議の交互主催および刊行物の贈呈ないし交換によって行われる。国際関係研究センターを訪問する学者または来賓は年間数百人を数える。一方、国際関係研究センターも毎年多数の研究人員を海外に派遣し、外国の学者との交流を強化している。

学術会議においては、一九七〇年十二月、アメリカのフーバー研究所、サウス・カロライナ大学国際関係研究所、セント・ジョンズ大学アジア研究センターなどの賛助を得て、台北で第一回中（華）米「中国大陸問題」研究会議を開催した。参加者は双方合わせて二百九十六人にのぼる。第二回会議は翌一九七一年アメリカで開かれ、フーバー研究所が主催した。その後、双方は毎年交互に台北、米国で同会議を挙行した。同年十二月、台北で第一回中日「中国大陸問題」研究会議（日本での名称は、日華「大陸問題」研究会議）が開催され、日本側は慶應義塾大学教授・中村菊男を団長とし、二十七人の学者が参加した。それ以降、双方は毎年交互に台北と東京で同会議を開催した。このほかに、西ドイツ、韓国などの学術機構とも同様の会議を定期的に行っている。

刊行物の贈呈と交換については、国際関係研究センターは七種類の定期刊行物を出版している。中国語，英語、日本語、フランス語、スペイン語など五種類の『問題と研究』と『匪情月報』（現『中国大陸研究』）、および東亜研究所と共同出版の『東亜季刊』である。このほかに毎年多数の単行本と資料集を出版している。これらの刊行物は国内外の研究機構に贈呈または交換している。個人の場合は原則として講読することになっているが、国際関係研究センターと関係のある学者にはほとんど贈呈している。

六、国際関係研究センターの特性

国際関係研究センターは政府のシンクタンクであり、国際情勢に重大な変化が発生した際には、主任は即時に当該分野の研究スタッフに指示し、情勢を分析するとともに対応策を作成して総統府および関係機構に報告する任務を負っている。国際情勢は毎日動いており、何時、何処で何が起きるか予測し難いため、国際関係研究センターは政治大学に隷属する研究機構であるにも拘わらず、研究人員と行政人員は皆、夏休みと冬休みがなく、日曜と祭日以外は毎日出勤することになっている。

国際情勢を随時把握するため､研究人員は皆専門分野に沿って公費で新聞を購読することができる。部数は研究員が三紙、副研究員が二紙、助理研究員が一紙となっている。研究上必要な参考書籍、文献、資料、雑誌などは申請して許可されれば資料室を通じて注文する。自由世界の出版物は直接購買することができるが、中国大陸の出版物は香港の書店に委託して購買し、ソ連と東欧の出版物は国際関係研究センターの東京事務所を通じて日本の「ナウカ」書店に発注していた。

当時、全国の大学や学術機構の中で、共産圏の出版物を購入できるのは政治大学の国際関係研究センターのみであった。国際関係研究センターの研究人員および行政人員は研究室や図書館で共産圏の出版物を閲覧することができるが、持ち出すのは禁止である。外部の研究者が参考にする場合、事前に申請をし、許可されれば図書館で閲覧することができる。図書館には全世界の主な新聞はほとんど購入していた。日本の読売新聞、朝日新聞、日本経済新聞、産経新聞、東京新聞なども図書館の閲覧室においてある。

国際関係研究センターには三台の通勤バスがあり、一台は二十人乗りの中型バス、他の二台は四十人乗りの大型バスであった。三台は異なった路線を走り、各路線とも約一時間の路程で、その路線に乗降地点とその時刻が定められており、利用者は自宅に近い地点で乗り降りする。バスは朝七時に各路線の始点から発車し、八時前に国際関係研究センターに到着する。退勤時は定刻の五時に発車し、終点に着くと、バスはすぐ折り返して国際関係研究センターに戻る。通勤バスの利用は無料であった。

通勤バスのほかに、四台の乗用車がある。主任と二人の副主任が各一台を使用して、ともに専属の運転手がついている。他の一台は迎賓車（賓客を送迎する車）である。当時、政治大学の教職員は千数百人いたが、通勤バスは一台しかなかった。乗用車も校長（学長）専用の一台だけであった。

なお、国際関係研究センターには全職員（研究人員と行政人員を含む）と東亜研究所の院生が一緒に食事する食堂がある。独身職員と東亜研究所の院生はほとんど一日三食とも食堂で食べるが、通勤の職

国際関係研究センター全景

員は朝食と昼食だけである。食事の時間は朝食八時、昼食十二時、夕食午後四時半となっていた。

食卓は食堂の前列中央に置かれている十二人用の円卓を除き、すべて八人一卓のものである。十二人用の円卓は主任、副主任と召集人（主席研究員）が専用に用いる食卓であるが、少人数の来賓を招待するときもこの円卓を利用する。朝食は饅頭とお粥が主食で、おかずは素食（菜食主義の食事）に近いもの、例えば漬物、炒め落花生、豆腐類などである。昼食と夕食の料理は通常三菜一湯（おかず三つ、スープ一つ）で、祭日の前日にはつねに「加菜」（おかずを増やす）をする。牛肉麺は国際関係研究センターの名物で、「加菜」のときによく出す料理である。コックは皆キャリアを積んだ退役軍人である。食事代の三分の二は国家安全局の補助で、個人の負担は三分の一に過ぎず、一食の場合、一人当たり月に僅か数百円（当時のレート、約一元対八円）だけであった。これは国際関係研究所時代からの慣習であるといわれている。

七、国際関係研究センターにおける四年五ケ月の国内勤務（一九七六年七月〜一九八〇年十一月）

（一）国際関係研究センターへ赴任

一九七六年七月一日朝七時、内湖線の通勤バスに乗って国際関係研究センターに出勤した。人事組で出勤簿にサインした後、総務組が用意した研究室に入った。研究室は張家鎮副研究員と共用で、机と本棚は別々である。張家鎮は退役将校で、蔣緯国（蔣介石の次男、蔣経国の弟だが養子である）の推薦によって国際関係研究センターに入り、軍事問題を研究していた。研究室の使用は研究員が一人一室、副研究員以下は二人一室である。この日から、私は正式に学生生活に終止符を打ち、七年ぶりに公務員の職場に復帰した。

蔡維屏主任の指示で私は国際組に配属された。同組の召集人は羅石圃研究員で、彼の専門はベトナム、カンボジア、ラオスを含むインドシナ半島問題であった。羅召集人は私が日本留学であることを考え、私に「日本問題を研究対象とし、研究分野は日本研究を専門とする朱少先研究員とよく相談して決めなさい」と指示した。朱研究員は、私に「最初は日本の政治、外交および国際関係に関する問題を一つ選んで研究し、専門分野はゆっくり考えればよい」と勧めた。私は「日本問題についてよく勉強してから研究方向を定めたい」と答えた。

国際関係研究所正門での著者

国際関係研究センター図書館と会議場入り口

つづいて、副主任の郭華倫と魏庸にそれぞれ挨拶してから主任室に入った。蔡主任は私に対日学術交流について説明した。すなわち①本センターは一九七一年から日本の「大陸問題研究協会」と毎年交互に台北と東京で日華「大陸問題」研究会議を開催している。②本年（一九七六年）九月から毎年本中心において「中日学者小型座談会」を開催する予定である。③定期的な学術会議以外に学者の相互訪問がある。④以上の学術交流において、日本語の話せる研究人員は合作交流組と協力して業務を遂行する。⑤来賓の接待と通訳があるので、研究室に常時一着のスーツとネクタイを用意しなさい、とのことだった。私は「はい、かしこまりました」と答えた。

対日学術交流の業務は日本語が話せる研究人員が兼務することになっている。当時、対日学術交流を担当する研究人員は、東京特派員の張棟材研究員、朱少先研究員（国際組）、尹慶耀研究員（俄情組召集人）、趙倩副研究員（匪情組）、陳儔美助理員（魏庸副主任秘書）、および中共問題の専門家である非常勤研究員の李天民立法委員と曾永賢教授（政治大學東亜研究所教授）などで、私を加えて約七、八人いる。曾教授は日本語が達者で、大事な会議や座談会の通訳はいつも彼に依頼していた。私は、着任した後、蔡主任の指示を受けて対日学術交流を兼務することになった。

(二) 研究分野転向の苦労

京都大学での専攻は清朝時代における東北地方（満洲）の開発史であったが、国際関係研究センターでは戦後の日本問題を研究対象とすることになった。分野が全然違うので、適応するまでは大分時間がかかった。最初は戦後の日本の政治史、外交史、政党史、国際関係などに関する書籍を数冊通読し、基礎知識を積み上げてから、研究方向を定める考えであった。いろいろ検討した末、自分の過去の研究は満洲の開発史であり、この地方は日ソ両国と深い関係があり、過去の研究を生かすことも可能と思って、暫定的に戦後の日ソ関係を研究することにした。

しかし、一人前の日本研究者になるには日ソ関係以外の問題、とりわけ日華関係、日中関係、日本の内政、外交、政党などの諸問題についても基本的な知識をもたなければならない。なお、日本からの訪問客は中国問題の専門家が多数を占め、翻訳を担当する場合、中共の政治、外交、軍事、国際関係などに関してもある程度の知識を持たなければ、うまくできない。そのために、日本問題を研究すると同時に、中共問題に対しても時間を割いて勉強した。着任初期、学ぶことが多く、忙しい毎日であった。

八、対日学術交流の初仕事

一九七六年九月上旬、第一次「中日学者小型座談会」（日本名、日華学者小型座談会）が本センターで開催された。日本側の参加者は桑原寿二先生を団長とする五人の中共問題の専門家で、中嶋嶺雄先生もその一員であった。この座談会を機会にして私は初めて桑原先生と中嶋先生に出会ったのである。当時桑原先生は「綜合研究所」（会長：岸信介、所長：倉石忠雄）の中国部長であり、国際関係研究センターと交互で開催する日華「大陸問題」研究会議の日本側団長を勤めていた。中嶋嶺雄先生は東京外国語大学の助教授で、中国問題とソ連問題の専門家として第一線で活躍していた。

台湾側は、蔡維屏主任をはじめ、郭華倫副主任、尹慶耀研究員、朱文林研究員、張鎮邦研究員、朱少先研究員、李天民立法委員、曾永賢教授など十余人が参加した。会議は中国語と日本語を使い、曾永賢教授が通訳を勤めた。議題は中共の政治動向と中ソ対立に関する問題で、参加者は自由発言の方式で議論した。私は接待係として会議には出たが、発言はしなかった。

会議は二日目の一日だけで、三日目は表敬訪問、四日目は小旅行、計五日間のスケジュールが組まれていたが、九月九日の日に毛沢東死去のニュースが入り、緊急事態の発生によって、小旅行は取りやめた。その日、蔡主任は緊急会議を召集し、情勢分析と対応策を作成して総統府と関係機構に報告した。緊急会議が終わると、取材のために本センターに駆けつけてきた大勢の新聞記者が、それぞれ中共問題の専門家を訪ね、インタビューをした。このような慌しい場面は、私にとって初めての経験である。

中嶋嶺雄教授も日本の某テレビ局の要請を受けて早めに帰国することになった。合作交流組が翌朝六時のシンガポール航空の便を予約してあげた。私は接待係の一員で、中嶋先生の見送りを引き受けた。翌朝四時頃、総務組が手配した迎賓車に乗って内湖新村の家から国賓大飯店に行き、中嶋先生を迎えて松山空港に向かった。空港でチェックインした後、握手して別れた。それ以来、中嶋先生と親しく付き合い、生涯の友人となった。

一九七七年秋、本センターで第二次「日中学者小型座談会」が挙行された。桑原先生が日本側の団長として元海上自衛隊幕僚長・中村悌次など五人の軍事専門家を率いて台湾に来た。今回の議題は軍事問題で、台湾側は現役の将領も二、三人参加した。会議の通訳は曾永賢教授と王成美先生が勤めた。王成美先生は軍人出身で、日華国交断絶以前、中華民国駐日本大使館の武官として日本に駐在したことがある。日程は第一次と同様、会議、表敬訪問、小旅行を含め、計五日間であった。小旅行は高雄市左営の海軍基地を訪問し、艦隊司令官と会談した。この小型座談会は、二回だけ行われ、一九七八年以降は中止となった。その原因は不明だが、同年春、東京で開催予定の第八回日華「大陸問題」研究会議が中止となったことと関係があったと思われる。

九、日華「大陸問題」研究会議の秘書を担当

一九七一年十二月、台北で第一回日華「大陸問題」研究会議が開催され、日本側は慶應義塾大学教授・中村菊男を団長とし、二十七人の学者が参加した。開会式において、国際関係研究所所長・呉俊才が中華民国側の団長として「開幕の辞」を述べた。その中で、呉所長は日華「大陸問題」研究会議の趣旨について次のように説明した。「『中国大陸問題』研究会議開催の趣旨は、両国の学術界と報道機関の中共問題に対する研究の成果を交換し、相互の理解と認識を深め、お互いの研究の中から、より密接な協力を図り、また客観的な討論を通じて、中共政権の本質と中共統治下にある大陸の現状、およ

びその将来の発展の趨勢について、正確な認識と合理的な推断を得ることにあります」。

つづいて、日本側の団長・中村菊男教授は「ご挨拶」の中で、「現象面のことだけではなく、その背後にある中国大陸の基本的問題について、日華双方の学者の突っ込んだ意見の交換ができれば甚だ幸いだと存じます。といいますのは、世界は中共の行動を、その現象面だけから見ようとしていますが、これは皮相な見方だと思うからです。やはり、その奥にある基本的なものを深く分析するのでなければ、その実体に触れたことにはならないと思います。そういう意味で、われわれの相互研究は、本質をえぐるような深くかつ鋭いものでなければなりません」と強調した（『問題と研究』、一九七二年三月号）。

第二回の日華「大陸問題」研究会議は、一九七三年九月、東京で開催された。その後、この会議は双方が交互に台北と東京で主催することになった。日本側の団長は、第二回会議は宇野精一先生であったが、その後は桑原寿二先生に代わった。台湾側の団長は第二回から杭立武所長に代わり、そして一九七七年の第五回から蔡維屏主任が受け継いだ。

私は一九七七年台北で開催された第五回の会議に初めて参加し、中華民国代表団の秘書長を担当する朱少先研究員を補佐する秘書を勤めた。会議前、『産経新聞』論説委員・柴田穂先生の論文を中国語に翻訳した。これを契機に柴田先生と親しくなり、一九七八年第六回会議が東京のホテル・ニューオータニで開催されたとき、赤坂のスナックに連れられ、夜遅くまで飲んだことがある。柴田先生はカラオケが好きで、歌もうまいので、その晩、繰り返しマイクを握って唄った。

柴田先生は、彼が愛用するカメラについてこう語った。一九六〇年代後半から始まった文化大革命の時期、彼は産経新聞の北京特派員として毎日大陸の現状を如実に本社に伝えた。そのために、中共に追放されて日本に帰国した。そのときに隠して持ち帰ったカメラには多くの貴重な歴史的な写真があり、彼にとってそのカメラは宝物のような記念品である。したがって、新機種のカメラが次々と出てきても彼はその古いカメラを大事にして使うつもりである。その後、一九七九年に産経新聞が柴田穂の大著『毛沢東の悲劇』全五冊を出版した。

第七回会議は一九七九年台北の国賓大飯店（Ambassador Hotel）で開催され、私は依然として秘書を勤めた。毎回の会議において、曾永賢先生は会議の進行を采配すると同時に、会議の通訳を兼ねた。通訳は三人いたが、会議は三日間も続き、その間に宴会が数回あり、通訳を担当する曾永賢先生、李文哲先生と王成美先生の三人は大変苦労なさったと思う。

ところが、一九八〇年東京で開催する予定の第八回会議は日本側の資金不足により、中断を余儀なくされた。国際関係研究センターは双方の交流を維持するため、同年十二月十四日に桑原先生をはじめ、石橋重雄、伊原吉之助、笠原正明、小林正敏、清水亮、高田富佐雄、伊達宗義、廣瀬一、福永安祥、山村治朗（以上五十音順）など、計十一名の学者を台北に招待し、本センターで「中日（日華）学者『中国大陸問題』座談会」を開催した。台湾側の参加者は蔡維屏主任をはじめ、郭華倫副主任、張京育副主任、沈剣虹国際組召集人、尹慶耀ソ連組召集人、張鎮邦中共組召集人、李天民立法委員など、計十三人であった。議題は「中共第十二回党大会の直面する問題」であった。私は同年十一月二十二日、駐日特派員として東京事務所に派遣され、座談会の準備作業に携わったが、会議には参加しなかった。

十、日本からの訪問学者の接待

国際関係研究センターを訪問する外国の賓客は年間数百人を数える。そのうちアメリカ人が最も多く、その次は日本人である。人数が多くていちいち覚えていないが、京都産業大学の西原正教授、京都大学の竹内実教授と筑波大学の徳田教之教授三人の訪問は印象深く残っている。

西原正教授は一九七七年二月十一日、国際関係研究センターの招待を受けて来訪し、私が接待役を担当した。西原教授は本センターで「アジアにおける日本の役割」について講演し、私が通訳を務めた。講演後、西原教授の同意を得て、私が講演内容の録音を原稿に起こし、『問題と研究』[注①]に掲載した。それ以来、西原教授と友人となり、現在も交誼を維持している。西原教授は台湾訪問後、まもなく防衛大学校に転任、教授、校長を歴任、二〇〇六年退任後、財団法人平和・安全保障研究所理事長を勤め、今日に至る。

竹内実先生の訪問は、一九七七年か一九七八年かはっきり覚えていないが、当時のことは記憶に残っている。竹内先生は黄埔軍官学校および周恩来に関する史料を収集するため、北村稔（現立命館大学名誉教授）を従えて台湾を訪問した。滞在中、本センターで蔡主任および数人の中共専門家と会談した後、竹内先生は大会議室で標準の中国語で素晴らしい講演をした。蔡主任が竹内先生に「この講演を本センター発行の『匪情月報』に掲載してもいいですか」と聞いたところ、竹内先生は「『匪情月報』は当今世界最高権威の中共問題専門誌であり、私の講演が掲載されるのは光栄です」と答えた。『匪情月報』は邵玉銘主任のときに『中国大陸研究』に改名された。

筑波大学の徳田教之教授が国際関係研究センターを訪問したのは一九七八年前後であった。彼が郭華倫副主任と会談したとき、私は通訳を務めた。話題は郭華倫著『中共史論』注②に登場する主な人物についてであった。徳田先生は「大著の第三冊にしばしば登場する陳然という人物は、郭副主任ご自身ですか」と聞いた。郭副主任は肯定も否定もせずに、ニコニコと笑っただけであった。実は郭華倫副主任の本名は郭乾輝で、中国共産党員時代に郭潜という別名を使い、国際関係研究センターの副主任になってから郭華倫に改名した。陳然は『中共史論』の中で、郭華倫自身が史実を述べるときに使う別名である。

徳田先生との出会いはこれが初めてで、その後、私が東京事務所に派遣された後、徳田先生としばしばお会いしていた。そして一九八九年「アジア・オープン・フォーラム」が開催され、徳田先生は日本側代表団の一員として、二〇〇〇年の最終回まで、計十二年間参加した。この会議を通じて互いの友情が深まり、家族的付き合いとなって一緒に会食することもあった。

十一、日本の交流協会台北事務所との交流

蔡維屏主任時代（一九七六年七月～一九八一年四月）、日本の財団法人交流協会台北事務所の卜部敏男所長（一九七四年十一月～一九七七年十月所長在任）が同所の総務部長、経済部長、文化室長などの主要幹

部を従えて国際関係研究センターを訪問したことがある。訪問の目的は中国大陸の政治動向について本センターの専門家と会談することであった。本センターの参加者は蔡維屏主任をはじめ、中共問題の専門家である郭華倫副主任、李天民立法委員、曾永賢教授のほか、対日学術交流担当者の朱少先研究員と私も出席した。

年末になると、卜部所長は陽明山の白雲山荘にある官邸で宴会を設けて国際関係研究センターの会談参加者を招待する。宴会は午後七時から九時までの二時間で、食事中の話題はやはり中共問題が中心であった。このような交流は卜部敏男所長の後を継いだ西山昭所長（一九七七年十一月～一九八〇年三月所長在任）も続けた。

このほかに、日華「大陸問題」研究会が台北で開催される場合、会議後に日本側の会長、団長と幹事団が交流協会所長を表敬訪問することが慣例となっていた。その際、蔡主任をはじめ曾永賢教授、朱少先研究員と私も同行した。日華小型座談会の場合は、日本側参加者全員が私の案内で交流協会所長を表敬訪問した。このように、国際関係研究センターと交流協会は日華学術交流を通じてつねに接触していた。

十二、三校の非常勤講師

（一）私立世界新聞専科学校（現私立世新大学）

台湾の大学教員は、教育部の規定では他校で週に四時限（台湾の一時限は四十五分）の授業を兼任することができる。一九七八年八月、沈雲龍教授の推薦で、私は私立世界新聞専科学校の非常勤講師として週に二時限の中国近代史の授業を受け持った。当時、台湾の専科学校と大学では文系、理系を問わず、中国近代史は通年四単位の必修科目であった。必修科目であるため、一クラスの履修生はいつも百数十人にのぼる。

世界新聞専科学校は木柵区（現文山区）の木柵路にあり、政治大学からバスに乗れば十五分以内に着く。この授業は一九八〇年十一月、私が国際関係研究センターの東京特派員に任命された際、張隆義さんにバトンタッチした。中国近代史は自分の専門分野なので、二年余りの授業は楽しかった。

沈雲龍教授は中国近代史の大家で、若いときから中国青年党に加入し、一九四七年第一期の国民代表に選ばれた。日華「大陸問題」研究会議が開催される際、彼は中華民国代表団の主要メンバーとして毎回参加した。

（二）私立中国文化大学日本研究所

一九七九年八月、朱少先研究員が定年退職するとき、私を推薦して彼の私立中国文化大学日本研究所（大学院）の兼任授業を受け継いだ。授業は週に二時限、授業科目は「戦後日本の国際関係の研究」であった。私は国際関係研究センターで戦後の日ソ関係を研究しており、それを生かすため日本の北方領土問題を中心に戦後の日ソ関係について講義した。

「戦後日本の国際関係の研究」の科目は修士一年の授業で、履修生はちょうど十人であった。当時、台湾の大学の中で、日本語学科を開設している学校は私立の中国文化大学、東呉大学、輔仁大学と淡江大学の四校だけであり、そのうち大学院の日本研究所を設けているのは中国文化大学一校のみであった。したがって、中国文化大学日本研究所の院生はほとんど以上四校の日本語学科の卒業生で、皆優秀な学生であった。私の授業を受けた学生の出身校を見ると、中国文化大学が三人、東呉大学が三人、輔仁大学が二人、淡江大学が二人という割合であった。

中国文化大学のキャンパスは陽明山にあるが、台北市内の吉林路にも校舎があり、日本研究所は一部の授業を台北市内校舎で行う。私が担当する授業も台北市内校舎で行われた。この授業は三時限と四時限なので、出講日には一旦国際関係研究センターに出勤してから講義に出かける。正午十二時に四時限の授業が終わると、いつも学生諸君と一緒に昼食をとってから職場に戻る。食事代はほとんど私の奢りだったが、学生諸君が金を出し合って私を招待することもしばしばあった。その場合は、食後に私が皆にコーヒーをご馳走した。食事中、私は日本留学の経験や京都大学の授業情況および日本事情などを話題にして学生諸君と雑談していた。

講義の進め方として、私は学期の初めに授業内容を一通り概説した後、学生諸君にそれぞれ異なったテーマを与え、参考文献や史料を配って読ませた上で、順番に日本語で報告させる。毎回報告の後に約三十分の質疑応答があり、報告者は十分に準備しなければならないので、皆戦々恐々であった。しかしながら、学生諸君はそれぞれ主役を演じる機会があって勉強になったと思う。

ところで、翌年（一九八〇年）十一月、私が国際関係研究センターの東京特派員に任命され、中国文化大学日本研究所の兼任授業は張隆義さんに引き継がれた。僅か一年三ヶ月の兼任授業であったが、学生との昼食会を通じて多くの楽しい思い出が残った。

（三）政治大学文理学院東方語文学系

一九八九年以前、教育部の規定により、日本語学科の設立は私立大学に限定され、国立大学は除外された。ただし、日本語を勉強する学生のためにほとんどの大学は第二外国語の選択科目として日本語教育を行っていた。政治大学の日本語教育は文理学院東方語文学系（学科）によって行われていた。当時の東方語文学系には俄文組（ロシア語クラス）、韓文組（朝鮮語クラス）、阿拉伯文組（アラビア語クラス）などがあったが、日本語組（日本語クラス）はなかった。

私が国際関係研究センターに着任したとき、東方語文学科主任は汪兆徽教授だった。汪教授は戦時中哈爾濱大学（ハルビン大学）でロシア語と日本語を勉強し、後に政治大学東方語文学科でこの二ヶ国語を教授していた。私は汪教授の招きを受け、一九七九年八月から東方語文学科の兼任講師として日本語第一年（初級）の授業を担当し始めた。しかし、世界新聞専科学校と中国文化大学においてそれぞれ二時限の授業を受け持っているため、政治大学の日本語授業は退勤後の夕方（五時から七時まで）にした。この授業は一九八〇年十一月、東京に派遣された際、淡江大学日本語学科の林綺雲先生が受け継いだ。

十三、「北方領土」問題を研究するための北海道旅行

一九七九年夏、財団法人交流協会実施の「帰国留学生短期招聘」があり、知らせを受けて申請した。同年八月、交流協会台北事務所から選考結果の通知が届いた。通知の冒頭に、「当協会実施の帰国留学生短期招聘事業について、選考の結果、貴殿を短期研修のための招聘者として採用することに決定いたしましたのでお知らせいたします」と書いてある。その下に六条の説明があり、主なものは次の三条である。

第一条：日本における受け入れ大学および指導教官は、京都大学文学部島田虔次教授。

第二条：招聘期間は一九七九年九月五日から同年九月二十四日まで

第四条：航空運賃などの費用は本邦到着後交流協会本部において一括支給する。

添付の研修経費の明細書には「研修経費の総額は三十二万七千三百五十一円、その内訳は航空運賃十万七千三百五十一円、滞在費二十万円、国内研修旅費二万円となっている。

ところで、招聘期間は国際関係研究センターの公務および兼任授業の都合で、一九八〇年二月四日から二十四日までに変更してもらった。なお、研究テーマは申請のとき、「清朝時代における東北地方の交通史の研究」にしたが、出発前に中国文化大学日本研究所の授業に合わせて「北方領土問題をめぐる戦後の日ソ関係」に変更した。

二月四日、日本アジア航空に搭乗して東京に飛び、翌日午前虎ノ門の交流協会本部を訪ね、旅費を

もらって新幹線で京都に向かった。三年ぶりに京都に戻ったので、懐かしい暁学荘の近くにある岡崎旅館に泊まった。その晩、暁学荘に下宿している数人の台湾留学生と会食し、深夜まで歓談した。

二月三日、京都大学文学部に行き、島田虔次教授に会って研究テーマの変更を説明した上で、「北方領土」問題に関する史料を収集するため、東京や北海道へ行くことを計画しており、京都には数日しか滞在しないことを報告し、島田先生の了承を得た。その後、萩原淳平先生と竺沙《ちくさ》雅章《まさあき》先生にそれぞれ挨拶してから、東洋史研究室に寄って数人の後輩たちと雑談した。夕方、西京区の桂へ行き、菊水荘の青木おじさん夫婦を訪ね、特上の寿司を戴きながら家族の近況を話題にして語り合った。帰りに青木おじさんがスクーターで桂駅まで送ってくれた。

京都滞在中、大学の中央図書館に数回行って北方領土に関する文献を閲覧し、参考になるものをコピーした。約一週間後に、島田先生、萩原先生、竺沙先生に別れの挨拶をし、留学生課にも立ち寄って浦上要三課長に挨拶した。東京へ出発する前日、桑原寿二先生に電話をかけ、東京に戻ったら「問題と研究」出版株式会社でお会いしたいとお願いした。

東京に戻る日、京都大学に一年間留学した趙順文さんが同行した。彼はすでに東京外国語大学大学院の入試に合格し、東京に引越しするところであった。新幹線の中で、趙さんは彼も北海道へ旅行する計画があり、札幌まで私と同行したいといった。私は「一人で旅するよりも話し相手がある方が楽しい。一緒に行きましょう」と誘った。

東京に着いた翌日、飯田橋の「問題と研究」出版社を訪ね、張棟材先生と桑原先生にお会いした。

会談中、私は北方領土問題に関する資料収集のため、釧路、根室および納沙布岬へ行くことを話したところ、桑原先生は「釧路新聞の片山睦三社長は親友であり、彼に頼んでアレンジしてあげましょう」と述べ、その場で私が持参する紹介状を書いて頂き、合わせて片山社長宛てに私が釧路などを訪問する目的を知らせる手紙を書いた。

二月中旬、趙順文さんと一緒に東北本線に乗って北海道に向かった。ところが、列車が青森駅に到着した際、大雪のため青函連絡船が運休となり、駅内は乗客で混雑して座るところさえなかった。青森市内のホテルを予約しようとしたが、何処も満員で、やむを得ず、友人である弘前大学の細谷良夫教授に電話して弘前市内のホテルを探してくれるよう頼んだ。細谷教授は「ホテルを予約する必要はありません。今夜は私の家に泊まりましょう。列車で青森駅から弘前駅に戻ってください。お迎えに行きます」と言われた。

その晩、細谷先生の家に厄介になった。夕食はしゃぶしゃぶに熱燗の酒、暖かくて美味しかった。十時頃、外の雪が止んだので、細谷先生が趙さんと私を誘って弘前城を見に行った。城が雪の上に浮かび、桜の幹と枝は白い棒になり、敷地内の風景はまるで銀色の世界に見えた。帰途、弘前大学に立ち寄り、キャンパスを散策した。

翌朝、細谷先生は車にタイヤチェーンを装着して私どもを乗せて、秋田県鹿角市の内藤湖南の旧宅を見学に行った。内藤湖南は戦前日本を代表する東洋史学者であり、桑原隲蔵と狩野直喜とともに「京都支那学」を形成、京大の学宝とまで呼ばれた。細谷先生のご高配で、内藤湖南の旧宅を見学することができたことは、誠に意外な収穫であった。夕方、弘前に戻ってすぐ青森に行き、青函連絡船に乗り換えて函館に渡り、そのまま夜行列車で札幌に向かった。

ここに一言触れておきたいことがある。弘前から秋田へ行く路上に数本の「日露戦争記念碑」を見た。細谷先生の説明によると、青森県の気候は遼東半島に近いため、日露戦争のとき、県内出身の兵士が多数戦場に送られ、日本が勝利を収めた後、記念碑が建てられたのである。

細谷教授は清朝史の専門家で、私が彼と知り合ったのは、一九七八年七月二日から六日まで台湾大学文学部が主催した「清史檔案研討会」に参加したときであった。会議中、細谷良夫先生、中見立夫先生、加藤直人先生、宮脇淳子先生など日本の学者約十人を招いて、内湖の自宅で食事したことがある。それ以来、互いに交誼を続け、今日に至っている。

札幌駅で趙順文さんと一緒に朝食をとった後、二人は「台北でまた会おう」といって各自の目標に向かって出発した。趙さんは周遊券を買って北海道全土を旅する予定で、私の行く先は釧路、根室、納沙布岬であった。

趙順文さんは私立東呉大学日本語学科の出身で、中国文化大学日本研究所で私の授業を受けた蘇啓誠君の一期上の先輩である。後に、趙さんは東京外大の文学博士を取得し、政治大学日本語学科教授、台湾大学日本語学科主任教授を歴任、現在は私立開南大学日本語学科の教授である。

大雪の直後なので、鉄道沿線の大地はいたるところ積雪に覆われ、人影はまばらであった。列車はスピードを落として走り、車内でコーヒーを飲みながら沿線の風景を眺めた。なお、沿線に「北方領土返せ」の立て甲板がいたるところに立てられているのをみた。午後二、三時頃、ようやく釧路に到着した。駅を出て、タクシーを拾って予約したホテルに直行した。チェックインしてから釧路新聞社の片山睦三社長に電話した。片山社長は「桑原先生の手紙は受け取りました。詳しいことは今晩食事のときに説明します。夕方六時頃、本社の職員が迎えに行きます」と述べた。

その晩、料亭に招待され、北海道の名物である毛蟹、たらばがに、ずわいがになどの海鮮を満喫した。食事中、片山社長は、「釧路市役所と根室市役所の訪問、および納沙布岬の北方館（望郷の家）で元島民との会談など、すでにアポイントメントを取っております。本社が職員と運転手を派遣して案内します」と説明した。

私が感謝の言葉を述べた後、片山社長に「釧路に知り合いはいますか」と聞かれた。私は「知り合いではありませんが、親友林瑞龍の奥さん大道英子の実家は釧路にあります。彼女の父親は大道晃仙という方です」と答えた。片山社長は「大道晃仙老師は曹洞宗の釧路定光寺の住職を務めており、当地における仏教界の重鎮です。彼とは長年の友人であり、お会いするなら、今すぐ電話してみます」と述べた。私は「はい、お会いしたいです。お願いします」と頼んだ。

ホテルに帰ってまもなく、大道英子さんの妹夫婦が迎えに来た。大道晃仙禅師は出張中で、林さんの義母が心のこもったおもてなしをしてくださった。会談中、私は林さんとの関係を説明した上で、彼ら夫婦の近況を簡単に報告した。「林さんとご令嬢は私どもの隣に住んでおり、毎日会っています。ご令嬢は徐々に台湾の生活に慣れてきたようです。林さんは外交部に勤め、いずれ日本に派遣されるでしょう。台湾と大陸は台湾海峡を挟んで武力対峙していますが、戦争は起こらないと思います。ご安心ください」と。大道夫人は、笑顔で「時機を見て台湾に行きます。宜しくお伝えください」と述べた。

林さんの話によると、大道晃仙禅師は後に横浜市鶴見区にある曹洞宗の大本山総持寺の貫主を八年間、全日本仏教会会長を二年間勤め、二〇一一年六月二十五日遷化された。享年九十三歳。

林瑞龍さんは台湾省立新竹師範学校卒業後、台北市延平国民学校に三年勤務した後、台湾大学法学部法律学科に進学、卒業後外交官試験に合格、十一ヵ月の研修訓練を受け、後一ヶ月で正式の外交官に任命されることになっていたが、一九七一年日本文部省奨学金留学生試験に受かり、外交官を放棄して東北大学に留学した。翌年、彼は東京大学法学部法律研究科の試験を受け、合格して東大に転校した。在学中、大道英子さんと知り合って結婚した。

博士課程在学中、アメリカのマサチューセッツ州メドフォードのフレッチャー法律外交大学院（The Fletcher School Of Law and Diplomacy）に留学、修士学位を取得してまた東大に戻った。博士課程修了後、台湾に帰り、経済部の中央標準局（特許局）に就職したが、外交官試験合格同期の謝新年（当時外交部条約課長）の薦めを受けて外交部に復職した。外交部の条約司（局）に数年勤めた後、また経済部に転職し、「防冒小組」（模造品取締り委員会）の副執行秘書に任命された。それ以降、定年退職までずっと経済部に勤務し、その間、何度か日本、アメリカ、韓国などの代表処に派遣された。林さんは文才に富み、語学に長けている。中国語と台湾語はもちろん、日本語、英語、ハングルなども達者である。

定年後、中国古典や仏教経典の研究に励み、漢詩の造詣が深い。

話は本題に戻る。翌朝八時頃、釧路新聞社の職員と運転手がホテルまで迎えに来た。最初の訪問先は釧路市役所で、次は根室市役所であった。両市において、助役および北方領土返還運動の担当者と会談し、多くの貴重な参考資料をもらった。昼過ぎに日本最東端の納沙布岬に到着した。北方館で択捉、国後、色丹、歯舞諸島の元島民と会談した。元島民は皆望郷の念に駆られており、一日も早く島に帰ることを望んでいた。

その日、空は晴れていたが、気温は氷点下二十度前後で、身を切るように寒く感じた。納沙布岬灯台の近くから、海上を見ると、流氷と流氷が激突し、どかんという大きな音が遠くまで響いて行った。この大自然の奇観は、今でも印象深く脳裏に残っている。

望遠鏡で北方領土を眺めたとき、歯舞と色丹は見えたが、択捉と国後は見えなかった。往復の路上、釧路湿原を通過したが、残念ながら、大草原が積雪に覆われ、湿原特有の景観を見ることはできなかった。その晩も釧路のホテルに泊まり、翌日の列車で東京に戻った。旅の疲れはあったが、収穫があり、その上、いたるところで厚い人情に触れ、楽しい思い出になった。

東京に約一週間滞在してから帰国した。その間、神田の書店街へ行って参考になる書籍を買い集め、国会図書館にも数回行って参考文献をコピーした。帰国後、収集した参考文献および書籍を分類整理して中国文化大学日本研究所の院生に一人二、三冊を読ませた上で、順番に報告させた。後に、院生の張福華君が「日本の北方領土問題」を修士論文の研究テーマとした。私は大学の要請を受けて張君の論文指導教授になったが、一九八〇年十一月、東京事務所に派遣され、張君の論文指導教授は途中で交替することになったことは、大変申し訳ないと思っている。

その後、収集した文献を駆使して北方領土に関する論文を三つ発表した。一九八〇年五月、幼獅文化事業公司に依頼され、「日本『北方領土問題』」と題する五ページの短文を書き、同社発行の『幼獅時事専稿』（一九八〇年五月二十三日、第六十八期）に発表した。同年十月二十六日には政治大学歴史学会の要請を受け、「従日本『北方領土』問題看日蘇関係」について講演した。講演原稿は同会発行の『史薈』誌（一九八一年五月、第十一期）に掲載された。後にこの講演原稿を日本語に書き直し、史料を補足して「領土問題から見た日ソ関係」という題で『問題と研究』誌[注③]に発表した。釧路新聞社に大変お世話になったので、お返しとして書いた論文を同社に送った。

〈注釈〉

注① 西原　正撰「アジアにおける日本の役割」（問題と研究出版株式会社発行の『問題と研究』、一九七七年五月号

注② 郭華倫編著『中共史論』・全四冊、中華民国国際関係研究所（政治大学国際研究センターの前身）編印、一九六九年

注③ 楊合義撰「従日本『北方領土』問題看日蘇関係」（『問題と研究』、一九八一年十月号、第十一巻第一号）

第六章

国際関係研究センター東京事務所への赴任

政治大学「国際関係研究センター」に四年五ヶ月勤務した後、一九八〇年十一月、同センターの駐日特派員として東京辦事処（事務所）に派遣された。派遣の経緯を述べる前に、まず東京事務所の沿革と主要任務について説明しておきたい。

一、東京事務所の沿革と主要任務

（一）東京事務所の沿革

日華両国が断交する前の一九七一年五月、国際関係研究所の呉俊才主任は政府の指示を受け、東京に「国際関係研究所駐東京辦事処」（以下「東京事務所」と略称）を設立し、初代駐日特派員として張棟材研究員を派遣した。初期の特派員は二大任務を付与されていたが、一つは日本語版の『問題と研究』月刊誌を発行すること、他の一つは日華学術交流を促進することであった。

張棟材特派員は東京都港区西麻布三丁目十七番地二十一号メゾン白馬三階のマンションを賃借して事務所と住まいを兼ねた。その後、『問題と研究』誌の合法的な発行および東京事務所の業務発展を図るため、呉俊才主任の後を継いだ杭立武主任が桑原寿二先生と協議して、一九七三年十月十六日、「問題と研究出版株式会社」（以下「問題と研究出版社」と略称）を創立した。翌年二月、「問題と研究出版社」は東京都千代田区飯田橋一丁目七番地十号山京ビル二階二〇二号に移転した。

問題と研究出版社創立の発起人は、杭立武、張棟材、李嘉（中央通信社東京支社特派員）、李廼揚（海

風書店初代店長)、桑原寿二、藤井彰治、廣瀬一の七人であった。そのうち、張棟材、桑原寿二と藤井彰治の三人が取締役に、廣瀬一が監査役に選ばれ、代表取締役兼『問題と研究』誌発行人には桑原寿二が推挙された。しかし、桑原先生は名義上の社長で、事実上の責任者は張棟材特派員であった。

それ以降、月刊誌の業務に関しては「問題と研究出版社」の名称を使い、公務を遂行する場合は国際関係研究センター東京事務所の名称を使うことになった。

(二)東京事務所の主要任務

1、『問題と研究』誌の発行

国際関係研究センターの『問題と研究』誌は中国語、日本語、英語、フランス語、スペイン語の五種類がある。そのうち、日本語版は東京事務所すなわち「問題と研究出版社」が編集して刊行する。他の四種類の編集と刊行は国際関係研究センターの編訳出版組によって行われる。日本語版の『問題と研究』は、月刊誌として一九七一年九月五日に創刊号(一九七一年十月号)が発行された。雑誌の編集と刊行は東京で行われたが、日本において出版登記をしていないため、発行人を呉俊才に、発行所を中華民国国際関係研究所にした。ただし、その末尾に連絡先として「本誌駐日特派員事務所」の住所と電話番号が添えられた。

呉俊才主任は創刊号の巻頭に「発刊の言葉」を述べ、その中で日本において日本語版の『問題と研究』誌を発刊する目的を三点挙げている。要約すれば次のとおりである。

（1）中華民国では少なからざる中共研究の学者が骨身を惜しまずに努力し、若干の成果を挙げている。また、重要な記録あるいは資料、共産党と対決した多くの関係者による貴重な闘争経験、彼らの口述記録が多く保存されている。なお、熟知した人事関係の機微など、中国人にしてはじめてなし得る分野においても、自信を持って指摘できる。要するに、われわれの研究成果が日本の中国研究者に裨益するところがあれば幸甚である。

（2）中共が発行した中国の近現代史料は日本に広く流布されている。だが、歴史事実の捏造と改竄および是と非の混淆は中共の得意なる技であり、当然、学者は中共の刊行物の信憑性に懐疑を抱いている。本誌は、中国研究者が記録した真実の資料、および学者それぞれの異なった接触と見方を紹介し、これによって日本の研究者の正しい判断と真相探求の一助になれば幸甚とするところである。

（3）本誌は中共問題の研究に重点をおく。しかし、日本の友人は、定めし中華民国の現状に興味と関心を抱かれているであろう。ゆえに、中国現代史の分野に関しても研究成果を紹介するつもりである。とりわけ鉄のカーテンで封鎖されたものと、自由社会で開放されたものとの比較を取り上げて論述し、読者の判別に資するところがあると信じている。他方、中国人としては日本問題に大変関心と興味を抱いている。本誌はこの問題にもスペースを割くつもりである。掲載の論文は日本の学者にもお願いをし、両国学者間の観点の疎通に資し、併せて両国文化の交流を促進することを望んでいる。

以上の目的に基づき、本誌の内容は学術的立場に立ち、真理の追究を主眼としている。また、日本の読者の共鳴を得るため、原稿の選択は事物の真相追究と問題の客観的追求を基準にしていた。本誌は創刊後、毎月欠号することなく発行し、徐々に日本の言論界で一定の地歩を築き上げた。

2、日華「大陸問題」研究会議開催のパイプ役

一九七一年七月十五日、ニクソン大統領の訪中決定が発表され、日本政府はいわゆる「ニクソン・ショック」を受けた。そのために同年十月の第二十六回国連総会おいて中国代表権問題をめぐる表決の結果、中華人民共和国を支持するアルバニア案が採択され、中華民国が国連から追放された。それ以降、日本の財界の中共傾斜、野党の北京詣でが加速され、日本のマスコミが北京一辺倒の報道となり、日本国内で「バスに乗り遅れるな」と扇動して「中国ブーム」が巻き起こった。

日本国内のこうした中共一辺倒の世論を正すため、呉俊才主任は『問題と研究』誌が発刊されてまもなく、桑原寿二先生に日華「大陸問題」研究会議の創設を要請した。当時日本において、このような会議を創設することは容易ではなかったが、桑原先生は快諾した。当時の日本の社会情勢と日本を覆う雰囲気および会議の創設の経過について、桑原先生は「呉俊才先生を追思する」文の中に詳述している。それを拝借して紹介しよう。

「残念ながら日本の風潮は中共一辺倒であった。中共礼讃が一個のブームとして政、財、学の各界を風靡していた。中華民国は敵であり、中華民国に賛同する者は、台湾派、右翼反動分子として社会からも言論界からも疎外された。そういった風潮の中で、中共問題を主題とする大陸問題研討会議は、それ自体が反動者の会議であった。そういった風潮を克服し、会議への参加者を

募ること自体なかなか容易なことではない。参加すれば所属単位から、教授会から、言論界から白い目でみられ、自らが自らを孤立に追い込むに等しかったからだ。だからといってここで遅延停滞することは許されない。何故ならそれは完全な敗北主義に自らを追い込むことになるからだ。

ならば、成功させるためどうすべきか、が課題として重くのしかかってきたことは否めない。まず、代表団長の人選であるが、単なる学殖だけでなく団長としての風格を身につけた人でなければならない。考えた末、日頃おつき合いのあった慶応大学教授中村菊男先生に的を絞り、御宅を訪問し団長就任を懇請した。意外にも打てば響くが如く快諾され、これで半歩成功したとその日は一日中晴れ晴れした気分だった。

が、当時の日本の情勢から推してこれだけでは不十分である。政界の大立役者を総後見人として据える必要がある。で、かねて昵懇をいただいていた岸信介前首相を事務所に訪ね援助を懇請した。中華民国大使館の口添えもあって承諾を得た。それはこの会議の権威のためにも、継続する上でも大成功だった。岸先生の要求で日華議員懇談会会長灘尾弘吉前衆議院議長の援助を受け、藤尾正行会長を経て今日に至るまで同懇談会は大陸問題研討会議の政界に於ける後楯になっていただいている。これで会議の政界地盤が構築された。のちに会長として船田中元衆議院議長、倉石忠雄元農相の参加もすべて岸信介先生の指名によって実現したのである。

『問題と研究』誌の発行、大陸問題研討会議の開催とこの二本の柱が日華断交後の日華関係の空白期を組織的に埋め、日華紐帯関係を維持してきたことは否定できない」。

つづいて、桑原先生は同「追思」文の中で、一九七一年十二月末、台北で挙行された第一回日華「大陸問題」研究会議について次のように回顧している。

「日本の厳しい条件を超克し、敢えてこの会議に参加した日本の学者、研究者のその意気と使命感はそれ自体貴重といわねばなるまい。日本にもまだこんな許多な知識人が潜んでいるというのが私のその時の実感であった。

その彼らを敢えて参加せしめた真の動機は一個の使命感であったこともさることながら、その底には一片耿々の侠気、これが真の動機だったことは否定できない。

その私たちを迎えた台北は、全市挙げて歓迎一色で染められていた。各紙はその報道に紙幅を惜しみなく割いていた。その基調スローガンは『雪中送炭』だった。たぶん呉先生の領導に由るものであったろう。その四文字の中に、国連脱退後の中華民国のきびしい国際環境が端的に示されており、同時に、根が侠気で動いた日本側代表団の意気に答えて十分だった。その後長らくその時の台北とそのスローガンが語り草になっていたことを指摘しておきたい[注①]」

日華「大陸問題」研究会議は年に一回双方が交互で台北と東京で主催する会議であった。会議に関する準備作業、例えば会議の日程、会場と議題の企画、双方の幹事団、参加人数、報告者、評論者の名簿作成、宿泊、旅行、見学、表敬訪問のアレンジ、貴賓の接待、論文の翻訳と印刷など、すべて東京事務所を通じて双方に伝えて行われた。なお、会議後、東京事務所は会議の報告論文、評論文、挨拶文などを会議の特集として『問題と研究』誌に掲載した。

3、日華学術交流の促進とその他

『問題と研究』誌は日華双方の学者、研究者が共同執筆する学術雑誌であり、日華大陸問題研討会議は日華双方が交互に主催する学術会議である。この二つの学術交流によって構成された人脈を生かして両国の学術交流の輪を広げるのも東京事務所の主要任務の一つであった。例えば「日華学者小型座談会」、個人または団体の学者の相互訪問、研究調査、講演会、短期留学研究のアレンジ、および研究会の設立などの任務である。

このほかに、なお二つの任務があった。一つは国際関係研究センターの資料室が注文する日本・ソ連・東欧・北朝鮮諸国の政治、経済、軍事、外交などに関する書籍、新聞、雑誌および研究史料を購入することである。日本の新聞は新聞社が毎日直接センターに送るが、その他は東京事務所が入手次第、即時にセンターに転送していた。他の一つは、日本の政治、外交に重大な変化が起きた際、随時研究報告を書くことであった。

二、張棟材研究員の駐日特派員辞任と後任の選定

駐日特派員の張棟材先生は、一九七八年前後から、健康問題を理由に数度にわたって特派員を辞任して国内で勤務することを申請した。蔡維屏主任は再三に渡って彼を慰留したが、はからずも、一九七九年張先生が妻を亡くしたことで、傷心の余り再度決意して特派員の辞任を懇願した。蔡主任

は郭華倫副主任と張京育副主任と相談した結果、ついに張棟材先生の特派員辞任に同意したのである。

張棟材特派員の辞任に同意した後、蔡主任はすぐ後任選びに取りかかった。駐日特派員は、日本語版の『問題と研究』誌の編集・発行および日華両国の学術交流の促進などの重責を負うため、国際関係研究センターにおいて、そのポストは極めて重要である。張棟材特派員は研究員であり、その後任になる人も研究員または同格のものから選ぶことになる。また、特派員の任務から考えると、研究員であっても日本留学の経験がなければ任務を果たすのは無理である。つまり、特派員の適任者は日本留学の研究員から選ぶことである。しかしながら、当時国際関係研究センターの研究員の中で、日本留学の経験者はいなかったため、蔡維屏主任は二人の副主任と協議し、外部から駐日特派員を起用する案を決めた。蔡主任の意中の人は国際関係研究センターと深い関係を持つ曾永賢先生であった。

当時、曾永賢先生は司法行政部調査局（現法務部調査局）第四処（文献処）の副処長で、国内有数の若手中共研究の専門家であった。青年時代、日本に留学し千葉県の明倫中学卒業後、早稲田大学政治経済学部に進学し政治学を専攻していた。日本語が達者で、国際関係研究センターの兼任研究員（非常勤研究員）と東亜研究所の兼任教授を勤め、国際関係研究センターの対日学術交流の立役者の一人であると同時に、日本語版『問題と研究』誌に掲載される中国文の日本語訳を監修する責任者でもあった。経歴、学歴、専門知識、国際関係研究センターとの関係から見れば、曾永賢先生は駐日特派員として最適な人選である。

一九八〇年春頃、蔡主任は曾永賢先生と会談し、正式に駐日特派員の就任を要請した。曾先生は条件付で要請を引き受ける意向を示したが、一部の条件が確約されなかったため、要請を辞退した。辞退の理由について、以前に曾先生から聞いたことがあるが、再確認するため、二〇一四年二月二日、曾先生の御宅を訪れた。曾先生はこう語った。

「私は三つの条件を提出し、それが確約されれば要請を引き受けるつもりであった。三つの条件とは、すなわち任期を最低五年にすること、家族を連れて行くこと、および国際関係研究センターが家賃を負担することである。この三つの条件に対して、蔡主任は『第一点と第三点は約束できるが、第二点の家族を連れて行くことに関しては関係当局と交渉する必要がある』と答えた。これを聴いて、私は内心に『公務のため、海外に派遣されて長期滞在する場合、家族の同行は慣例であり、なぜ関係当局と交渉する必要があるのか。まさか私が過去に台湾の中国共産党に加入した前歴があったため、家族を人質にするつもりであろうか』と思った。結局、私は要請を辞退した」。

曾永賢先生への要請が白紙に戻った後、蔡主任は私を主任室に呼び、単刀直入に「君を駐日特派員に任命することを検討しているが、結論を出す前に君の意向を確かめたい」と述べた。突然の話なのでどう答えるかためらった。落ち着きを取り戻してから「大変光栄なことですが、個人的な事情がいろいろあり、すぐにお返事することはできません。前向きに検討いたします。もう少しお時間をくださない」と答えた。蔡主任は「個人的な事情とはどういうことですか、特にいえないことでなければ話してみなさい」と尋ねた。

私は二点挙げて具体的に説明した。第一に、政治大学東方語文学科、中国文化大学日本研究所と世界新聞専科学校などの非常勤授業を学期途中でやめると、学校にも学生にも大変な迷惑をかけることになる。第二に、子供たちは帰国して四年となり、やっと国内の教育環境になじんできたばかりで、再び日本に連れて行くことになると、学業への影響が心配である。

蔡主任は私の説明を聴いて次のように述べた。「非常勤授業の件は問題にならない。なぜかというと、駐日特派員の人選は総統に報告し同意を得てから正式に任命することになっている。なお、国内の出国手続きは数日で済むが、日本における長期滞在のビザは申請してから許可されるまで数ヶ月かかるといわれている。この手順で推定すれば、東京への赴任は早くて秋頃になるであろう。その間、三大学とよく相談して非常勤授業の後任を探せばいい。子女の教育問題は海外駐在員の共通の悩みである。でも、子供の新環境に対する適応力は強いし、言語の難関を突破すれば必ずついていける。心配する必要はない。確約はできないが、君を張棟材特派員の後任として推薦する」と。

同年七月二十二日、蔡主任は張棟材特派員が辞任することと、私をその後任にすることを公文で蔣経国総統に報告した。数日後、蔡主任は私に「君を東京事務所に派遣することはすでに決まった。詳細はコピーの報告書を読みなさい」と告げた。報告書の内容は東京事務所の任務、張棟材特派員辞任の理由および私の任用資格と略歴の三点からなる。私に関する部分は次のように書いてある。

「本センターは助理研究員楊合義を駐日専員代理特派員職務（駐日専員の資格で特派員の職務を代行すること）として派遣し、張員（張棟材特派員）の在日業務を引き継がせる。楊君は台湾省台南市の人、

今年四十五歳、国立台湾師範大学歴史学科卒業、日本国立京都大学東洋史博士課程修了、革命実践研究院講習班第三期終了、京都大学研修員、政治大学兼任講師、中国文化大学日本研究所兼任副教授などを歴任している」。

この文言が示すように、私は駐日特派員でなく駐日専員という資格で派遣される。それは助理研究員が研究員のポストである駐日特派員の後任になることができないため、便宜上「駐日専員」の職名をつけたのである。学歴と経歴は助理研究員の資格を補強するために挙げられたのであろう。

文中の革命実践研究院とは中国国民党の幹部を養成する機構である。しかし、私が参加したのは国民党幹部養成の講習班ではなく大学で中国近代史の授業を担当している教員の講習班である。当時革命実践研究院の主任は蔣経国総統であった。

東京事務所への派遣が内定された後、蔡主任は私に「君の後任として本センターで日本研究と対日学術交流を担当できる日本留学の経験者を推薦して欲しい」と指示した。これは「自分の後任を自分で探せ」という意味に等しい指示であったが、私はこれほど蔡主任に信頼されているとは知らなかったので、そのとき実に驚いた。

人選として誰を推薦するか、じっくり考えた末、まず日本文部省奨学金留学生同期の張隆義君を訪ね、彼の意向を当たってみることにした。張君は中国文化大学日本学科第一期の優等生で、卒業後同大学の助手を経て、日本に留学した。京都大学東洋史研究科に研修員として一年在学した後、大阪大学に転校し、同大学の東洋史研究科で宋代の商業史を専攻していた。博士課程を修了するまで、計七年間日本に滞在していた。帰国後、行政院青年輔導委員会の推薦を受け、台湾省合作金庫の文献室の研究員に採用された。大変勤勉な努力家で、人柄は温厚誠実、性格は内向的である。張君はもともと大学に勤務する意思があったので、私の話を聴いて喜んで承諾した。

蔡主任が張隆義に面接した後、私を主任室に呼び、渋い表情で「張さんの学歴と人柄から見ると、立派な研究者になることは間違いないが、内向的な性格で対日学術交流の仕事を担当できるでしょうか」と述べた。私は「人材の養成は速成できません。経験を積み重ねれば、徐々に要領を得てうまく対応できると思います」と答えた。蔡主任は「君がそう思うなら、期待しよう」と述べた。これで、張隆義が私の後任になったのである。

東京への派遣が決まった後、私は子供たちの教育問題を理由に家族を国内に残し、単身赴任することを蔡主任に報告した。蔡主任は三つの理由を挙げて反対した。第一に、私と家族の出国手続きに関してはすでに政治大学を通じて教育部に報告しており、教育部は外交部領事事務処（領事事務局）および内政部入出境管理局（出入国管理局）にそれぞれ公文を出して便宜を図るよう要請している。第二に、家族と離れ離れの状態では仕事に専念することはできない。第三に、一つの月給で二つの家庭を支えるよりもむしろ一緒に暮らす方が得になる。私は「はい、かしこまりました」と即答した。

一九八〇年八月二十五日、張棟材研究員の兼駐日特派員辞任と私の助理研究員兼駐日専員代理特派員職務の人事異動が正式に公布され、同日から発効することになった。これを以て出国手続きと日本への入国ビザの申請が始まったのである。

三、出国手続きと日本への入国ビザの申請、

出国手続きはパスポートと出入国証明書の二段階に分けて申請する。つまり、パスポートを得てから出入国証明書を申請するのである。教育部はすでに外交部領事事務局に公文を出して便宜を図るよう要請しており、蔡維屏主任も外交部に同様な公文を送ったので、パスポートは即時許可が下りた。出入国証明書の申請も教育部の要請があり、二、三日で許可された。しばらくして、家内の楊陳鶴、長女、長男、次女のパスポートと出入国証明書も下りた。

日本への入国ビザの申請は煩雑な手続きがあり、許可が下りるまで数ヶ月かかった。原因は二つある。一つは私の滞在資格である。問題と研究出版社は桑原寿二先生を社長にして日本で登録した会社である。法律上、国際関係研究センターは問題と研究出版社と関係がないので、同出版社に特派員を派遣することはできない。そのために、張棟材特派員と同様、桑原先生が所属する綜合研究所に研究員として籍を置き、大陸事情について同研究所と共同研究並びに中国の文化、思想に関する学術の定期刊行物を共同発刊するという理由を以て長期滞在のビザを申請した。

綜合研究所は一九六二（昭和三十七）年任意団体として発足、住所は東京都千代田区永田町相互第十ビル九階にある。理事長は岸信介、所長は倉石忠雄であった。ただし、一九七九年十一月倉石忠雄が法務大臣に就任するとともに所長を辞任し、中国問題研究部長の桑原寿二が代理所長に就任した。

桑原先生は綜合研究所所長として「楊合義（同家族）招聘に関する理由書」を倉石忠雄法務大臣に送り、

一年間の滞在期間を申請したが、裁決の結果、百八十日しか許可されなかった。家族の来日する理由は「依親生活」（夫や親に頼って生活すること）であるので、私の長期滞在が許可されてから申請できることになっている。また、住居が決まらないと、家族を呼び寄せることができないばかりでなく、子供たちの転校先も決められない。なお、家族の出入国証明書の有効期間は一九八〇年十二月三十一日になっており、その前に出国しないと、出入国証明は無効になる。

家族の来日問題を解決するには私が先に日本に来て住居を探さなければならないので、一九八〇年十一月二十二日に来日した。西荻窪に住む小貫範子女史の紹介で杉並区松庵一丁目にあるマンションを賃借した。部屋数は二ＬＤＫだけで、狭く感じた。小貫さんは中国問題の研究者で、国際関係研究センターに一年間留学したことがある。

住まいが決まり、早速家族の来日ビザを申請した。出入国証明書の有効期間が差し迫っており、「依親生活」で申請すると時間がかかるので、申請の理由を「探親」（親族訪問）に切り替えた。亜東関係協会の助力を得て「探親」のビザはすぐ下りた。一九八〇年十二月二十八日、家内が子供たちと一緒に来日した。長女の品瑜は高一になり、転校試験に合格しないと勉強する学校がないので、四谷の中華学校に入学させた。長男と次女は義務教育の中学生で、試験なしで区立中学に転校した。その後、家族の在留資格は「依親生活」に切り替え、滞在期間は私と同様、百八十日であった。

四、東京事務所への赴任

ビザが下りるのを待っている間、蔡維屏主任は十月二十一日に「駐東京事務所の事務に関する会議」を召集した。参加者は蔡主任をはじめ、郭華倫副主任、張京育副主任、李天民顧問、尹慶耀召集人（国際共産党研究組）、蘇秀法会計組長、鄭俊人事組長、王洧総務組長、楊合義、張隆義、陳儔美など、計十二名であった。主な決議事項は次の四項目である。

1、『問題と研究』誌を定期的に発行し、贈呈の機構・学者および購読者の名簿（海風書店発送分を含む）を作成してセンターに送る。

2、原稿料は、一篇の論文二百から四百米ドル（当時のレート、一ドル二百四十円）、翻訳料は一篇の論文百二十米ドルを超えない。

3、事務費の支出は月刊誌の出版費、原稿料、翻訳料、雑誌発行の封筒と郵便料金、家賃、水道、電気とガス料金、文具代、事務的郵便料金、桑原寿二先生の交通費、公務交通費、交際費、雑費などを含む。決算書は項目を分けて報告する。

4、お中元やお歳暮の礼品贈呈の対象、および宴会の賓客は原則として日本人に限定する。礼品贈呈の対象および宴会の参加者は決算報告をするとき名簿を添付する。公務交通費に関しては、電車とバスで行けるところはできるだけタクシーを使わない。

会議後、蔡主任が私を主任室に呼び、次のように指示した。「日本側が主催する第八回日華『大陸問題』

研究会議は中断しており、現在のところ、再開の目処は立っていない。中断の原因は財源の問題だと聞いているが、この点について、桑原寿二先生に会って確認しなさい。もし財源だけの問題であれば、亜東関係協会東京辦事処の馬樹礼代表に援助を要請するつもりである。馬代表宛の親書は君が出発する前に用意しておく。ともかく、君が東京に赴任した後、最優先課題は中断した日華『大陸問題』研究会議を復活させることである」。

十一月の中頃、日本への入国ビザはやっと下りた。十一月十七日、蔡主任が正式に公文で私が十一月二十二日東京に赴くことと、事務の引き継ぎのことについて張棟材特派員に通達した。私も同公文の副本を受け取った。

これで、東京事務所への赴任期日が確定したので、非常勤授業の最終日に、引き継ぎ問題を処理した。中国文化大学日本研究所の「戦後日ソ関係研究」、世界新聞専科学校の「中国近代史」は、私の推薦で張隆義にバトンタッチしたが、政治大学の授業は王兆徽学科主任が淡江大学副教授の林綺雲に引き継がせた。

出発の前日、台北県新店市（現新北市新店区）の「華園新城」に住む南アフリカ選出の立法委員劉彰徳を訪れ、国際関係研究センター駐日特派員として東京に赴任することを報告した。劉委員は亜東関係協会東京辦事処の馬樹礼代表とは長年の親友で、すぐペンを執って馬代表宛に紹介状を書いてくれた。この紹介状は、私が東京に赴任した後、公務の遂行において大変役に立った。

十一月二十二日午前、台北市松山空港発の中華航空で東京へ飛び立ち、午後二、三時頃羽田空港に到着した。張棟材特派員が空港まで迎えに来てくれた。数分間お話した後、私は張特派員に「荷物があるので、タクシーで西荻窪に行きます。明日、改めて飯田橋の東京事務所にご挨拶に参ります」といって空港で別れた。

タクシーは空港から直接杉並区の借家に向かった。到着したとき、小貫範子と家主夫婦はすでに部屋の中で待っていた。互いに自己紹介した後、小貫さんの立会いで、家主が用意した賃貸契約にサインして捺印し、敷金と礼金および十一月下旬から年末までの家賃を払って、その晩から入居した。家主夫婦はインドに数年滞在する予定で、マンションを賃貸したのである。

借家は井ノ頭通りに面する五階か六階建のビルで、私が借りたのは四階の一室であった。二LDKのマンションで、面積は約二十坪である。井ノ頭通りは交通量の多い街路で、昼間も夜中も騒音があって、最初はうるさく感じていたが、日が経つに連れて慣れるようになった。しかし、近所は、道路沿線を除き、ほとんど庭付きの一戸建ての住宅地である。

交通面では、借家から西荻窪駅（中央線、総武線、東西線）と久我山駅（井ノ頭線）までは大体等距離で、歩いて約十五分ほどである。路線バスもあるが、便数が少ないので、所要時間は歩行とあまり変わらない。西荻ハイホームの家から飯田橋の事務所までの通勤時間は約五十分かかった。

翌二十三日午前、飯田橋の東京事務所に行き、張棟材先生に会い、職務の引き継ぎについて協議した。張先生は「蔡主任の手紙では二人が一緒に一ヶ月仕事をしてから引き継ぎをすると指示していますが、ご覧の通り、事務所には二台の机しかなく、私と何済東さん（現地雇用の助手）が使っています。

接客用のセンターテーブルで一ヶ月も仕事をするのは不便だと思います」と述べた。

つづいて、張先生は「十二月号の『問題と研究』誌はすでに下版しており、今週中に納本する予定です。雑誌の発送は半分（千冊）が海風書店（中国国民党の正中書局に属する東京支店、台湾出版の漢文書籍を販売する専門店、初代支店長は李廼揚、二代目は曽大海、神田神保町にある）に委託、あと半分は東京事務所が発送する。月末にセンターに送る会計報告を作成した時点で、桑原寿二先生立会いの下で、事務の引き継ぎをしましょう。その後、何か不明な点があれば、ご遠慮なく随時電話で商談しましょう。いかがですか」と話した。

私は、「ここ一週間は忙しいです。まず杉並区役所へ行って外人登録を済ませた上で、家族の呼び寄せの手続きについて桑原寿二先生と相談しなければなりません。月末まで、毎日事務所に来ることは無理ですが、時間を割いて何回かお伺いに参ります。その際、雑誌の編集や原稿の依頼などについて教えてください。なお、業務上、新興印刷製本株式会社と海風書店にも挨拶に行かなければならないと思っていますが、行く前にご紹介お願いします」と説明した。

張先生は、「とにかく、月末に引き継ぎの手続きを済ませたいです。桑原先生には私のほうから事前に連絡します。なお、新興印刷所と海風書店へ挨拶に行くときはお供します」と親切に答えてくれた。

十二月一日、桑原寿二先生立会いの下で、張棟材先生が東京事務所の関係書類を私に渡し、引き継ぎの手続きは数分間で完了した。これを以て私は正式に政治大学国際研究センター東京事務所の責任者となり、日本で後半生の第一歩を踏み出した。

〈注釈〉

注① 問題と研究出版株式会社発行の『問題と研究』第二十八巻三号、一九九八年十二月号

第七章　東京事務所着任後の緊急課題

東京事務所に赴任する前、蔡維屏主任が私を主任室に呼び、「君が東京に赴任した後、最優先課題は中断した日華『大陸問題』研究会議を復活させることである」と指示した。さらに「東京事務所の事務と経費を討論する会議」を召集し、『問題と研究』を定期的に発行し、贈呈の機構・学者および購読者の名簿を作成してセンターに送ることを決議した。私は蔡主任の指示と会議の決議に従って、張棟材特派員との引き継ぎが終わった後、すぐこれらの緊急課題に取り組んだ。

一、日華「大陸問題」研究会議復活の交渉

第八回日華「大陸問題」研究会議は、一九八〇年東京で開催される予定であったが、日本側は財源問題により中断を余儀なくされた。会議を復活させるため、私はまず綜合研究所を訪れ、桑原寿二先生に会って話し合った。桑原先生は会議中断の経緯について具体的に説明してくれた。大約は以下のとおりである。

「第八回日華『大陸問題』研究会議が中断した原因は、主として財源の問題である。会議は年に一回開催され、双方が交互に台北と東京で主催することになっている。参加人数は主催者側が約七十名、相手側は約三十名、併せて百名前後を数える。会議は三日間で終わるが、会議後に旅行参観と表敬訪問および自由活動があり、それに台北と東京の往復を加算すると、全日程は一週間となる。

経費の面では、東京で開催される場合、台湾側の航空券と宿泊費以外は、すべて日本側が負担する。主な支出は会場費、貴賓室費、双方の幹事団事務室費、日本側幹事団および遠方からの参加者の宿泊費と交通費、宴会費、食事代、文具代、原稿料、翻訳料、印刷費、雑費、報告者と評論者および通訳者への謝礼などが含まれる。これらの諸経費は合計約千五百万円にのぼる。

台湾側の経費は政府がサポートしているが、日本側の経費はすべて募金に頼っている。主なスポンサーは岸信介元首相、日華議員懇談会会長灘尾弘吉元衆議院議長、船田中元衆議院議長などであるが、不足の場合は日本側代表団の会長を勤める船田中先生が私財を出して補う。不幸にも、一九七九年四月十二日船田中先生が逝去し、日本側は最大のスポンサーを失い、会議が続けられなくなった」。

桑原先生の説明を聴いて、私は「蔡維屏主任は一日も早く会議の復活を望んでいます。日本側の財源問題に関して蔡主任もよく存じており、亜東関係協会東京辦事処の馬樹礼代表に援助を要請することを考えています。私はその指示を受けて近いうちに馬代表を訪問し、会議の資金援助を要請する予定であります。馬代表も会議の復活を望んでいるはずなので、協力してくれるでしょう」と述べた。

数日後、亜東関係協会東京辦事処に赴き、鍾振宏新聞組組長（広報部部長）の案内で代表室に入った。私は持参した蔡維屏主任の親書を馬代表に手渡した。馬代表は開封して読み終わった後、「日華『大陸問題』研究会議は、日華断交後の最大規模の学術交流会議であり、これを継続させなければならない」と強調した上で、「しかし、日本側に資金援助を一旦承諾すれば、それが先例となって打ち切れない。

援助の金額を慎重に検討する必要がある。例えば会議を日本で開催する場合、一回に約千五百万円かかるとすれば、その一部、または半分、あるいは全額を援助するかを斟酌することである」と説明した。協議の末、馬代表の決断で、日本側に経費の半分を提供することにした。

日本側への資金援助に関する協議が終わってから、私は劉彰徳立法委員の紹介状を馬代表に手渡した。馬代表がそれを読み終わると、笑顔で「劉彰徳委員とは生涯の親友で、抗日戦争中、中華民国政府は重慶に移転し、華僑から抗日資金を募集するため、劉委員は南アフリカの約翰尼斯堡(Johannesburg)に派遣され、私はインドネシアのジャカルタに派遣された。しばらくお会いしていない。宜しくお伝えくださない。君は着任したばかりで、業務上困ったことがあれば、何時でも相談に来なさい」と話した。

私は早速馬代表が提示した援助金額を桑原先生に伝えた。桑原先生は「台湾側から援助を受けて会議を主催することを思うと心苦しいが、日本側の関係者、とりわけ岸信介元首相、日華議員懇談会会長灘尾弘吉、綜合研究所所長倉石忠雄らと相談して結論を出します。今までの募金実績からみれば、七百万円前後なら何とかなります。結果は近日中に返事します」と答えた。

桑原先生は日本側の関係者と相談した結果、財源の目処がほぼついたので、第八回会議を一九八一年春頃に開催することを決定した。日程や会議の主題に関して、近いうちに準備会議を召集して協議することを私に通知した。私はこの吉報をただちに国際電話で蔡維屏主任に報告すると同時に、亜東関係協会東京弁事処新聞組組長鍾振宏を通じて馬樹礼代表に伝えた。これで蔡主任が私に指示した最優先課題、すなわち「大陸問題」研究会議の復活は実現の運びとなったのである。

二、『問題と研究』誌の寄贈と販売部数の精査および読者名簿の作成

『問題と研究』は、日華両国の学者と専門家が共同執筆する学術雑誌であり、営利を目的とする雑誌ではない。創刊以来、大多数は寄贈として配布され、販売は僅かであった。寄贈の対象は中国問題または国際問題の学者と研究機構、大学と国公立図書館、日華関係議員懇談会（「日華議員懇談会」ともいう、略称「日華懇」）の国会議員、亜東関係協会東京弁事処、報道関係の機構と新聞記者、華僑、留学生などを含む。私が京都大学に留学していたときも毎月一冊を受け取っていた。

創刊初期の発行部数は三千部とも五千部ともいわれているが、手元に記録の資料がないので確認できない。私が東京事務所に着任したときの発行部数は二千部であった。発売所は海風書店（中国国民党所属の中正書局東京支店、漢籍書物・史料を販売する専門店、当時の店長は曽大海）であるが、雑誌の中に購読の振込み票があり、読者は『問題と研究』社、すなわち東京事務所から直接購読することもできる。

寄贈の大多数は東京事務所が発送するが、海風書店にも数百冊の配布を委託していた。東京事務所の配布先は次の団体（機構）と個人である。（1）国際関係研究センター（二百冊、台湾の中国問題と国際問題の研究機構、中央政府の関係機構、国公立の図書館および日本語のできる中国問題または国際問題の研究者などに配布する）、（2）台湾側と日本側の執筆者（一人五冊）、（3）大陸問題研究協会のメンバー、国際関

係研究センターと交流のある日本の学者、日華関係議員懇談会の国会議員、日本の国公立図書館など、（4）日本各地の華僑指導者、日本在留の台湾学者および政治・歴史専攻の大学院生、（5）亜東関係協会東京弁事処新聞組（五十冊〜百冊、主として報道関係者や来客に配る）、（6）日本の団体（機構）、例えば内閣調査室、世界政経調査会、国際情勢研究会、綜合研究所など（寄贈部数はまちまち、最低十冊、多いところは数十冊）である。

海風書店が寄贈として配布した数百冊にかかる郵便料金、封筒代と人件費は、すべて東京事務所が毎月同店と清算するが、海風書店は寄贈名簿を東京事務所に提出しておらず、東京事務所の配布先との重複があれば、経費の無駄となる。そのために、私は蔡維屏主任の指示に従って東京事務所が発送している寄贈の機構・学者および購読者の名簿を作成し、海風書店にも同様な名簿を作成するよう要請した。両方の寄贈名簿を照らし合わせてチェックしたところ、多数の重複が見つかった。結局、蔡主任の決断により、経費節約を理由にして海風書店には販売だけを委託し、寄贈の委託を中止した。

次に各団体や機構の必要部数の確認を行った。亜東関係協会東京弁事処への寄贈部数は、新聞組（広報部）が報道関係者または来客に配り、ストックはなかった。内閣調査室、世界政経調査会、国際情勢研究会、綜合研究所などの寄贈部数は、桑原寿二先生、廣瀬一先生、清水亮先生らを通じて確認した結果、ほとんどストックがあり、それぞれ先方の同意を得てオーバーの分をカットした。

東京事務所の発送部数は毎号ストックがあり、十年来累積した数千冊のバックナンバーが室内の角に山のように積んでいる。この状態では見苦しいのみならず、バックナンバーを探すにも大変時間がかかる。そのために四台の本棚を買ってきてバックナンバーを整理した。一号に十冊以上のバックナンバーは、まとめて各地の地方図書館に寄贈した。

寄贈の部数を徹底的に精査した後、数百冊の余分が出てきた。そのために、日本国際政治学会、東洋史研究会などの名簿から新しい寄贈対象を選ぶと同時に、今まで寄贈しなかった地方の公立図書館を寄贈対象に入れた。ここにいたって、寄贈の配布は全部東京事務所が直接発送することになり、改めて寄贈名簿を作成してセンターに送った。

寄贈配布の整理が完了した後、通巻の雑誌を保存するため巻ごとに二部を製本する作業に取り組んだ。本棚に並んでいるバックナンバーを第一巻第一号（一九七一年十月号）から第九巻十二号（一九八〇年九月号）まで、各号に二冊または一冊を取り出し、欠号になったものはそのナンバーをメモして寄贈の配布先から取り集める計画を立てた。十年も経っているので、欠号を集める自信はなかったが、大陸問題研究協会の皆さんに頼んで四方八方から寄せ集め、ついに二セットのバックナンバーが揃い、新興印刷社に製本してもらった。この製本作業は私が定年退職する二〇〇〇年まで続けられた。製本した二部のうち、一部は東京事務所に置き、後一部は私が記念として自宅に保管している。

三、第八回日華「大陸問題」研究会議の開催

一九八一年五月九日、待ちに待った第八回日華「大陸問題」研究会議が東京都新宿区のホテル・セ

ンチュリー・ハイアットで開催された。ところで、同年四月、蔡維屏主任が「北美事務協調委員会」主任委員に転任、副主任から主任に昇格した張京育が中華民国側代表団団長になった。

張京育団長は郭華倫副団長、李天民秘書長など計三十人を率いて来日した。日本側代表団は桑原寿二団長、関野英夫副団長以下三十五人が参加した。初日の晩、日本側がホテル内で盛大な歓迎会を催し、日華双方の代表団以外に日華関係議員懇談会の国会議員、亜東関係協会東京事務所の主要幹部、東京・横浜在住の華僑指導者、日本在留の台湾学者、台湾と日本の報道関係者などが多数招待され、会場は満員となった。

歓迎会の後、双方の幹事団が打ち合わせ会議を開き、会議の日程、開会式の貴賓挨拶、本会議の報告、評論、自由発言と通訳、論文と報告要旨の配布、会議後の表敬訪問、小旅行、記者会見、宴会、食事、亜東関係協会の駐東京弁事処の宴会、中華民国側の答礼会などについて協議した。会議は三日間、その後に小旅行、表敬訪問と自由活動を含め、全日程は九日から十四日まで、計六日間となる。

翌十日午前九時、開会式が始まり、貴賓の挨拶と祝辞は次の順で行われた。最初に壇上に上がったのは日本側代表団会長倉石忠雄衆議院議員（綜合研究所所長、農林大臣、法務大臣などを歴任）である。倉石会長は挨拶のなかで、「この会議は単なる中共研究の会議でなく、日華両国を結ぶ会議であります。そこに私は、この会議のいま一つの別の意義を強く感じる次第であります。すなわち、会議の場所が両国の人士の友情をいちだんと強める場所になりますよう祈ってやみません」と述べた。

倉石会長はさらに付け加えて、「私の社会人の出発はお国すなわち台湾からでありました。そして青壮年の全期間をそこで過ごさしていただきました。このように私の前半生の思い出のすべてが台湾人と山河に凝められています。私にとりましての台湾は第二の故郷であります。それから幾年かが過ぎ去り、ようやく晩年にさしかかった今日、再び、このような栄えある形で御縁を持つことになりました。私にとりましては望外の幸でありますと同時に、何か宿縁といったものを感じずにはおられません。すなわち、会の成功にあらん限りの努力を献げたき所存であります」と私事を披露した。

つづいて、岸信介元首相が祝辞を述べた。そのなかで、岸元首相は「この会議が、このたび第八回を数えるにいたりましたことは、創設当初から関係してきた者の一人として、まことに御同慶にたえません。同時に、この会議の維持、発展のため、長年に尽力された同志　船田中君が先にこの世を去られましたことを痛惜の念を以て思い起こさずにはいられません。茲に謹んで弔意を表したいと思います」と回顧した上で、「この会議の最高責任者として年来の親友・倉石忠雄君が、故船田中君に代って登場し、中国側に於いては新進気鋭の張京育先生が呉俊才、杭立武、蔡維屏各先生の後を継がれることになりました。伝統を踏まえての新しい陣営の下で、この会議がますます充実、発展することを、私は、信じて疑いません」と期待をこめて強調した。

次に日華関係議員懇談会会長灘尾弘吉が日本側代表団顧問として挨拶の言葉を述べた。そのなかで、灘尾顧問は「八年半前、日華両国間の外交関係が失われるという遺憾な事態が生じ、日本国内では重苦しい条件があったにもかかわらず、信念と勇気をもって、この会議を今回の第八回まで持ちこられた日本の諸先生方に対し、深甚の敬意を表します。そこには、さまざまな困難がありましたでしょうが、本当にご苦労さまでした。しかし、このような重苦しい空気も、年一年、薄れて参ったのも事実で、この会議も、今日では、誰憚ることなく、堂々と開かれるようになりました」と日本側代表団の諸先生方の信念と勇気を褒め讃えた。

張京育主任は中華民国側代表団を代表して開会式の言葉を述べた。張主任はまず「私は茲に謹んで今回の第八回日華『中国大陸問題』研究会議にご臨席ご参加下さいました諸先生に対して、私の敬意を捧げたいと思いますと同時に、中華民国側の学者たちを代表して、倉石忠雄会長ならびにこの会議の準備を進めて下さった桑原寿二先生と関係各位に対して、衷心より感謝の意を申し上げます」と述べた。

つづいて、張主任は「三年前第六回研究会議が東京で開かれた際に、両国の学者七十余人が、『華国鋒の運命』という主題で三日間の討論を行いました。当時、双方の学者の一致した見解は、鄧小平の復活後、中共上層部の権力闘争がますます激化するであろう、したがって華国鋒の運命は非常に危険なものとなる、という判断でありました。三年来の中国大陸の情勢の変転は、両国学者の分析判断の正確性を十分に証明したわけであります」と指摘した。

張主任はさらに鄧小平派が権力闘争と路線闘争の上でともに勝利を収めたが、鄧小平体制はすでに固まったかどうか？　中共の経済は急速に改善されるかどうか？　社会方面において安定を達成できるかどうか、という観点から、「鄧小平体制の未来と中共が何処に行くか」について諸先生の正確な分析を期待していると述べた。

最後に亜東関係協会駐日代表馬樹礼が貴賓として祝辞を述べた。彼は祝辞のなかで、「われわれが、貴会の努力と成果および世界に対する偉大な貢献について言及いたします際、多年来日本政界の指導者の諸先生、今ここにご臨席の岸信介先生のように、多年来貴会にたいし激励と支持を与えて下さった方々に、われわれは深く感謝せざるを得ないのであります」と述べた。

さらに、馬代表は「同時にわれわれが最も追憶の情に堪えないのは、今一人過去にこの会議を主催して下さった日本政界の長老、故船田中先生のことであります。船田先生は穏健で閲歴が多く、国家のために奔走され、眼光は炬火の如く、積極的に国家の実際政務と党務にご尽力なされた上、さらに日華両国が運命休戚を共にする関係にあることを体認され、また中共に対する切実な理解と厳密な予防措置の重要性を認識されて、艱苦辛労をいとわず、親しく自ら貴会を指導され、会務を主催し研究の発展に御尽力下さったのであります。われわれは船田中先生に対し、謹んで限りなき追慕の情と至高の敬意を捧げるものであります」と故船田先生の本会に対する功績を讃えた。

開会式の後、約十五分間のコーヒーブレークを経て、本会議に入った。会議は三日間にわたって行われ、「中共は何処に行くか」という主題の下で、日華双方は各四人が論文を提出して報告した。報告者と論文の題名は次の通りである。

桑原寿二：「中共は何処にも行かない」

郭華倫：「中共は内部蜂起と外部衝撃で崩壊」

清水徳蔵：「鄧小平の路線と政策」

張鎮邦：「中国式社会主義は幻想」
井上茂信：「米国のアジア政策」
李　廉：「中共外交の危機」
広瀬　一「中共経済のネック」
陳森文：「中共経済～調整と改革の悪循環」
三日間の会議中、参加者はほとんど毎日出席し、熱心に聴き、積極的に発言していた。特に桑原寿二団長と張京育団長が毎日定刻に前列中央の隣席に座り、聞きながらまじめにノートを取っていた姿は今なお印象に残っている。会場には多数の新聞記者が列席し、休憩のときに報告者や専門家に取材していた。会場は毎日立ち見が出るほど盛況だった。会議期間、台湾の新聞は連日大きな紙幅を割いて報道し、テレビ局も会議の実況を放映した。日本の新聞は、産経新聞を除いてほとんど報道しなかった。
十二日午後、総合討論の後、張京育主任が閉会式の言葉を述べた。そのなかで、張主任は冒頭に「今回会議における三日間の討議を経て、学者・専門家の皆様方が、中国大陸の現在当面する難題と、今後たどるであろう動向について、十分意見を交換されたことと存じます。皆様方が提出された卓越した見解と貴重な研究成果に対して、私は茲に謹んで心から敬服の意を表するものであります」と述べた。
つづいて、張主任は三日間の会議を総括したが、その内容は次の三点に要約される。

（1）目下中共は政治上では毛沢東思想を肯定し、経済上では逆に毛路線を否定している。中共の危機の根源はマルクス・レーニン主義および毛沢東思想から来ている。大多数の中国大陸の経済学者は、皆現行の高度集中の経済体制を揚棄するよう主張している。しかし、資本主義の経営と管理を如何に利用するか、資本主義の「市場調節」と社会主義の「計画調節」をうまく調整できるか、これは中共が直面する難題である。

（2）中共外交政策の八十年代の基本策略は、国際反覇権統一戦線を結成することであり、連米反ソを以て主要外交路線としている。中共の連米は一種の策略上の運用に過ぎない。その目的は反ソの名目を利用して、米国の軍事と経済の援助を勝ち取り、「四つの現代化」を実現しようというのである。一旦中共の力が強くなれば、それは自由世界の脅威となるだけでなく、またソ連ともある程度の和解ができるようになり、ますます自由世界にとって危害を及ぼす存在となるのである。

（3）いったい中国は何処へ行くのか？　中国大陸の人民は海外の自由中国の人民が民主政治制度と自由経済制度の下に、自由と繁栄の生活を享受していることを知り、海外の情況と大陸の貧窮落伍した現実とは、あまりにも強烈な対照を形成していることを知るようになった。だから彼らは早くから、「政治は台北に学べ」、「経済は台湾に学べ」と叫んでいるのである。

（4）最後に張主任は、「日華両国の中国大陸問題を研究する学者たちが、すでに八回にわたる会議を続けて参りましたが、毎回の会議で中国大陸に発生した各種の問題について、学術的分析を通じて透徹した理解と正確な評価を得て参りました。そのため豊富な成果と満足すべき収穫を得てきました。また日華両国の学者間にも深厚な友誼を打ち立てることができたのであります。過去の成功の経験と密接な友好合作にもとづいて、今後も引き続き合作を強化し、研究成果を拡大し、以て日華両国人民の友誼がますます深まり強固になるよう希望する次第であります。どうも有難うございました」と締め括った。注①

会議中、亜東関係協会駐日代表馬樹礼がホテル・センチュリー・ハイアットで盛大な晩餐会を主催し、日華双方の代表団、報道関係者および多数の貴賓を招待した。十二日の晩、中華民国代表団が東京大飯店で答礼宴を主催した。参加者はほぼ亜東関係協会主催の晩餐会と同じメンバーであった。

答礼宴の後、亜東関係協会東京弁事処新聞組長（広報部長）張超英のアレンジで、中華民国代表団の主要メンバーが東京大飯店で記者会見を行った。当時は中共の転換期にあたり、したがって多数の台湾と日本のテレビや新聞記者が参加した。記者の質問はほとんど中共の権力闘争、路線闘争、経済改革、対外開放などの問題に集中していたが、産経新聞のコラムニスト・柴田稔が郭華倫副主任に「青年時代の胡耀邦は郭華倫先生の付け人を勤めたことがあるといわれているが、それは事実でしょうか」と質問した。

郭副主任はニコニコした表情で「胡耀邦は青年時代、私と一緒に仕事したことがあるかどうか、はっきり覚えていません。現在彼は中国共産党中央委員会総書記であり、彼の経歴に関する記述は多数あり、調べれば分かると思います」と曖昧に答えた。柴田先生の質問は会場を沸かした。

翌十三日、日本側幹事団と中華民国側代表団が一緒に遊覧バスで箱根への日帰り旅行をした。午前中は彫刻の森美術館を見学し、昼食後に強羅から箱根登山ケーブルカーとロープウェイに乗って沿道の風景を眺めながら桃源台まで渡った。芦ノ湖は桃源台のすぐ傍にあるが、遊覧する時間がないので、すぐバスに乗って箱根を後にした。十四日の午後二時、中華民国側代表団は帰国した。

四、『問題と研究』誌編集委員会の発足

『問題と研究』誌の一九八〇年十二月号（第十巻第三号）は張棟材先生から引き継ぐ前にすでに納本済みで、予定通り発行された。次号の一九八一年一月号から私が編集することになった。雑誌の編集に関してはまったく経験がなく、桑原先生の助言を受けて手元にある原稿を使ってどうにか組み上げた。この号は五本の論文と一篇の中共史料からなる。これは私が編集した『問題と研究』の第一号であり、記念としてその目次を挙げよう。

〈論文〉

1、中華民国における経済発展の現況　原　伲一（経済評論家）
2、中共統一戦線策略の理論と実際　姚孟軒（中共問題研究家）
3、毛沢東悲劇の遺産～華国鋒　李天民（中共問題研究家）
4、中国大陸当面の初等教育　汪学文（ＩＩＲ研究員）

5、中共の新しい「経済長征」は可能か？（一）

矢島鈞次（国際事情研究センター所長・東京工業大学名誉教授）

〈中共史料〉
劉少奇の名誉回復問題についての鄧小平講話　本誌資料室

姚孟軒、李天民、汪学文の論文および中共資料は、台北で中国文から日本文に翻訳されたものである。李天民は中共問題研究家という肩書きを使っているが、本職は立法委員である。〃ＩＩＲ〃とは"Institute of International Relations"（国際関係研究センター）の略称である。矢島鈞次の論文は長いので、三回に分けて連載することにした。

台湾から送ってきた翻訳の論文や資料は曾永賢先生がすでに審査しており、ゲラの校正は誤植をチェックするだけである。しかし、東京で翻訳された論文は、ゲラを校正するとき、原文に照らし合わせてチェックするので、かなり時間がかかる。日本人の論文は、ほとんど著者が校正するが、ゲラの往来は郵送に頼り、初校で責了できれば数日で済むが、修正や加筆が多いゲラは、再校ないし三校を要する場合もある。

『問題と研究』は月刊誌であり、毎月の五日を発行日としている。活版の組み並べとゲラの校正は手間がかかる作業であるため、原稿の編集から印刷と製本が完成するまで、およそ一ヶ月かかる。上述のプロセスで考えると、二月号は一月五日以前に原稿を編集して印刷会社に渡さなければ、発行日には間に合わない。

編集作業は原稿を入手次第まず一回読んで書体を指定し、印刷会社に渡してゲラを刷る。ゲラの校正は著者が日本人の場合、初校と再校を著者に任せ、下版する前に私がもう一度目を通して校了とする。しかし、台湾側の論文と資料のゲラは初校から校了まで、すべて私がやらなければならない。一号は約百ページ、一ページは約千二百字、総字数は約十二万字を数える。原稿の編集と下版前の校正（校了）を一回ずつ読むだけでも二十余万字にのぼる。これに台湾側の論文の初校と再校を加えると、毎月三十万字以上を読まなければならない。

しかし、編集と校正を急ぐ場合、夜でも休日でも残業できるので、特に問題はない。編集者にとって最も重要なことは原稿の確保である。月刊誌は遅くて二ヶ月前までに執筆者に原稿を依頼しなければ定期的に発行するのは難しい。三ヶ月前に原稿の予約ができれば時間的に余裕がある。二ヶ月先またはは三ヶ月先の原稿を予約するには、事前に「視点」を決める必要がある。つまり、一つの「視点」の下で、幾つかの問題を設定して執筆者に原稿を依頼するのである。

私はこの構想を桑原先生に報告して彼の意見を伺った。桑原先生は「『問題と研究』は月刊誌であり、定期的に発行するには原稿がなければどうにもならない。編集委員会を組織すればこの問題は解決できる。今まで編集委員会がないため、掲載された論文は台湾側の原稿が圧倒的に多かった。『問題と研究』は日本で発行する雑誌であり、台湾側の論文が多すぎると、宣伝雑誌に見られる。もし、毎号台湾側の論文と日本側の論文を半々掲載すれば、読者の評価が変わる。特に、一つの「視点」の下で、台湾側の学者と日本側の学者がそれぞれ異なった角度から問題を取り上げて論述し、これを『問題と研究』の特徴として読者に読ませる。ともかく、編集委員会を組織しよう」と提案された。

桑原先生の提案に沿って、編集委員会は一九八一年二月上旬に発足した。会議は夕方に事務所で開かれたが、室内には一台のセンターテーブルと四脚のソファーしかないので、編集委員は桑原先生、清水徳蔵、廣瀬一と私の四人だけであった。第一回編集会議は次の六点を決議した。

（1）四月号の視点を「四人組裁判とその後～鄧小平の変節」とし、五月号の視点を「中共の経済危機」とする。（2）四月号の日本側の執筆者は清水徳蔵と伊達宗義に依頼するが、台湾側の執筆者は国際関係研究センターに任せる。（3）毎号の論文は原則として台湾側と日本側がそれぞれ二本か三本を提出する。（4）五月号の視点は暫定的なもので、確定してから執筆者を依頼する。（5）視点に適しない論文は特別論文として掲載する。（6）四月号から表紙に「中国事情専門誌」という字句をつける。なお、会議中、私は『問題と研究』誌の定価を百五十円から三百円に値上げすることを提案した。値上がりの理由はコストの問題もさることながら、他により重要な原因がある。すなわち、『問題と研究』は学術雑誌であり、営利を目的とする一般の雑誌とは違う。寄贈の読者が多数を占め、購読者の数は知れたものである。寄贈の対象は中共問題と国際問題の学者・専門家とその所属研究機構、ジャーナリストと新聞社、日華議員懇談会の国会議員、大学図書館と公立図書館などである。営利を目的としないが、定価が低すぎると、宣伝雑誌と看做されるので、値上げした方が世間で高く評価される。私の意見に対して、編集委員は全員賛成したが、値上げのお知らせはコストが高くなったことだけを理由として説明することにした。

会議後、私は記録を添付して蔡維屏主任に報告した。編集会議の報告に対して、蔡主任は二月十九日付の公文に「毎号視点を選定する考えは甚だ結構だが、現下原稿が不足しており、長期にわたって視点を維持するのは難しい。むしろ柔軟な方式で、一号に同質の論文が数篇あるとき、特集として視点を表紙に付ける方がよい。ただし、視点を予告すれば対応できない恐れがあり、避けるべきである。雑誌の定価を調整する件に至っては、実情を斟酌して処理しなさい」と指示した。私は、蔡主任の返事を桑原先生に伝えた。桑原先生は「視点を維持するか否かは四月号の原稿入手情況を見て再検討しよう」と述べた。

四月号の原稿は二月下旬から相次いで届いた。日本側の論文は清水徳蔵の「林彪・江青集団裁判と鄧小平の野心」と伊達宗義の「『実事求是』に裁かれる鄧小平」の二本であり、台湾側の論文は張競立の「再び中共の林彪・江青集団裁判を論ず」、范謹の「中共　林・江裁判のあれこれ」と翰健の「江青の勝利」の三本であった。このほかに、去年（一九八〇年）十二月十四日から十六日まで国際関係研究センターで開かれた中日「中国大陸問題」座談会紀要、すなわち「中共十二回党大会の直面する問題」の討論記録も日本語に翻訳されて送られてきた。五本の論文と座談会紀要によって構成された四月号は通常より十ページも増えた。

値上がりのお知らせは四月号に掲載されたが、その内容は次の通りである。

「本誌が誕生してからすでに十年目を迎えました。読者の皆さんのご支援によって本誌は中国問題専門誌として日本の各階層に定着しました。この紙面を通じて、読者の皆さんに深く感謝の意を表します。

ところで、読者の皆さんに一つお願いすることがあります。ご承知の通り、本誌の定価は創刊号より今日に至るまで、ずっと百五十円のままにしてきました。しかしながらここ数年間、印刷費、人件費および郵便料金が何度も値上がりしまして、コストが大分増えてきました。その理由で、大変恐縮ですが、本誌の定価を今月号（一九八一年四月号）より一冊三百円に値上げさせていただきます。なお、新規の定期購読料（送料共）は六ヶ月千八百円、一ヶ年三千六百円になります。

何卒ご諒承してください」。

今般の価額改定は計十五年間維持され、その後、一九九六年十月号（第二十六巻一号）から再値上げして五百円となった。

第二回編集会議は三月上旬に開かれ、次の三点を決議した。（1）四月号の視点に適した論文が予期以上の本数が入稿したので、引き続き視点の方式で原稿を依頼すること、（2）五月号の暫定視点である「中共の経済危機」を「中共経済はどうなる～その虚像と実像」に修正すること、（3）六月号の視点は「今後の米華・米中共関係」で予告することなどである。

四月号と五月号に掲載された論文は概ね視点にマッチしており、したがって四月上旬に開かれた第三回編集会議において、視点の方式をそのまま維持することが採択された。なお、編集会議が軌道に乗りつつあることから、桑原先生は編集委員の増員を提案した。この点について、私は「今までの会議は事務所で開かれ、夕食は出前の弁当を食べ、支出は僅かである。増員することになると、編集会議の場所を変えなければならない。食堂の個室で会議する場合、食事代が大幅に増えるので、センターに報告して予算を獲得する必要がある。この案はセンターの同意を得てから決めましょう」と説明した。

私は張京育主任に桑原先生が提案した編集委員の増員とそれに伴う必要経費について報告した。張主任は異議なしで承諾した。これによって編集委員は五、六名増員して約十名となった。会議の時間が夕方なので、桑原先生が指名した新編集委員は皆東京圏内在住の大陸問題研究協会のメンバーであった。新メンバーの名簿に関する記録は手元にはないが、記憶では小林正敏、石橋重雄、清水亮、伊達宗義、山村文人、藤井彰治の六名であった。

第四回編集会議場所は廣瀬一先生が新宿御苑の近くにある隋園別館という中華料理屋を予約した。廣瀬先生は隋園別館の常連であり、店主の張さんと親しかった。隋園別館は大衆的な中華料理屋で、料理は美味しくて安いとの定評がある。一階は一般席、二階は宴会用個室、営業時間中はつねに込んでいる。編集会議は二階の個室を使い、食事代は約三万円で、料理の注文は廣瀬先生に任せた。

隋園別館は評判どおり、料理が美味しくて安いが、残念ながら、二階の個室は薄い板で拵えたもので、隣室の話し声がほとんど聞こえる。『問題と研究』は中国事情専門誌であり、編集会議において中共の党政、外交、軍事、経済、社会に関する諸問題を討議する際、中共要人の名前と専門用語、例えば毛沢東、鄧小平、華国鋒、胡耀邦、江青、四人組事件、四つの近代化、改革開放などに言及するのは避けられない。中国大使館の関係者もよく隋園別館で会食し、隣室になったことがしばしばあった。そのために編集会議は場所を変えざるを得なくなったのである。

隋園別館での編集会議は約一年間続いたが、その後、渋谷の獅子林飯店、赤坂見附の赤坂飯店、永田町の四川飯店、新宿コマ劇場前の地球飯店などを転々と変えていった。数箇所試した末、交通面では新宿が最も便利であることから、地球飯店が編集会議の固定の場所となり、私が定年退職する二〇〇〇年まで続いていた。その間、編集会議は歳月の推移に伴って編集委員の入れ替えがあり、会議の運営も多様化した。

〈注釈〉

注① 問題と研究出版株式会社刊行の『問題と研究』誌、一九八一年七月号、第十巻十号

第八章

第九、十、十一回の日華「大陸問題」研究会議

第九回の会議は台北で開催され、会議後、日本側代表団と台湾側幹事団が花蓮港への一泊旅行をし、倉石忠雄先生が中南部へ赴き、台湾省主席李登輝と元高雄市長陳啓川を訪問した。第十回の会議は東京で開催され、開会式に桑原先生がこれまで十回の会議の足跡を回顧した。第十一回の会議は台北で開催され、会議後、日本側代表団と台湾側幹事団が阿里山への一泊旅行をし、阿里山の夜空の満天の星を眺め、玉山の御来光を拝んだ。三回ともそれぞれ特筆するところがあるので、この三回の会議を一章にまとめて紹介したい。

一、第九回日華「大陸問題」研究会議

第九回日華「大陸問題」研究会議は一九八二年四月三十日から五月二日までの三日間、台北市敦化路の民航局ビル国際会議ホールで開かれた。会議は三日間だけで、その後に小旅行、表敬訪問と自由活動を含め、全日程は四月二十九日から五月五日まで、計六日間であった。

参加者は日本側から名誉会長の衆議院議員倉石忠雄先生と名誉会長秘書の井上英武、そして桑原寿二先生を団長に三十人の学者・専門家が来台、中華民国側から貴賓の黄少谷司法院長（法務大臣）と政治大学校長欧陽勛のほか、張京育主任を団長に五十六人の学者、専門家が参加した。日本側代表団は全員国賓大飯店に宿泊し、私は連絡係として同ホテルに泊り込んだ。

開会式は四月三十日午前中に行われ、倉石忠雄名誉会長、黄少谷司法院長、欧陽勛政治大学校長、

桑原寿二団長、張京育団長、関野英夫副団長、郭華倫副団長という順で、それぞれ祝辞や挨拶の言葉を述べた。会議の総合テーマは「中共の路線と政策」で、日華双方から各四篇の論文が提出され、三十日午後から四回に分けて活発な討論が行われた。五月二日午後、総合討論が行われ、閉会式には桑原寿二団長と張京育団長がそれぞれ三日間の討論について総括した。

五月三日と四日は花蓮への一泊旅行であった。参加者は日本側の代表団と台湾側の幹事団、約四十人だけであった。一行は一台の遊覧バスに乗り、台北から基隆、宜蘭を経て、蘇花公路（蘇澳－花蓮）に入り、午後二、三時頃に花蓮港に到着した。ホテルにチェックインした後、バスに乗って花蓮市原住民の舞踊（俗称「山地舞」）を観賞してからまたホテルに戻った。夜は自由活動で、皆市街地や港湾で散策した。

翌朝、花蓮市の有名な大理石工場を見学してから国内外に名を馳せる東西横貫公路（現中部横貫公路）に入り、太魯閣、天祥、合歓山、大禹嶺、梨山を経て台中県東勢鎮（現台中市東勢区）の谷関に出た後、台湾西部の高速道路より台北に戻った。

東西横貫公路沿路の主な観光スポットである太魯閣渓谷、九曲洞、長春祠、燕子口、錐麓大断崖、天祥などは太魯閣から天祥までの約二十キロの間に集中している。大禹嶺（標高二千六百メートル）は東西横貫公路が中央山脈を越える分水嶺である。険しい山道の旅だったが、日本側の皆さんは初めて台湾の中央山脈を横断したので、いい思い出になったであろう。五月五日午後三時頃、日本側代表団は松山空港から帰国した。

倉石忠雄名誉会長と井上英武秘書が帰国を一日延ばし、台湾省主席李登輝と元高雄市長陳啓川を訪問するため、外交部差し回しの車で台北から南下した。私は張京育主任の指示を受けて案内役を勤めた。

当時、台湾省政府は南投県中興新村にあり、車で台北から南下して約三、四時間走り、正午に省政府に到着した。李登輝主席が省政府の玄関に出てきて倉石先生を迎え、省主席弁公室に入った。李主席は最初の挨拶の言葉で、「私は国際関係研究センター特約研究員として、また台湾省主席として倉石忠雄先生のご来訪を歓迎します」と述べた。この言葉からも分かるように倉石先生は李主席にとって二重のお客さんである。

省主席弁公室での挨拶は数分間で打ち切り、その後は食堂に移って本格的な会談が行われた。倉石忠雄先生は五回も農林大臣を勤めたことがあり、一方、李登輝首席は農業経済学者であるので、農業問題が共通の話題となり、互いのお土産も農産物であった。倉石先生は日本の有名な大分椎茸(花冬菇)を贈呈し、李主席は台湾の中央山脈で栽培した「二十世紀梨」を返礼した。お二人は初対面でありながら旧友のように親しく語り合った。

午後二時頃、省政府を離れて高雄に向かい、夕方高雄市澄清湖畔にある高雄圓山大飯店に到着した。チェックインしてまもなく倉石先生の旧友陳啓川元高雄市長が訪ねてきた。その晩、陳啓川がホテルの食堂で一席設けて歓迎してくれた。食事中、倉石忠雄と陳啓川は、高雄市の今昔について二時間ほど歓談した。

倉石先生にとって高雄は第二の故郷である。したがって、翌日午前、倉石先生の引率の下で、戦前倉石先生が経営していた南日本化学工業株式会社とその周辺の工業団地を訪れた。倉石先生はじっとその跡地を眺め、感無量だったに違いない。その後、車で高雄市街地、西子湾、寿山などをめぐった。

倉石先生が初めて台湾に渡ったのは一九三八（昭和十三）年のことである。同年、倉石は鳩山一郎の勧めで友人の中野友礼（日本曹達のコンツェルンの総帥）らとともに高雄で南日本化学工業株式会社の設立に動き出した。当時日本政府は高雄港の隣接地に十万坪の埋立地を造成し、ここに製鉄、アルミ工業、電気化学、畜産事業など各種工場を誘致し、南方進出の基地として一大工業団地の建設を進めた。

一九三八年五月、東京大手町の日曹ビルに南日本化学工業株式会社の創立事務所が設けられた。資本金千五百万円のうち日本曹達が過半数を出資し、残りの資金は台湾拓殖、大日本塩業、興業銀行が出した。経営陣は中野友礼ほか関係会社の首脳陣が加わり、実務は倉石が担当することになった。そして、会社の設立総会は翌一九三九（昭和十四）年九月、倉石の専務取締役で発足した。当時倉石は三十九歳であった。

本社工場は一万坪、台南市の安平、台南県の北門、嘉義県の布袋に事業の拡大とともに分工場ができていった。工場設立の初期、主に塩の電気分解マグネシウムを生産していたが、その後、陸軍指定の軍需工場となり、苛性ソーダが主な生産品となった。付近には日本アルミ、旭電化の台湾工場、高雄製鉄、台湾畜産などが並んでいた。

一九四一（昭和十六）年秋になると、軍部の要請は一段と厳しく、工場は完全な軍指定工場となり、社長も二代目大和田悌二から陸軍燃料本部長であった技術者出身の中島藤太郎中将が三代目として就任した。倉石は引き続き専務としてほとんど台湾に滞在し、軍需品の生産に当たった。この頃、倉石は軍や総督府の要請で新しく新会社や新工場との横の連絡にも当たり、台湾実業界でも顔がきくようになりつつあった。

しかし、大東亜戦争末期、米軍機の台湾に対する空襲が激しくなり、高雄工業団地はいずれはやられるであろうということで、倉石は工場を台中の霧峯に疎開しようと考え、台中きっての大地主である貴族院議員の林献堂の協力を得て、霧峯に新工場の建設に取りかかった。そのとき、井上英武（後の倉石秘書）は建設本部付であった。ところが、新工場建設中、日本が敗戦したので、新工場の建設も高雄工場の操業も中止を余儀なくされた。

やがて、国民政府軍が台湾に進駐し、倉石は経済諮詢員を委嘱された。有力な日系経済人を選んで経済再建の協力を求めるいわば顧問格である。一方、倉石は井上英武に二つの特命を与えた。一つは東京の政治ルートに連絡をとって政界進出の段取りをつけること、二つは可及的速やかに倉石自身の帰国可能な方途を探り実現することである。この二つは極秘であった。井上英武は父親の井上英治少将が中島藤太郎社長の陸士同期生という関係で、大学を出た後、一九四四（昭和十九）年南日本化学に入社した。

井上は倉石の特命を受けて動き出した。まず不通だった電話が電話局の幹部を通じて、厚生大臣室に電話が通じるようになり、倉石はようやく芦田均厚相と話すことができた。以来、電話は厚生大臣室を通じてすべて東京と連絡がとれるようになった。

次は帰国である。年が明けて一九四六（昭和二十一）年には、財産の引き渡しがすべて終わり、帰国を待つばかりであった。この頃、内地はすっかり総選挙気分になったが、船便がないので、倉石は気が気ではなかった。井上は一所懸命、倉石の帰国の方途を探ったが、台湾側も倉石が昔、蔣介石と交流があったことを知り、極めて好意的であった。

そうした気運の中で引き揚げ業務がようやく日程に上がり、第一船は軍人、続いて民間人という方針が明示されたが、倉石は軍属という身分で第一船に乗ることができた。輸送船ＬＳＴで基隆港を出発した。井上は岸壁で見送った。一九四六年二月二十日のことである。台湾での滞在年数は七年余りであった。帰国後、倉石は願望通り、中央政界に進出した。やがて、井上英武も帰国して倉石の秘書となった。注①

陳啓川の父親陳中和は「烏樹林製塩株式会社」、「新興製糖株式会社」、「陳中和物産株式会社」、「南和興産」などの創立者である。日本統治時代、「高雄陳家」は「台湾五大家族」（北から南の順に、基隆顔家＝顔雲年、板橋林家＝林本源、霧峯林家＝林献堂、鹿港辜家＝辜顕栄、高雄陳家＝陳中和）の一族であった。名門出身の陳啓川は十三歳のとき、日本に渡り、慶應義塾普通部を経て大学の予科経済学部に進学した。大学卒業後、台湾に帰り、父の経営する会社に入り、実業家の道を歩み出した。陳啓川と倉石忠雄の出会いはこのときからである、陳啓川は一八九八年生まれ、倉石忠雄は一九〇〇年生まれ、年齢が近いこともあって二人は生涯の親友となったのである。

戦後、陳啓川は南和興産会社を土地資産管理会社に転換し、合わせて彰化銀行、中国国際商業銀行、高雄中小企業銀行、中国化学、台湾水泥（セメント）などの企業に投資し、さらには台湾新生報と高雄医学院を創立した。一九六〇年、陳啓川は政界に進出し、第四代目の高雄市長に当選、一九六四年に再選を果たした。

二、第十回日華「大陸問題」研究会議

第十回日華「大陸問題」研究会議は、一九八三年三月二十二日から二十四日までの三日間ホテル・センチュリー・ハイアットで開催された。中華民国側から国際関係研究センター主任張京育を団長に三十人、日本側から綜合研究所中国部長桑原寿二を団長に四十五人の学者、専門家が会議に参加した。会議の総合テーマは「鄧胡体制の前途」で、日華双方から各四篇、計八篇の論文が提出され、活発な討論が行われた。

開会式に当たり、元首相岸信介、衆議院議員倉石忠雄、亜東関係協会東京弁事処副代表林金莖、張京育団長、桑原寿二団長がそれぞれ祝辞あるいは挨拶の言葉を述べた。その中で、特に印象に残ったのは、桑原先生の挨拶の言葉である。彼はこれまで十回の会議の足跡を回顧して次のように述べた。

「この会議も第十回目になりました。この機会に若干の回想を行い、いささかの記念にしたいと思います。

これまでの足跡を回顧してみますと、その都度々の寸景が私の脳裏を去来します。中でも、一番強烈な印象は何と言ってもやはり第一回会議であります。一九七一年もおしつまった十二月にその会議は持たれましたが、折から貴国は国連脱退直後という緊迫感に覆われていました。率直に申しまして『世界はみな中華民国に背を向けはじめた』というのが当時の、少なくとも中華民国から見ました国際環境ではなかったかと思われます。

そのとき、私ども三十名（二十七名：筆者注）が貴国の呼びかけに応じ、敢然と訪華いたしました。意気相通ずるものがあったのでしょうか、大変な歓迎を受けました。新聞も熱狂的に取り上げてくれましたが、その中で、『このとき、しかも中共問題の共同討論のために……』という表現のあったことは忘れません。『このとき、しかも……』という一句がその会議のすべてが集中的に表現されていたかに思われます。

『困難なときに敢えて訪れる』～これがもし中国の義気、日本の侠気とするならば、その会議はその二つが合流し、昇華を遂げた場所だったと言えましょう。ともかく、台北の町挙げての、また言論界挙げての歓迎は、その会議に参加した日本側すべての人の強烈な印象となって残っています。この会議の伝統はそのとき植えつけられたと申しても過言ではありません。

二番目の強い印象は第二回目の東京会議でした。『地方都市でなく首都東京で、しかも東京の中心部でやってもらいたい』、これが中華民国の要望でした。私たちもその要望にこたえて、宿泊を銀座第一ホテルに、会場を新橋第一ホテルに設定いたしました。

その第二回会議は中共情勢の分析の外に「日中文化関係の歴史と今後」を主題にしましたので、貴国から銭穆先生始め世界的に有名な老権威の諸先生が許多参加されました。折しも夏の盛りで、それら老大家諸先生が汗をふきふき熱心に討論されていた姿は忘れられません。

私たちは一大冒険心を起こし、一度、粗末な日本料理を差し上げましたが、一箸々々好奇心な目で玩味されていた姿、伊豆の日本式旅館に案内しましたとき、スリッパのまま座敷に上がってこられた姿、羽田を発たれる時謝意をこめられた老大家諸先生のあの眼差し、これらすべてが私たちの心に刻印されています。

『東京のど真ん中で開いてもらいたい』という御国の要望が万事を物語っていますように、当時の貴国に対する日本の一般的な情勢は、率直に申しまして、寒心に堪えないものでした。日本は中共病に魘《うな》されていたとも言えましょう。だから東京もど真ん中で……であったのでしょうが、まさにその通り、治安当局の配慮はまことに周到、警戒も厳重なものでした。これが第二回会議の強い印象として残っているいま一つの原因であることは否めません。

ここでぜひとも触れておきたい点は、ほぼ毛沢東の死に至るまでの毎回のこの会議に対する治安当局の行き届いたご配慮であります。この機会に感謝申し上げておきたいが、それ以上に、それは中華民国に対する形を変えた声援であることにお気づきいただきたいと思います。と同時に、ここ数年はこのような警戒はほとんど不要になった点も指摘したいと思います。それは、中共幻想から醒めた日本の投影であると同時に、時代の移り変わりを巧まずして表現しているとみて差

し支えありません。（中略）

さてここで、この会議を主催し、指導された両国の人物寸評を試みたいと思います。会の創設者は、当時中華民国国際関係研究所主任呉俊才先生であります。今日、国民党筆頭副秘書長という大役に任じられていますが、一口に言いまして、その言葉の真の意味のゼントルマン――これが私たちの印象であります。つねに相手の立場に立って考えるというそのお人柄に私たちは深く敬服している次第であります。

ついで杭立武先生が主宰されましたが、その広大な気宇、その広い見識に敬仰おく能わずというのが私たちの正直な感想であります。今日、反共のため東奔西走、席暖まる暇なしのご活躍ですが、そこに私たちは『志在千里、壮心不已』の慨を感じとっています。今日、一団員としてこの席に御出席いただいていますが、それも、第十回会議を記念し、盛り上げようとの深い配慮からと存じ、この席から深謝の意を表します。ありがとうございました。

第三代目はつねにユーモアを忘れず、活力に満ちた蔡維屏先生でした。北米事務協調委員会駐アメリカ代表《北米事務協調委員会主任委員：筆者訂正》という要職から現在サウジアラビア大使という、これまた中華民国にとっては極めて重要なポストについていますが、適時適切なジョークをまじえながらのてきぱきした処理手腕は必ずや期して待つべきものがあることを信じて疑いません。遥かに御健闘をお祈りいたします。

そして今日の張京育先生でありますが、御本人を前にして多く言うことはご遠慮申し上げたいと存じます。

以上のように、端的に申しまして、それぞれ打ちそろっての醇乎たる中華民国の代表的な人物でありますその。ような方々と御縁を持つ機会を与えられましたことは、私たちにとっては望外の経験であり、かけがえのない財産と言っても、決してお世辞ではありません。

それとともに、ここで是非とも付け加えなければならない点は、この十年にわたる亜東関係協会馬樹礼代表の物心両面にわたる暖かい御支援であります。どうも非社交的な私は、心中の感謝を充分お伝えできないで、ずっと心残りでいましたが、この機会に、この場所から感謝のありったけを表したく存じます。ありがとうございました。

それに対して日本側ですが、私たちは人の運に恵まれました。

第一回目団長は慶應大学教授中村菊男博士でした。当時ちょうど今日の張京育先生と同じ年頃だったかと思いますが、残念ながら若くして物故しました。惜しみて余りありません。

第二回目は日本における中国学の最高権威者宇野精一博士でした。現時も斯界で活躍される傍ら日華文化協会の会長として日華関係の発展に努力されています。この会議の後援団体として日華文化協会の名を掲げているのもそのためであります。

第三回会議からこの会議の権威を高めるため会長を置くことになり、李天民先生と御一緒に岸先生をお訪ねし御相談申し上げたことをつい昨日のように思い出します。そして岸先生の御推薦により船田中先生がその任に当たられ、第三回から第七回までこの大役を引き受けられました。

ご存じのように船田中先生は日本政界の大長老でありました。その清潔な哲人政治家な風格は、たぶん、貴国の方々にもある印象を残しているものと想像しています。つねに継続の哲学を説かれ『この会議も継続することに於いて意義と価値がある。中断はすなわち敗北である』という指摘が私の頭に刻印されています。蓋し至言といえましょう。しかし、残念にも先年逝去されました。さきの中村教授とともに、謹んで哀悼の意を献げたいと思います。

ついで今日の倉石忠雄先生がこの大役を引き受けられていますが、さきの張京育先生と同じく御本人を前にしての人物評は差控えるに如くはありますまい。

以上、開会の言葉としてはいささか饒舌に流れ、いささかハメを外した感なくもありませんが、それも、第十回会議を記念し、盛り上げんがためであります。この点を諒とされたく存じます。幸い、諸先生の御協力を得ましてこの会議を是非とも成功させたくお願いしてやみません。

ありがとうございました」（『問題と研究』第十二巻七号、一九八三年四月号）。

桑原寿二先生はこの会議の日本側の創立者である。第一回会議の日本側団長中村菊男先生と第二回会議の日本側団長宇野精一先生はともに桑原先生が礼を尽くして要請したのである。第三回から第十八回までの会議は桑原先生が日本側の団長を勤めていた。一方、台湾側の団長は国際関係研究センターの主任が変るごとに交替した。したがって、第一回会議から第十回会議の足跡を詳細に回顧できる方は桑原先生しかいない。その意味で、上述の桑原先生の回顧は日華「大陸問題」研究会議に関する貴重な資料である。

三、第十一回日華「大陸問題」研究会議

第十一回日華「大陸問題」研究会議の主催は国際関係研究センターの当番で、一九八四年三月三十日から四月一日までの三日間、台北市の民航大楼（民航局ビル）国際会議場で開催された。日本側から桑原寿二先生を団長に三十三人、中華民国側から張京育主任を団長に五十人が参加した。このほかに韓国と香港から各一名の学者が招待された。

今回の会議は「『中国社会主義の道』と鄧・胡体制」を総合テーマとし、日華双方から計九篇の論文か提出され、活発な討論が行われたが、初日には筑波大学名誉教授酒井忠夫先生が「日本における中国研究」を題にして特別講演を行った。また開会式には双方の団長が挨拶した後、中華民国の考試院院長劉季洪が貴賓として祝辞を述べた。日本側から貴賓はいらっしゃらなかった。閉会式では、政治大学校長欧陽勛が挨拶の言葉を述べ、桑原寿二先生と張京育主任は、ともに三日間の報告、評論と討論に対して総括した。

四月二日と三日は阿里山への一泊旅行で、参加者は日本側代表団全員と中華民国側の幹事団だけであった。約四十人乗りの遊覧バスは、午前七時台北の国賓大飯店から出発し、正午前後に嘉義の登山鉄道の駅に到着した。この登山鉄道は、日本統治時代、阿里山の台湾紅檜などの森林資源を開発するため、藤田組（藤田平太郎）が一九〇六年から一九一四年まで、計八年間にかけて嘉義から阿里山の沼平（七二・七kg）まで建設した五分鉄道である。木材運搬を目的に建設された鉄道であるが、客車や貨

第 11 回大陸問題研究会議
中央の議長が張京育団長、その左側が桑原壽二団長

政治大学国際関係研究センターの控室での中華民国代表団
左から張京育団長、桑原壽二団長、曾永賢先生、著者

物列車も利用できた。日本統治時代、日本の神社建築などに使用される台湾紅檜はほとんどこの鉄道によって運び出されたものである。

嘉義から海抜二、二五〇m以上の阿里山までの沿線に急峻な山道が続き、車窓から熱帯林（海抜八〇〇以下）、温帯林（八〇〇〜一、六〇〇m）、寒帯林（一、六〇〇m以上）の植物を見ることができる。阿里山には樹齢三千年の「神木」があったが、残念ながらこの神木は一九五六年落雷に遭い、木の幹が折れ、枯れて萎縮してしまった。その晩は日本式の旅館に泊まった。

夕食後、外に出て散策しながら夜空を眺めていた。満天の星が輝き、伊達宗義先生が突然大声で「南十字星だ！　南十字星だ！」と叫んだ。伊達先生は戦前海軍に服役していたとき、南シナ海でよく南十字星を見ていた。その思い出があって彼が叫んだのであろう。伊達先生は愛妻家であり、早速旅館に戻って奥さんに国際電話をかけ、阿里山で南十字星を見たことを報告した。あれから三十年過ぎたが、この美談は余りも印象的だったので特筆した。

この回顧録の執筆中（二〇一四年六月三十日夜八時）、わざわざ伊達先生のご自宅に電話をかけ、阿里山で南十字星を観察したことについて雑談した。伊達先生ご夫婦は電話の中で声そろえて「その晩のことは今でもはっきり覚えている」と語った。二日後に伊達先生から葉書をいただき、その中で「玉山の星空の美しさ、忘れることができません」と書いてあった。

翌朝、御来光を拝むため、皆午前三時頃に起床した。阿里山の夜明け方は気温が三度か四度まで下がり、上着がないと寒さに堪えられない。そのために、旅館はつねにジャンバーを用意して宿泊客に貸す。御来光の展望台に行く祝山線の列車は毎日往復一便運行されるが、御来光の時間に合わせて未明に阿里山駅を出発し、御来光の三十分ほど前に祝山駅に到着した。気温が低くて体が震えるほど寒いので、日の出を待つ間、皆売店で暖かいコーヒーを飲み、または即席ラーメンを食べていた。

祝山駅は台湾最高の鉄道駅（標高二、三四六m）である。玉山頂上から昇る朝日を拝む展望台は駅のすぐ前にある。玉山は標高三、九五二m、富士山の三、七七六mより高いので、日本統治時代に「新高山」と改称された。五時頃、待ちに待った朝日は突然玉山の頂上からダイヤモンドのように燦然たる光を放ちながら昇ってきた。その瞬間、皆感動して思わず「昇ってきた！　素晴らしい！」と叫んだ。この荘厳な日の出を見た後、帰りの列車に乗って旅館に戻った。朝食後、登山鉄道の列車に乗って阿里山を後にした。

〈注釈〉

注①　『倉石忠雄〜その人と時代』、一七三〜一九二ページ。

第九章　時代の変化に順応する『問題と研究』誌の各種改革と活動

一、中共に関する用語の規制緩和

一九八七年中華民国が戒厳令を解除するまで、台湾の新聞、雑誌、歴史教科書および現代中国関係の著書は、例外なく中国共産党および中華人民共和国を「中共」、「共匪」、「匪幫」（中国共産党の一味）、「中共偽政権」と称し、毛沢東を「毛匪」、朱徳を「朱匪」、周恩来を「周匪」と呼んでいた。また、中共高官の肩書きに鉤括弧を付ける。例えば毛沢東「主席」、劉少奇「主席」、周恩来「総理」などである。中共に関する用語の使い方に関して、特に明文の規定はないが、「反共抗俄」の時代、とりわけ蔣介石総統時代からの慣習である。国際関係研究センターが刊行する中文の定期刊行物と出版物もすべて同様な表現を使っていた。しかし、英文版の『問題と研究』月刊誌（ISSUES & STUIES English Monthly）は中国共産党を"the Chinese communist Party"、中国大陸を"The Chines Mainland"と直訳し、中共高官の名前と職名においてはそのままローマ字で綴っている。

日本語版の『問題と研究』月刊誌に登場する中共関係の用語は概ね漢字を使用しているため、表現上ある程度中文出版物の影響を受けている。ただし、「共匪」、「匪幫」、「毛匪」、「朱匪」、「周匪」などの用語は日本語版の『問題と研究』誌には使われていない。

だが、周知のとおり、一九七二年「日中国交正常化」以降、日本国内では官民を問わず、中華人民共和国を中国と称するのが一般の常識となっており、中国共産党を略して「中共」と呼ぶ場合もあるが、通常は中国共産党と称する。中共高官の肩書きにいたっては、鉤括弧を付ける新聞や雑誌はまったくないといえよう。

日華「大陸問題」研究会議に参加している日本の学者や専門家が『問題と研究』誌に寄稿するとき、ほとんど自主的に「中共」の呼称を使い、中共高官の肩書きにも鉤括弧を付けるが、日華「大陸問題」研究会議のメンバー以外の日本の学者や専門家はなかなか編集部の要請に応じない。これがネックとなって執筆者の輪を広げるのは至難であった。

執筆者を拡大するには中共関係用語の規制を如何に緩和するかが先決の問題である。私は桑原先生と相談してこの問題を編集会議で討論することになった。さすが衆知を集めると、使用可能な表現が次々と提出された。例えば、中華人民共和国を「北京政権」、「中共政権」、「中国大陸」、「大陸中国」などと称し、中国共産党を「中共」と略称して「中共政権」と区別する。中共高官の肩書きに鉤括弧を付けるか否かは執筆者に任せる。討議の結果、上述の意見は全員一致で採択された。この決議に関して私は自分で責任を負うつもりで、国際関係研究センターに報告せず、そのまま実行に移した。それ以降、原稿の依頼を断られたことはほとんどなく、執筆者の顔ぶれは大幅に拡大した。

二、掲載内容の多様化

日本語版の『問題と研究』誌第十三巻第一号（一九八三年十月号）に編集委員会の名義で「第十三巻目を迎えて」を題とする巻頭言を掲載したが、内容は次のとおりである。

「本誌が一九七一年十二月に創刊されてまる十二年、この十月号は第十三巻の第一号、通巻一四五号にあたります。きびしいアジア情勢のなかで、本誌がこのような歴史を築くことができたのは、ひとえに読者諸賢のたえざるご指導とご支援のたまものであり、編集委員一同、厚くお礼申し上げます。

中共事情の分析と研究を主眼とする本誌は、一九八一年四月号から毎号「視点」を設定し、テーマをしぼって検討を深めるという方式を試み、幸いにして読者諸賢の好評を博することができました。いま、第十三巻目を迎えるにあたり、新たに次のような連載企画を加え、内容の充実を図ることにしました。

▲中共人物評伝：世代交替期にあたる中共の指導者層から、将来を注目される『新人』を選び、それぞれにふさわしい専門家の筆によって評論を加えます。

▲南船北馬：ともすれば硬さに偏する本誌に軟らか味を与え、『視点』とは違った角度からアジアを眺める『息抜き』のページとして各界人士のエッセーを紹介します。

▲中共月間動向：中共をめぐる月間の主要なできごとを記録し、年表としても利用できるようにします。

編集委員会としては、本誌が、読者にとって、より親しみやすく、より有益なものになることを願って努力しています。今後とも、読者諸賢のご支援とご指導を望んで已みません」。

以上三つの新しい連載企画は日華「大陸問題」研究会議などの特集号を除いてほとんど毎月掲載し

た。

〈中共人物評伝〉

中共人物評伝は十三巻一号から十八巻三号（一九八一年四月号～一九八八年十二月号）計五十七回連載した。最初に取り上げられた人物は胡啓立（党中央書記処常務書記）で、第五十六、五十七回は国務院の新人閣僚であった。主な執筆者は高田富佐雄（T）、伊達宗義（D）、山村文人（Y）などであった。八年間の連載中、中共指導者層の党政要人は概ね漏れず網羅されてこのコラムに登場した。主要人物は胡啓立のほか、万里（国務院副総理）、姚依林（国務院副総理）、楊尚昆（中央軍事委員会副主席）、張愛萍（国務院国防部長）、王兆国（中国共産主義青年団中央第一書記）、彭真（全国人民代表大会常務委員長）、胡耀邦（党中央書記処総書記）、李鵬（国務院副総理）、趙紫陽（国務院総理）、田紀雲（国務院副総理）、鄧小平（中共中央軍事委員会主席）、李先念（中華人民共和国主席）、聶栄臻（中共中央軍事委員会副主席）、徐向前（中共中央軍事委員会副主席）、習仲勲（党中央政治局委員）などが挙げられる（以上の人物の職位はすべて掲載当時のもの）。

〈南船北馬〉

南船北馬は中国の南北の交通機関の差異、すなわち南方は川や湖が多く船を利用するが、北方には平原や山野が多いので馬を使うという意味である。後に転じて各地を旅することにも使われる熟語になった。しかし、本誌はこのコラムを読者の「息抜き」のページとし、各界人士の旅行見聞や時事問題ないし古今中外の世間話のエッセーにしたい。

南船北馬のコラムに最初に執筆したのは倉前盛通教授（亜細亜大学教授）で、テーマは「滇池の小姐[注①]」であった。内容は一九八三年夏、倉前先生が大学の同僚と雲南省昆明の滇池を遊覧した際、十二、三歳から一四、五歳の小娘七人が交替で櫓をこぎ、互いに小姐《シァオチェ》と呼び合っていた。ところが、三年前、新疆省のウルムチ、トルファンなどを訪れたとき、小姐と呼びかけたところ、「わが国には小姐という呼び方はありません。同志だけです」と女性の通訳に言われた。

倉前先生は「同志」から「小姐」への変化を例にして、中共の経済改革と対外開放後の大陸の変化を語り、なお、雲南省の奥地の湖で暮らしている人々の生活状況と、新疆省のカザフ族の包《パオ》や騎馬で走る人々の姿を対照的に巧みに描き、実に南船北馬のコラムに相応しい話題であった。

南船北馬のコラムは第十三巻第一号(一九八三年十月号)から第三十四巻第四号(二〇〇五年一月号)まで、計二十四年間続けられた。最後の執筆者は花井等教授(麗澤大学教授、元筑波大学名誉教授)が書いた時事問題の「米大統領に思うこと」であった。二十四年間に百数十人の学者・専門家が執筆し、多数の名文が掲載され、読者からの好評を得た。まず南船北馬の原義に即した名作を二、三挙げて紹介しよう。

1、京都大学佐伯富名誉教授の「中国における北と南[注②]」

佐伯富先生は歴史学者の観点から南船北馬の原義に即して中国における北と南の差異を考察した。彼はまず漢代の淮南王・劉安の著書『淮南子《えなんじ》』巻十一の「斉俗訓」にある「胡人は馬に便し、越人は舟に便す」という語句を引用して南船北馬の原義について説明を加えた。すなわち、華北一帯は草原や山岳が多く、交通機関として馬を利用するが、南方の越国ではクリークや川が多いので、船を使用するという意味である。このことは中国の南北の交通機関の差異のみならず、地勢その他の相違を端的にいい得て妙である。

つづいて、佐伯先生は史記巻一二九、貨殖列伝の記載を引用して中国の南北の経済的差異を論じ、次のように述べた。「楚・越等の河南地方では、食糧が豊かであるから飢饉の患いがない。従って人民には貯蓄の精神を欠き、貧乏な者が多く、千金の金持ちもない。これに反して沂水泗水の流れる華北では、その地が五穀桑麻の生産や牧畜に適し、而も土地が狭く人口が多い。その上、屢々水旱に見舞われるので、人民は物資を貯蓄する精神に営み、ここから財に富むものが多いという。古代から清朝まで帝室と癒着して発展し、また政府の財政に重要な役割を演じた山西商人の如き、まさにその典型であろう」。

佐伯先生はさらに宋の時代の旧法党（領袖司馬光）と新法党（領袖王安石）の抗争を例にして南北官僚の反りが合わないことを説明した。旧法党の官僚は華北出身者が多く、その領袖の司馬光は山西出身である。これに対して新法党の官僚は統領の王安石（江西臨川出身）を始め、南方出身者が多い。佐伯先生の見解では、南北中国は諸種の点で差異がある。史記にあったように気候が異なれば物産も異なる。これによって人間の生活環境が変れば人間の気風までも変ってくる。それは中国が広大な領土を有する所から起こる現象である。

最後に佐伯先生は「中国の時事問題や歴史を考える場合、常に南北を意識して考えると、理解しやすいのではないかというのが私の考えである。尤も中国の文明は現在の山西省の南部、河南省の北部および陝西省の東部を含む地方に発祥した。これが時代の経過と共に四方に、特に南方へと波及して中国南方の開発が進捗し、文明の中心が揚子江の下流地方に移動した。特に西洋の近代的な交通や通信機関等、近代文明が伝えられると、従来の南北を分かつ境界線も、移動せざるを得なくなったことは、認めざるを得ないであろう。また東アジアの歴史は、中国民族と北方の遊牧民族との抗争の歴史であるといわれているが、このときの境界線は万里長城である。併し、この問題も兵器の発達等、西洋近代文明の伝来により解消したことも事実である」と結んだ。

佐伯富先生は東洋史の大家で、一九八三年に勲三等旭日中綬章を、一九八九年には『中国塩政史の研究』により、日本学士院賞と恩賜賞を授与された。

2、産経新聞・石井英夫論説委員の「少数民族の目」注③（二十三巻十号）

石井先生は産経新聞の「産経抄」を担当し、ときおり中国の人と風物を夕刊に連載し、その内容は南船北馬に等しいものである。彼はこの「少数民族の目」の中で、中・朝国境の長白山（白頭山）、パンダの生息地である四川省の九寨溝、ジンギスカンの疾駆した内モンゴルの草原、戦国争乱の黄河中流、米作の起源にかかる雲南のシーサンパンナ、西域の果てのタクラマカン砂漠、台湾の玉山（旧新高山）を歩き回り、印象に深いものとして「少数民族のまなざし」を挙げ、彼らの現実に対する怒りと悲しみを描き、各地の歴史と風土を紹介した。

文末に、「大陸はあまりに広大であり、人びとの暮らしを一つに束ねるには無理があるのである。

人びとは今は何気なく共存しているが、しかしその目は決して何かを許そうとしてはおらず、ある種の険しさを帯びている」と結んだ。

3、笠原正明教授（神戸市外国語大学）の「城と城下町」注④（第十五巻三号）

笠原先生にとって、日本の城という文字はいい知れぬロマンを感ぜさせるものの一つである。それゆえ彼は城と城下町に興味を持ち、苔蒸した石垣に歴史を感じ、古い町並みをそぞろ歩きするのが楽しいという。

ただ、笠原先生が残念に思うことは、「明治初期の廃城令により、創建当時の威容をそのまま保つ城郭は極めて稀であり、石垣と内濠を止める城が大部分である。中には昭和に入ってから再現された天守を持つものもあるが、小田原城、大阪城をはじめ鉄筋コンクリートの模造は何となく寒ざむとして厭である。まして観光客の便宜を考えてか、エレベーターを設置した再建築（例えば岡山城など）に至っては、歴史の重みを放棄した観光ビルとしか形容の仕様もない。城は大手門を入ってから石段を踏み、櫓の擦りへった木の階段を登ってこそ訪れる価値があると思っている」。

城下町について、笠原先生は次のように語っている。「城と同様、城下町の場合も昔の面影を止めるものは少ない。戦火その他災害のために、あるいは都市再開発が進んだために、道路は拡幅・直線化され、古い家並みは近代的なビルに建て変えられてしまった。東京、大阪、名古屋など大都市はいうまでもなく、甲府、静岡、松江、高知などの地方都市でさえ例外ではない。まことにや已むきをえないこととはいえ、訪れる者にそこはかとなき哀愁を与える。ただ残るのはいくつかの町名だけ。かつては武家屋敷が並んだであろう殿町や屋敷町、職業別の区画を示す呉服町、魚町、職人町など。その中で僅かに多少の面影を残すのが寺町であろうか。こうした町名を追いながら散策を続けても現実と往昔にギャップはあまりも大きく、往時を想像するのは不可能に近い。いくつかの町を訪れ、何度かの幻滅を繰り返したあげく、たまたまひっそりとした昔ながらの城下町にめぐり逢うと、それこそ隠された宝を発見した喜びを覚える。いかめしい武家屋敷の門、崩れかかった築土塀、千本格子の町屋など、曲がりくねった迷路に近い道筋を進みながら、次の角を折れたら何かあるかの期待感。これが城下町めぐりの醍醐味といってよかろう」と。

笠原先生はつねに奥様と二人で各地の城と城下町を巡っているようで、備中松山城（岡山県高梁市）や郡上八幡城（岐阜県）の山城を訪れたこともある。最後に笠原先生は「今まで私の巡った城跡と城下町はほんの一部にすぎない。これからも時間の許すかぎり、探訪の旅に出たいと思っている」と述べた。

このほかに、時事問題や古今中外の世間話をテーマにした南船北馬のエッセーも多数の名作がある。例えば桑原寿二「何応欽将軍と日本」（十三巻四号）、酒井忠夫（筑波大学名誉教授）「民衆の智慧」（十三巻五号）、清水徳蔵（亜細亜大学教授）「借古諷今」（十五巻十二号）、住田良能（サンケイ新聞記者）「蒋介石の遺徳をめぐって」（十六巻三号）、利光三津夫（慶應義塾大学教授）「位至三公」（十六巻五号）、小島朋之（京都産業大学教授）「中国農村は変るのか：模範の変化と不変」（二十巻五号）、古屋奎二（近畿大学教授）「文化～民族のアイデンティティ」（二十二巻二号）、酒井正文（杏林大学助教授）「大正デモクラットと中国」（二十二巻八号）など、枚挙にたえない。篇数が多いので、失礼ながら、内容の紹介を割愛する（著者の肩書きはすべて執筆当時のもの）。

〈中共月間動向〉

中共月間動向のコラムは中共の党政、外交、軍事、経済、社会に関する月間の主な出来事の記録で、研究者や読者に年表ないし索引として利用してもらうのが目的であった。このコラムは京都大学人文科学研究所教授竹内実教授の建議によって設けられたのである。最初の執筆者は広瀬一先生で、約十数年間担当した。その後、広瀬先生は健康問題により執筆を辞退した。編集委員会に諮り、編集部がアルバイトの台湾留学生（院生）を指導して作成させることにした。このコラムは二〇〇五年東京事務所が閉鎖されるまで、計二十二年間（第十三巻一号～三十四巻六月号、一九八三年十月号～二〇〇五年三月号）連載した。

三、台湾事情に関するコラムの開設

中華民国は蔣経国総統と李登輝総統の両時代にまたがって、経済の高度成長を成し遂げ、さらに政治の民主化を推進した。とりわけ一九八七年戒厳令の解除を皮切りに、政党結成の解禁、言論の自由化、「大陸探親」（大陸への里帰り）の開放、憲法改正、中央民意代表の全面改選など、多方面にわたる政治改革が相次いで行われた。一九九〇年代、中華民国は経済においても政治においても、アジアのNIEs（韓国、台湾、シンガポール、香港などの新興工業経済地域）の中で優等生の地位を占めていた。台湾の成就は厳しい内外情勢の下で達成したことから、内外からいわゆる「台湾の奇跡」または「台湾経験」と賞賛されたのである。この「台湾経験」は中華民国の対外政策に有利な環境をもたらした。台湾の内外情勢の変化に伴って、本誌は相前後して「台北の眼」、「台北の主張」と「中華民国NOW」の三コラムを開設した。

「台北の眼」は台北から台湾を巡る内外情勢を見るコラムである。これは第五十七回「中共人物評伝」（第十八巻三号、一九八八年十二月号）の連載が終わった次号、すなわち第十八巻四号（一九八九年一月号）に開設された。執筆者は本誌発行人の桑原寿二先生であり、その上、「台北の眼」というコラムであることから、これを本誌毎号の巻頭言として掲載することにした。

このコラムの特徴は台湾の新聞や雑誌の論評を素材にして桑原先生がその要点をまとめて日本文に書き直して掲載することである。文中に執筆者が多少自分の意見を加えるところもあるが、全体の内容は台湾の世論を反映するものである。初回の「海峡両岸の発展経験から統一を論ず」というテーマを例にとって、その主旨を紹介しよう。

「中華民国が台湾で進めてきた四十年以来の政治発展から明らかに看取できることは、中華民国の政治決定過程がすでに、『上から下へ』の政治発展から、『下から上へ』の政治になっていることである。つまり、すでに権威式の文明的な専制からだんだんと真のいわゆる『人民が国家の主人公になる』状態に変ってきており、民意が決策の制定に反映されるようになった」。一方、「中共の大陸では、四十年来の政治発展からもわかるように、それが『上から下へ』の政治であることが看取できる」。「それ故に、海峡両岸の互動関係中で、台湾経験は必ず大陸の改革に影響を与える原動力となっていくであろう。そして中共改革の徹底的な成功こそ、中国統一の必要条件なのである」。

このの「台北の眼」は第十八巻四号（一九八九年一月号）から第二十三巻十二号（一九九四年九月号）まで、計五年間連載した。その後、このコラムは第二十四巻二号（一九九四年十一月号）から「台北の主張」に改称されたが、掲載内容は実質的には「台北の眼」とほとんど変らない。「台北の主張」は第二十九巻十一月号（二〇〇〇年八月号）まで、約六年間連載した。

「中華民国ＮＯＷ」はすなわち中華民国の現況という意味で、このコラムは台湾の政治、外交、経済、社会などの実情を、重点的に紹介する月間動向である。これは「中共月間動向」と区別するために「中華民国ＮＯＷ」と名付けたのである。初回は一九九四年十月号（第二十四巻一号）からスタートし、二〇〇五年三月号（三十四巻六号）まで、約十年間連載した。二〇〇五年五月以降、東京事務所が閉鎖され、『問題と研究』誌は台北の国際関係研究センターで編集されることになり、したがって、「中華民国ＮＯＷ」を含め上述のコラムはほとんど中止となった。

四、編集会議運営の多様化

『問題と研究』誌の編集委員会は一九八一年二月に発足し、最初のメンバーは桑原寿二、清水徳蔵、広瀬一と私の四人だけであったが、より広く衆知を集めるため、同年五月にメンバーを六人増員して十人となった。新メンバーは皆大陸問題研究協会の主要成員で、小林正敏、石橋重雄、清水亮、伊達宗義、山村文人、藤井彰治の六人であった。五月の編集会議は第八回日華「大陸問題」研究会議の直前であったので、編集会議が終わった後、日華「大陸問題」研究会議の準備作業について協議した。それ以来、毎年「大陸問題」研究会議が近づく数ヶ月前から、編集会議はつねに大陸問題研究協会幹事会の場となった。

日華「大陸問題」研究会議は亜東関係協会東京弁事処新聞組（広報部）の支援を受けており、そのために私は編集会議の場を利用して年に何回か代表処広報部の部長と秘書官を招き、日本側の編集委員と会食する。例えば大陸問題研究会議が開催する前の打ち合わせと開催後の成果検討、年末年始の忘年会と新年会、および広報部部長新旧交替の送迎会などという名目で会食を設ける。ただし、上述の晩餐会が行われる場合、編集会議は一時間繰り上げて開く。もちろん、代表処広報部も年に何回か宴会を設けて日本側の幹事会を招待する。その際、私も呼ばれて陪席する。このように大陸問題研究協会の主要メンバーと代表処広報部の方々はつねに接触し、良好な関係を維持していた。

編集会議は日華学者交流の場としても重要な役割を演じていた。台湾から訪日の学者または短期研究のために来日の学者を編集会議に招き、日本の学者と会食しながら座談する。他方、編集会議の開催日にちょうど地方から上京した大陸問題研究協会のメンバーもよく呼ばれて編集会議に出席し、編集委員と共に雑誌の編集議題について討議した。

五、「シンポジュウム：李登輝総統新体制下の両岸関係」の主催注⑤

東西陣営の冷戦が終結した後、アジアにおいて中国大陸の軍事的脅威が喧伝され、それに伴って台湾海峡の情勢が世界の注目を浴びている。そうした中で、一九九六年三月二十三日、中華民国において初の総統直接選挙が行われた。投票の結果、大陸側の度重なる軍事的威嚇にもかかわらず投票率は七六・二一％に達し、中国国民党公認の李登輝・連戦候補が五四％の得票率を得て正・副総統に当選した。国民による総統直接選挙の実施は、中国四千年の歴史の中で初めてのことであり、したがって、今度の選挙は中華民国・台湾地区の民主主義が広く国民の間に受け入れられてきたことを示すものである。

李登輝総統新体制の誕生によって、台湾海峡を挟んでの両岸関係は新たな局面を迎えることになる。したがって、本誌は『中華週報』（代表処広報部発行）の協力を得て、六月一日に、第一線で活躍している著名な学者六人を迎えて、「李登輝総統新体制下の両岸関係」をテーマにするシンポジュウムを開催した。シンポジュウムの日時、会場、議長、報告者と議題などは次のとおりである。

日時　一九九六年六月一日（土）
会議　一三：〇〇〜一八：〇〇
懇親会　一八：〇〇〜二〇：〇〇
会場　フォーラム8　十二階会議室（東京都渋谷区道玄坂）
主催　問題と研究出版株式会社　代表：桑原寿二（本誌発行人）
協賛　中華週報社
議長　小島朋之（慶應義塾大学教授）
報告者と議題
　井尻秀憲（筑波大学助教授）：「台湾の政治外交と対大陸政策」
石井明（東京大学教授）：「中国と台湾〜中国の対台湾工作を中心に」
安田淳（慶應義塾大学専任講師）：「軍事面から見た両岸関係」
高原明生（立教大学助教授）：「両岸関係と香港」
田中明彦（東京大学東洋文化研究所助教授）：「アメリカ・中国・台湾そして日本」
司会　酒井正文（平成国際大学教授）
参加者人数：中国問題学者・研究者など百四十五名、報道関係者四十七名
開会式に桑原寿二先生は主催者の「問題と研究出版株式会社」を代表して開会の辞を述べた。その中で、桑原先生はまず「本日、李登輝総統新体制下の両岸関係をテーマにするシンポジュウムを催し

ましたところ、土曜日にもかかわりませず、このように多くの方のご出席をいただきまして感激に堪えません。主催者側を代表いたしまして、この席からお礼とともに敬意を表します」と述べた上で、李登輝総統の就任式演説を紹介し、このシンポジュウムを開催する目的を説明した。

最後に、桑原先生は「パネリストとして参加された六人の先生方は、すでに名の通った中台問題の権威であられ、間違えなく次の世代のリーダーになられる方々である」、「ここにお出での多数の皆さま方は、本日のテーマに対しては強い問題意識と御意見のお持ちの方々と存じます。討論の区切り区切りで御発言の機会を設けるよう設定していますので、その折々にどうか積極的に発言され、このシンポジュウムを活発にして実りあるものにしていただきたくお願いする次第であります」と結んだ。

次に議長の小島朋之先生は挨拶の中で、「本日は三つのレベルから両岸関係に関して、五人の方々から御報告していただくことになっております。第一の問題は、台湾それ自体の問題であります。これについては、筑波大学の井尻秀憲先生の方から御報告をいただきます。二つ目には、台湾と大陸の両岸関係の問題について東京大学の石井明先生から御報告いただくことになっております。そして両岸関係の軍事的な側面を報告していただくのが慶應大学の安田淳先生です。その後休憩を挟んで国際関係の中で台湾と大陸の関係について考えていきたいと思います。最初に立教大学の高原明生先生から返還迫る香港から両岸関係をどのように見るのか、ということについてお話をいただくことになっております。そして最後の国際関係の中で台湾と大陸の関係をどう捉えていくのか、そして日本としてどう考えていくのかについて総括的な議論を東京大学の田中明彦先生にお願いしたいと思っております」と述べ、五人のパネラーの報告内容を紹介した。

会議は午後一時に始まり、主催者と議長が挨拶した後、五人のパネラーが順番に報告を行い、区切り区切りに設けられた質問応答の機会には、報告者と参加者が熱烈な討論を行った。報告と討論が終わった後、小島朋之議長が五人の報告内容を総括した。総括の末尾に、小島先生は「四時間以上という長い時間、冷房が効かないところで非常に熱心に会議に御参加いただきまして、ありがとうございました。途中退場された方が一ケタ（参加者二百二名）だったということを見ましても、この台湾問題、両岸関係という問題それ自体と、それに対する日本の対応ということについての御関心の高さと深さということを如実に示した結果だと思っております」としめくくった。

同日のシンポジュウムは『問題と研究』誌の編集委員会が企画して実施したものであり、私は編集長として閉会の言葉を述べた。私にとって、参加者二百人を超える学術会議において閉会の辞を述べるのはこれが初めてであり、その上、このシンポジュウムは私が駐東京特派員在任中に主催した唯一の学術会議であるので、記念のために閉会の言葉を全文披露しよう。

「桑原先生、小島先生、報告者の諸先生方、御列席の皆様、五時間にわたる報告と討論を経て、シンポジュウムは、今ここに閉会を告げようとしております。私は主催者の一員として議長、報告者、司会者、御列席の皆様、中華週報者ならびに事務局の各位に対し、衷心より感謝の意を表します。

このシンポジュウムは『李登輝総統新体制下の両岸関係』を主題とし、第一線で活躍している六名の中国問題および国際問題の権威学者をお迎えしてパネラーとしました。参加者は、最初は八十名から百名程度を予定していましたが、結果は予定を遥かにオーバーして二百人を超えました。そのために、会議と懇親会の会場は三度も変更し、準備作業は昨日まで絶えず修正してまいりました。もちろん予算も大幅に増えました。嬉しい悲鳴とは、こういうことでしょう。この盛況は、皆さんの李登輝総統新体制下の両岸関係に対する強い関心度および議長、パネラー諸先生方の人望によるものだと思います。

会議進行中、報告者と参加者の間で、本日の議題をいくつの角度から分析し、熱烈に議論を交わされました。これは参加者全員にとって極めて意義深いものであったと確信しています。したがって、本日の会議は私どものご案内の通り、『単なる講演会ではなく活発な意見交換の場にしたい』という目的は達成したと存じます。

シンポジュウムの報告と討論の内容は、『問題と研究』誌の七月号および同時期の『中華週報』に特集として掲載する予定であります。この特集が海峡両岸および関係諸国の指導者の参考に役立ち、それが海峡両岸を含む東アジアの平和的な環境の維持に寄与できることを期待しております。

最後に、御列席の皆様の御健康をお祈りするとともに、議長、報告者、司会者の諸先生方に重ねてお礼を申し上げ、私の挨拶に代えたいと存じます。

どうもありがとうございました」注⑤（『問題と研究』誌第二十五巻十号、一九九六年七月号）。

閉会の言葉には言及していないが、このシンポジュウムが順調、盛大に行われたのは日華関係研究会（現日台関係研究会）の協力があったからである。『問題と研究』誌の編集委員会がシンポジュウムを企画している際、会場に関して編集委員の平成国際大学教授酒井正文先生と同大学助教授浅野和生先生がフォーラム8を使用することを提案し、採択された。酒井先生は日華関係研究会の理事で、浅野先生は同研究会の理事兼事務局長である。その関係で、シンポジュウムの参加人数が倍増になって会場が三度も変更することができたのである。

会議と懇親会の司会は、酒井先生が務め、浅野先生は会議と懇親会の進行を采配した。酒井先生の司会は定評があり、浅野先生の采配も見事な腕前を見せた。お二方は司令塔となって、シンポジュウムを成功に導いた。衷心より感謝している。

〈注釈〉

注① 倉前盛通（亜細亜大学教授）で、テーマは「濵池の小姐」（『問題と研究』誌第十三巻一号、一九八三年十月号）

注② 佐伯　富撰「中国における北と南」（『問題と研究』誌、第二十六巻第五号、一九九七年二月号）

注③ 石井英夫撰「少数民族の目」（『問題と研究』誌、二十三巻十号、一九九四年七月号）

注④ 笠原正明撰「城と城下町」（『問題と研究』誌第十五巻三号、一九八五年十二月号）

注⑤ 問題と研究出版株式会社主催の「シンポジュウム：李登輝総統新体制下の両岸関係」主催（『問

題と研究』誌第二十五巻十号、一九九六年七月号）

第十章　日華「大陸問題」研究会議の遷り変わり

日華「大陸問題」研究会議は一九七一年十二月に台北で第一回会議が挙行され、第二回会議は一九七三年八月東京で開催された。それ以降、この会議は日華双方が交互に台北と東京で主催し、二〇〇四年まで、計三十一回開催された。二〇〇五年三月、会議は東京で開催されたが、名称は日台「アジア太平洋研究会議」に改称された。

三十余年の歳月の推移に伴い、人事の世代交替によって双方の深い友情の絆が徐々に薄くなった。これに加えて一九八〇年代後半から海峡両岸の関係が大きく変化し、その影響を受けて日華「大陸問題」研究会議の重要性が年とともに低下し、ついに幕を閉じるに至ったのである。詳細は次に述べよう。

一、日華双方人事の世代交替

（一）台湾側歴代の団長

日華「大陸問題」研究会議の台湾側の団長は終始国際関係研究センター（旧国際関係研究所を含む）の主任が勤めていた。一九七一年台北で開催された第一回会議の団長は同会議の創設者である呉俊才主任であった。翌年、呉俊才主任は中国国民党文化工作会主任に任命され、杭立武がその後を継いで国際関係研究所の主任となり、一九七三年第二回会議と一九七四年第三回会議の団長を務めた。一九七五年国際関係研究所は国際関係研究センターと改名すると同時に、形式上は政治大学に所属することになった。

政治大学に所属した後、国際関係研究所の董事会が解散し、杭立武は主任を辞任した。一九七五年、政治大学国際関係研究センター主任の人選は総統が任命することになり、外交部常務次長蔡維屏がセンター主任に任命された。

一九八一年蔡維屏主任が北美（米）事務協調委員会主任委員に転任、張京育がその後を継いだ。一九八四年張京育が行政院新聞局長に転任、その後任に邵玉銘が任命された。一九八七年邵玉銘が新聞局長に転任、張京育が再び国際関係研究センター主任に返り咲いた。一九八九年張京育がセンター主任を兼ねて政治大学の校長に任命され、翌一九九〇年林碧炤が国際関係研究センター主任になった。一九九四年林碧炤が総統府国家安全会議副秘書長に転任、邵玉銘が再度国際関係研究センター主任に任命され、一九九九年何思因にバトンタッチした。二〇〇〇年以降、国際関係研究センターは完全に政治大学の管轄下に置かれ、主任は校長によって任命されることになった。二〇〇四年林碧炤が再び国際関係研究センター主任となったが、翌二〇〇五年主任は林正義に変った。

このように国際関係研究センターは呉俊才、杭立武、蔡維屏、張京育、邵玉銘、張京育、林碧炤、邵玉銘、何思因、林碧炤、林正義という順に次々と交替した。それ故に日華「大陸問題」研究会議が創設されてから第三十二回まで、台湾側の団長は計十一度、八人が交替した（詳細は日華「大陸問題」研究会議一覧表を参照）。

(二) 日本側歴代の団長

日華「大陸問題」研究会議が創設された初期、日本側には研究会議の母体とする組織がなく、参加者はほとんど綜合研究所中国部長桑原寿二先生、慶応義塾大学教授中村菊男先生および東京大学名誉教授宇野精一先生の呼びかけに応じて集まった学者・専門家である。一九七一年台北で開催された第一回研究会の日本側団長は中村菊男先生、第二回東京会議の日本側団長は宇野精一先生であった。桑原寿二先生が日本側団長を務め始めたのは一九七四年台北で開催された第三回会議である。

桑原先生は団長になった後、研究会議をスムーズに運営するには研究会議の母体を組織する必要性があると痛感した。ゆえに、桑原先生は今まで会議に参加したメンバーを結集して任意団体の「大陸問題研究協会」を発足させた。桑原先生は経費を節約するため、亜東関係協会駐日代表馬樹礼の協力を得て大陸問題研究協会の事務所を日華文化協会が使用する中国国民党所有の中正堂会館（東京都港区南麻布）の三階に置き、また日華文化協会会長宇野精一先生にお願いして大陸問題研究協会の事務を日華文化協会の秘書・田中妙子さんに兼務させてもらった。

次に桑原先生は日華「大陸問題」研究会議の政界基盤を構築するため、また会議の財源を確保するため、第三回会議から団長の上に会長を設けることを考え、岸信介元首相に依頼して船田中元衆議院議長を推薦してもらった。船田先生は第三回会議から第七回会議（一九七四年～一九七九年）まで、計五年間会長を務勤めた。その間、会議の経費の大部分は船田先生が私財を投じて支えた。残念ながら、一九七九年船田中会長が逝去し、大陸問題研究協会は最大のスポンサーを失い、一九八〇年東京で開催する予定の第八回会議が財源不足のため、中止を余儀なくされた。

会議が中断した後、蔡維屏主任は会議の復活を強く望み、三度曾永賢先生を東京に派遣して折衝させた。また私が東京事務所に赴任するとき、蔡主任から日華「大陸問題」研究会議の復活を最優先課題とするとの指示を受けた。結局、亜東関係協会駐日代表馬樹礼が日本側に半額の経費を援助することを決断し、桑原先生も岸信介元首相の助力を得て半額の財源を確保した。翌一九八一年五月、第八回会議が東京で開催され、元農林大臣倉石忠雄先生が岸元首相の要請に応じ、会長を受け継いだ。

倉石先生は第八回会議から第十回会議（一九八一年～一九八三年）まで、計三年間会長を務勤務めた。その後、会長というポストは廃止され、その代わりに毎回の会議に日華関係議員懇談会の有力者一人を貴賓として招待することにした。

桑原先生は第三回会議から第十八回会議（一九七四年～一九九一年）まで、計十六回の団長を務めた。その間、台湾側の団長は杭立武から蔡維屏、張京育、邵玉銘、張京育を経て林碧炤に変った。台湾側団長の世代交替を見て、桑原先生は第二線に退くことを決意し、第十九回会議から団長を笠原正明先生にバトンタッチした。それ以降、日本側の団長は〈表一〉の示すとおり、笠原正明先生が六回、古屋奎二先生が三回、高野邦彦先生が四回務めた。

ところが、日華「大陸問題」研究会議は二〇〇四年三月台北で開催された三十一回会議を以て最終回とし、三十余年の歴史に終止符を打った。その後、東アジア地域の政治情勢、とりわけ両岸関係の変化により、日華双方が協議して二〇〇五年の第三十二回会議から名称を「大陸問題」研究会議から

「アジア太平洋研究会議」に改名して再スタートした。

アジア太平洋研究会議は「大陸問題」研究会議の延長線上にあり、日華双方の参加者もほとんど古いメンバーであるが、台湾側の団長は国際関係研究センターの新主任林正義に変り、日本側の団長は高野邦彦が引き続き務めた。

（三）双方団長の年齢の隔たり

双方の歴代団長の顔ぶれを見ても分かるように、会議創設の初期、双方の団長はほとんど同年輩の方であり、互いに共通の理念を以て会議を開き、その関係は単に会議の団長対団長というものだけでなく、親友にもなっている。

日華「大陸問題」研究会議の創設および「問題と研究」出版株式会社の設立は、いずれも桑原寿二先生の協力を得て実現したという関係で、呉俊才先生と桑原先生の友情および杭立武先生と桑原先生の友情は特に厚いものであった。呉俊才先生と杭立武先生はその後もしばしば貴賓として会議に参加し、桑原先生との交流を続けていた。蔡維屏主任は第四回会議から第七回会議まで、計四回の台湾側団長を勤めた。

第八回会議以降、台湾側の団長はだんだん若くなり、年齢上、日本側の団長との隔たりが大きく、互いに個人的な友情を築くには無理があった。ただし、桑原先生が日本側団長を務めていた時代、張京育主任、邵玉銘主任、林碧炤主任は、皆桑原先生を年長者として尊敬し、親しく付き合っていた。

第十九回会議以降、日本側の団長を勤めた笠原正明先生、古屋奎二先生と高野邦彦先生は皆台湾側の団長を務めた林碧炤主任、邵玉銘主任、何思因主任、林正義主任より一回り以上の年齢差があり、したがって双方は団長対団長という関係に止まり、個人的な友情を築くまでには至っていなかった。

(四) 団長以外の世代交替

日華「大陸問題」研究会議は三十余年も続いていた。その間、歳月の推移に伴って参加者の世代交替は当然避けられない。双方の参加経験者は累計数百人にのぼり、全部紹介することは不可能であり、主要メンバーの世代交替だけについて述べよう。

1、台湾側主要メンバーの世代交替

国際関係研究センターの副主任は二人いて、一人は対欧米関係の事務を主管し、もう一人は対日関係の事務を司る。私が国際関係研究センター在職中、対日関係の副主任は相前後して四人交替した。すなわち郭華倫先生、曹伯一先生、呉安家先生、趙春山先生の四人であった。郭華倫先生が副主任を勤めていた時期、会議が東京で開催されるとき、亜東関係協会駐日代表処広報部はつねに日台の報道関係者を集めて記者会見をアレンジした。郭華倫先生は著名な中共研究の権威者であることから、記者の質問は概ね郭華倫先生に集中するが、郭先生は応答に窮したことはなかった。

会議を運営する幹事会の成員および中共問題の専門家も代表団の主要メンバーである。幹事会はほ

とんど対日関係者によって構成される。初期のメンバーは李天民、朱少先、曾永賢、尹慶耀、趙倩らを中心に、若手の張隆義、陳儔美、邱栄金、江振昌、柯玉枝などが加わった。朱少先、趙倩、李天民、尹慶耀四人は相前後して引退したが、曾永賢は一九九二年総統府国策顧問に就任するまで、終始幹事会の中心人物となって会議の運営を采配していた。また、邱栄金は会議の事務を兼ねながら、司会と通訳を担当し、いつも全力投球で会議を盛り挙げた。

「大陸問題」研究会議は主として中共問題を討論する会議であり、したがって会議の主役はいうまでもなく中共問題の専門家である。国共両党は長期にわたって闘争してきたことから、台湾には中国共産党と闘争した関係者が多数いる。彼らは貴重な闘争経験を生かし、中共問題を研究し、多大な成果を挙げている。郭華倫、李天民、朱文琳、張鎮邦、汪学文、邢国強、張競立などの諸先生は皆中共と闘争した経験のある中共問題の専門家である。のちに東亜研究所が養成した若手の中共問題の専門家も輩出し、呉安家と趙春山がその代表的な人物である。

2、日本側主要メンバーの世代交替

第一回と第二回の会議において、日本側代表団は団長の下に副団長というポストはなかった。副団長が設けられたのは第三回会議桑原寿二先生が団長になってからである。最初に副団長を務めていたのは矢島欽次先生であった。ところが、会議が中断したその一年、会議のあり方をめぐって矢島先生と桑原先生の間に意見の対立があったため、矢島先生は大陸問題研究協会から離脱した。第八回会議から副団長は関野英夫先生に変った。第十八回会議が開催された後、桑原先生が第一線を退き、関野先生も同時に副団長を辞めた。第十九回会議以降、日本側は再び副団長を設けることはなかった。

桑原団長時代、日本側幹事会のメンバーは、団長、副団長、事務局長（台湾側の秘書長に当たる）と幹事によって構成され、ほとんど東京圏内在住の方々であった。桑原先生は計十五回の団長を務め、その間、事務局長はずっと清水亮が務めたが、幹事は多少の入れ替えがあった。私の記憶では主要メンバーは広瀬一、清水徳蔵、伊達宗義、藤井彰治、山村文人、高野邦彦、高田富佐雄、漆山成美、川島弘三、大塚実などであった。笠原正明先生が団長を務めていた時期、副団長はいなかったが、幹事会のメンバーはほぼ桑原団長時代と同じ顔ぶれであった。

笠原団長の後を継いだ古屋奎二先生は幹事会のメンバーを大幅に改組し、多数の若手を起用すると同時に、東京圏内在住の人に限らず、関西地方に住む人も数人幹事会に入れた。新幹事会のメンバーは古屋団長をはじめ、高野邦彦、酒井正文、浅野和生、北村稔、伊藤正一、浅川公紀、石田収、小林熙直、大塚実、徳岡仁など、全員大学の先生である。そのうち、関西在住の幹事は北村稔、伊藤正一、徳岡仁の三人であった。酒井正文先生は幹事会の事務局長を務め、浅野和生先生はいつも積極的に酒井先生を補佐して会議を采配していた。古屋先生の後に高野邦彦が団長になり、幹事会のメンバーはそのままであった。

二、日華「大陸問題」研究会議終止の経緯

日華「大陸問題」研究会議は一九七一年に創設され、第一回会議は同年十二月台北で開催された。それ以来、双方は台北と東京で交互に会議を主催し、二〇〇四年まで計三十一回の会議を開催した。二〇〇五年から時勢の変化に順応して会議の名称を日台「アジア太平洋研究会議」に改められた。これによって三十四年の歴史を持つ日華「大陸問題」研究会議は時代の使命を果たして幕を閉じた。その背景には二つの要因がある。すなわち両岸関係の変化と大陸問題研究の自由化である。

(一) 両岸関係の変化

1、両岸の人事、経済、学術などの交流

一九八七年七月十五日、蔣経国総統は中華民国政府が一九四九年から三十八年間にわたって台湾地区に敷いていた戒厳令を解除した。この戒厳令解除により、一般人民の出入国が自由になり、大陸出身者(外省人)のなかで、違法ながら香港、シンガポール、日本など第三国・地域経由で大陸へ里帰りする人が続出した。同年十一月二日、蔣経国総統は大陸への里帰りを合法化させるため、いわゆる「大陸探親」(大陸への親族訪問)を解禁した。

この「大陸探親」から始まった両岸の人事交流は、やがて経済、文化、学術、スポーツなど各方面に拡大していった。人事の交流は、初めは「大陸探親」に限定していたが、その後規制が緩和され、

交流の面は急速に拡大された。観光旅行、ビジネス活動、新聞取材、芸能活動、学術交流、スポーツ競技などの名目でも大陸を訪問することができるようになった。

学術交流は一九九〇代初頭から始まり、主として大学と研究機構によって行われた。交流の方式は学者の相互訪問と学術会議の共同開催が中心であるが、学者間の個人あるいはグループの交流も少なくない。国際関係研究センターは総統府のシンクタンクであるため、機構対機構の交流は認められないが、個人やグループで大陸の大学と研究機構の学者との交流は禁止されていない。台湾問題あるいは両岸問題を研究する大陸の学者はしばしば国際関係研究センターを訪問し、センターの学者と座談会の方式で会談していた。国際関係研究センターの学者も個人またはグループで大陸の大学や研究機構を訪問し、大陸の学者と学術交流を行っていた。

両岸の人事・経済の交流は日増しに拡大し、それに伴って台湾内部の反共意識が徐々に弱まり、蒋介石・蒋経国両総統が堅持していた反共政策は現実として修正せざるを得なくなった。一九九一年、李登輝総統による「動員戡乱時期臨時条款」の廃止がその現れである。こうした雰囲気のなかで、日華「大陸問題」研究会議の重要性が次第に低下した。

2、日華「大陸問題」研究会議の重要性の低下

戒厳令が解除される前、日華「大陸問題」研究会議に対して、中華民国側は総統府、外交部、新聞局などの中央機構がそろって支援し、新聞やテレビも毎回の会議を連日熱狂的に取り上げて報道した。

会議への参加者は国際関係研究センター所属の学者・専門家が約半数を占め、ほかは各大学および各研究機構から中共問題または国際問題の学者や専門家を募った。会議の必要経費は全額政府の負担であった。

当時日本の社会情勢は中共一辺倒であり、中華民国に賛同する者は社会からも言論界からも疎外された。ましてや「大陸問題」研究会議は中共問題を討議する会議であり、言論界から見れば反動者の会議である。日本政府は中共と国交を樹立しており、当然この会議を支持することはできない。日本国内のこうした風潮の中で、会議への参加者を募ることは容易ではなかった。しかし、中華民国を支援する学者と専門家は白眼視されることを恐れず、堂々とこの会議に参加した。会議の経費は数人の親中華民国の政界の要人立役者が出し合って支えた。

参加人数は年によって多少の違いがあるが、大体双方合わせて六十人から百人の程度である。参加人数は交通費と宿泊費の関係で、慣例として主催側の方が招待される側より二、三割上回る。一九七二年日華断交から一九八七年中華民国政府が戒厳令を解除するまで、日華「大陸問題」研究会議は両国の文化交流を担う最大規模の組織であった。

しかしながら、両岸の人事、経済、学術などの交流により、台湾内部の反共意識が弱まり、政府の日華「大陸問題」研究会議に対する支援は消極的になり、マスメディアの関心度も低くなった。具体的にいえば、戒厳令解除以前、会議の経費は国際関係研究センターが予算を編成すれば、概ね額面どおり支出給されるが、戒厳令解除以降、経費がだんだん減額され、やむを得ず会議の日数を短縮したり、旅行や宴会を減らしたりして対応した。

また、会議が台北で開催されるとき、台湾側参加者の出席率が年々悪くなったことである。戒厳令解除以前、会議が台北で開催される際、会場は国賓飯店あるいは民航局ビルを利用していた。戒厳令解除の翌一九八八年、国際関係研究センターの国際会議庁（ホール）が完成したので、それ以来国際関係研究センターが台北で主催する国際学術会議は日華「大陸問題」研究会議を含めすべてセンターの国際会議庁で行うことになった。

だが、両岸の学術交流により、学者の「大陸問題」研究会議に対する関心度が大幅に低下し、センターの同僚も例外ではなかった。したがって、会議の開会式と閉会式には参加者はほとんど出席するが、本会議では日本側の参加者が全員出席しているのに対し、台湾側の参加者は団長、副団長と幹事会のメンバーを除いて欠席者が多く、会場の出席人数はは日本側が多数を占める場面もしばしばあった。これは日本側に対してまことに失礼なことである。

（二）大陸問題研究の自由化

一九七〇年代末まで、台湾における大陸問題および共産圏問題を研究する機構は、法務部調査局の第四処（文献処）と政治大学の国際関係研究センターの二機構だけであった。法務部調査局は行政機構であり、局内の文献処に国共関係の貴重な檔案が保管されており、国共闘争史を研究する最適な研究機構である。国際関係研究センターは政治大学に属する学術機構であり、研究分野は大陸問題、ソ連、東欧その他の共産圏問題および欧米、日本を中心とする国際問題など多方面におよび、創設当初から政府のシンクタンクになっている。

「反共抗俄」の時代、すなわち戒厳令が敷かれた時期、中国大陸および共産圏の書籍、新聞、雑誌などの出版物は禁書となっていた。海外から持ち込む出版物は税関で検閲を受け、内容が中共と共産圏の事情に触れている箇所があれば、ほとんど没収される。一般の大学と研究機構は海外から共産圏の出版物を購読することは認められない。

しかし、調査局、国際関係研究センターは政府の許可を得て海外から共産圏の出版物を購入することができる。特に、国際関係研究センターは大陸問題、その他の共産圏問題および国際問題を研究する学術機構であることから、世界各国の出版物を自由に購入することができる。したがって、国際関係研究センターは大陸問題と共産圏問題および国際問題の研究において、最高権威の地位を築き上げた。

だが、戒厳令解除後、言論の自由化と出国の自由化および両岸の学術交流により、一般の大学と学術機構の学者も大陸問題を研究することができるようになった。こうした時代の変化に順応して一部の大学が大陸問題研究所を設立した。そして今まで禁書となった大陸の出版物は研究者に限らず、一般人民も購入できるようになり、台北市内に大陸の出版物の専門書店が現れるほど自由になった。その結果、特定の研究機構が共産圏出版物の購読を独占する時代が終わり、国際関係研究センターが築き上げた大陸問題研究の権威的な地位が揺れ始めた。

（三）国際関係研究センターの位置付けをめぐる内紛

国際関係研究センターは総統府のシンクタンクとして設立された大陸問題、共産圏問題と国際問題を研究する学術機構であり、一九七五年政治大学への合併は、外国の学術機構との学術交流または外国の政界要人との接触をより推進しやすくするためであった。しかし、国際関係研究センターは総統府のシンクタンクという特殊な地位を維持し、独自の行政組織を以て業務を運営している。端的にいえば、国際関係研究センターは形式上政治大学に隷属しているが、実際には政治大学の管轄下には置かれていなかった。

この異常な関係に対して、これまで国際関係研究センターの内部に異議を唱える人はいなかった。ところが、一九九三年国民党の「十四大会」において、出席代表の選挙と非選挙の比率をめぐって党内の主流派と反李登輝主席の非主流派が激しく対立し、抗争の末、非主流派の趙少康、郁慕明、李慶華、周荃、陳葵淼、王建煊ら七人の立法委員を中心とする「新国民党連線」が国民党を離脱して「新党」を結成した。

新党は両岸の直接通航、中共との談判を主張し、中共に両岸の平和統一を呼びかけることを宣言した。これをきっかけに国際関係研究センターの新党支持者は反李登輝総統を鮮明にし、センターが総統府のシンクタンクであるという関係を解消し、政治大学に完全合併されて純粋の学術機構に切り替えるべきだと主張した。

国際関係研究センターの内部で、一部の非新党支持者も政治大学への完全合併に賛同し、新党支持者の合併推進活動に加わった。このような総統府のシンクタンクであるセンターの位置付けを変更する動きに対して、林碧炤主任は反対の意を示し、再三合併推進派と話し合ったが、意見の対立で、妥協点を見出すことができず、内紛はますますエスカレートした。合併推進派十数人が立法院へ赴き、国際関係研究センターを名実とも政治大学に合併されることを請願した。内紛は激化し、新聞や雑誌でも報道された。

翌一九九四年十一月、林碧炤が国家安全会議副秘書長に転任、邵玉銘が再度国際関係研究センター主任に任命され、在任中、内紛を終結するため、センターを正式に政治大学に合併させた。それ以降、センターは完全に政治大学の管轄下に置かれ、主任は政治大学の校長が任命することになった。合併後、センターの行政組織は、政治大学の行政機構に吸収されて一体となった。研究人員も一部大学に移籍し、規模は大きく縮小された。

国際関係研究センターが総統府の信頼を失ったため、総統府は新しいシンクタンクとして財団法人「欧亜基金会」(現「亜太和平研究基金会」の前身)を設立し、張京育を董事長に、曾永賢を秘書長にそれぞれ任命した。なお、李登輝総統は両岸問題と国際問題の専門家を網羅して総統府の国策顧問ないし国家安全会議の委員に任命した。このように国際関係研究センターと総統府の関係が次第に疎遠になったため、日華「大陸問題」研究会議もその影響を受けて存在の価値が低下した。

二〇〇〇年陳水扁政権が誕生した後、国際関係研究センターと総統府の関係はさらに薄くなった。かくして二〇〇四年日華「大陸問題」研究会議が台北で第三十一回会議を開催した後、翌二〇〇五年に名称を日台「アジア太平洋研究会議」に改称して再スタートしたのである。

（四）東京事務所設置に対する立法院での質疑

一九八六年九月、台湾の党外人士（国民党以外の人士）が台北の圓山大飯店で会議を開き、民主進歩党（略称「民進党」）の結成を宣言した。同年十二月、中央民意代表の改選が行われ、民進党は立法院で十二議席（改選七十三議席）、国民大会で十一議席（改選八十四議席）を獲得したが、国会の議席は依然国民党が絶対多数を占めていた。翌一九八七年七月十五日、戒厳令が解除され、政治の民主化に伴って国家予算は透明化を求められた。すなわち、各機構が提出した年度予算は立法院において与野党の審議を受けるのである。

一九八八年、立法院で国際関係研究センターの予算に対する審議が行われ、予算の中に東京事務所の経費という項目があり、野党民進党の立法委員康寧祥は東京事務所の設置に対して二つの質疑を提出した。（1）全国の大学のうち、海外に事務所を設置しているのは政治大学の国際関係研究センターしかない。それはなぜであろう。（2）中華民国にとって最も重要な国は米国であり、センターはどうしてワシントンに事務所を設けていないのか。これはもっとな質疑であり、適切に説明しなければ東京事務所の存続が問題になる。

国際関係研究センターの予算が立法院で審議されている最中、同年三月、台北で日華「大陸問題」研究会議が開催され、私は日本側代表団に付き添って帰国した。会議後、張京育主任が私を主任室に呼び、康寧祥立法委員が提出した二点の質疑について、私に説明してから、次のように指示した。「君は国際関係研究センターの駐東京特派員であり、東京事務所の沿革と任務について誰よりも詳しいと思います。君が東京に戻る前、康寧祥立法委員に会って直接説明して欲しいです」。私は「康委員と面識がありませんが、二番目の弟・合洲は以前彼と一緒に中国石油公司（会社）のガソリンスタンドで勤務したことがあります。弟がアレンジすれば康委員に会えるでしょう。試してみます」と答えた。合洲がアポイントをとって、私と一緒に康委員の自宅を訪れ、応接間でまず挨拶を交わしてから話の本題に移った。私は康委員が立法院で提出した二点の質疑について次のように説明した。

第一点について：日華両国が断交する前、日本のマスコミは北京一辺倒の報道をし、日本の財界の中共傾斜、野党の北京詣でに拍車をかけ、「中国ブーム」を巻き起こした。日本国内のこうした中共一辺倒の世論を正すため、総統府のシンクタンクである財団法人国際関係研究所の呉俊才主任が政府の指示を受けて同年五月、日本の綜合研究所中国部長桑原寿二先生の協力を得て東京に「国際関係研究所駐東京事務所」を設立し、ならびに日華「大陸問題」研究会議を創設した。東京事務所の主要任務は日本語版の中国事情専門誌『問題と研究』（月刊）の発行、日華「大陸問題」研究会議のパイプ役および日華学術交流の促進などである。

その後、『問題と研究』誌の合法的な発行および東京事務所の業務発展を図るため、呉俊才主任の後を継いだ杭立武主任は、一九七三年桑原寿二先生を代表取締役として「問題と研究出版株式会社」を設立した。桑原先生は名義上の社長で、実際の責任者は国際関係研究センターの駐東京特派員の張棟材研究員であった。それ以降、月刊誌の業務に関しては「問題と研究出版社」の名称を使い、公務を遂行する場合は「国際関係研究所東京事務所」の名称を使うことにした。そして、一九七五年七月、国際関係研究所が国際関係研究センターに改称して政治大学に隷属した。そのために国際関係研究所の東京事務所が政治大学国際関係研究センターの東京事務所になったのである。これが台湾の全大学のうち、政治大学が唯一海外に事務所を設置している理由である。

第二点について：一九七一年七月十五日、米国のニクソン大統領が訪中決定を発表し、翌年二月に北京を訪問した。日本は「ニクソン・ショック」を受けて、同年七月に誕生した田中角栄政権が米国の「頭越し外交」に不満を持ち、同年九月に中共と国交を樹立すると同時に、中華民国と断交した。しかし、米国はニクソン訪中後、八年かけて中共と国交樹立の談判を行い、一九七九年にやっと実現した。米中国交樹立後、カーター政権は台湾の権益を守るため、いわゆる「台湾関係法」を制定した。その上、米国の政界、財界、世論は日本のように北京一辺倒という現象はなく、台湾との人事、経済、学術などの交流は特に制限されておらず、したがって、政府は米国に国際関係研究センター駐東京事務所のような機構を設立する必要はなかったのである。

私が説明した後、康委員は「よく分かりました。国際関係研究センター駐東京事務所の設置に関する質疑は再び提出しません。張京育主任に宜しくお伝えください」。東京事務所設置に対する立法院での質疑はこれで決着した。

第十一章　「アジア・オープン・フォーラム」（「亜洲展望」研討会）

「アジア・オープン・フォーラム」(「亜洲展望」研討会)は、日台間の知的交流の場として一九八九年に創設された国際会議である。第一回会議は台湾側の主催で、台北で開催され、第二回会議は日本側が主催し、東京で開かれた。その後、会議は双方が交互に主催し、一九八九年から二〇〇〇年までの十二年間、計十二回開催され、日台双方がそれぞれ六回主催した。参加者は、日台双方とも財界と学界の知名人であり、したがって毎回の会議は一貫して盛大に行われ、内外の注目を浴びていた。

この会議は、李登輝総統の提唱と中嶋嶺雄東京外国大学教授の企画によって実現されたものである。李登輝総統は副総統時代の一九八五年中南米諸国訪問の帰途に東京に立ち寄った。これを機会に、鍾振宏亜東関係協会東京弁事処(現台北駐日経済文化代表処)顧問兼新聞組(広報部)組長が李登輝副総統と中嶋嶺雄先生との会見をアレンジした。それ以来、中嶋嶺雄先生と李登輝総統は学者同士としての、そして家族ぐるみのお付き合いとなった。

会議の縁起と趣旨および十二年間にわたる十二回の会議に関する重要な事項は、「アジア・オープン・フォーラム」事務局が編集した『アジア・オープン・フォーラムの十二年間』という文献に収録されている。以下、同文献の記述を参考にしながら、私自身の記憶を加えて、この会議について概略的に紹介する。

一、「アジア・オープン・フォーラム」(「亜洲展望」研討会)の縁起

日本と台湾の間には、深いつながりがあり、強い絆がある。地理的には一衣帯水の隣国であり、歴史的、文化的、経済的などの関係は切っても切れない状態にある。しかし、一九七二年日本と台湾の外交関係が打ち切られ、公的な日台関係は閉ざされたままである。中嶋嶺雄先生は外交関係がないにしても、「もっと開かれた、もっと多様な断面をもった日台関係を形成できないのだろうか」とつねに考えていた。

一九八八年七月下旬、学術交流で台湾を訪れ、李登輝総統にお目にかかった。その際、李総統は、「これからは米台関係もさることながら、日台関係がとても重要になります。それなのに、従来の日華関係のパイプは硬直していて、これからの日台関係やアジア太平洋の関係を広く、つっこんで議論する場になっていない。アイディアを出していただき、それに従って台湾側のメンバーも考えるので、新しい知的交流の場を是非つくって欲しい。日華といわずに、日台でもいいでしょう」と、中嶋先生に要請した。

中嶋先生はまったく同感だったので、その翌日夜、総統公邸での会食において、李登輝総統の要請に新しい知的交流の場をつくることを約束した。その夜の会食に李登輝ご夫婦をはじめ、中嶋嶺雄先生、行政院新聞局副局長・鍾振宏夫婦、交流協会台北事務所所長・原富士男夫婦、何既明医師夫婦と中嶋先生の長女が同席した。

中嶋先生は重い任務を背負って帰国した。彼の構想は会議が「広い知的交流を目指すものである以上、日台双方のメンバーは、レベルの高い知識人や財界人であるべきで、党利党略や利権がらみでかかわりがちな政治家は排すべきであろう。また、あくまでも民間レベルのチャンネルであるべきであり、また同時に財政的にも日台双方が相互主義の原則を貫くべきである」というものである。

中嶋先生は帰国した後、どのようなメンバーを募り、資金（協賛金）を如何に調達すべきか、などなどの問題を解決するため、高坂正堯（京都大学教授）、飯田経夫（国際日本文化研究センター教授）、山崎正和（大阪大学教授）、粕谷一希（評論家）ら諸氏と相談し、また、稲葉秀三（産業研究所理事長）、井深大（ソニー名誉会長）、金森久雄（日本経済研究センター会長）の各氏の意見を伺い、そして武山泰雄（ジャーナリスト、武山事務所代表）から代表的財界人の亀井正夫（住友電気工業会長）を紹介してもらった。こうして強力なバックアップを得て、徐々に形が出来上がった。特に協賛金については、電力関係以外は原則として一業種一社にお願いすることになり、亀井氏の多大な尽力で代表的な企業に賛同を得ることができた。

会議の名称については、日台間の開かれた知的交流の場として、討論内容も、出席者も、そして会計や経理もすべてオープンになることから、高坂正堯教授の提案で「アジア・オープン・フォーラム（亜洲公開論壇）」と命名した。ところが、当時台湾では、大陸との交流が始まり、政治の民主化が進んでいるとはいえ、李登輝総統就任初期、国民党内にはなお根深い反共意識があり、また、海外には台湾独立を唱える団体がある。「亜洲公開論壇」という名称だと、共産国家と台湾独立派の人士も参加できることになるので、台湾側は「アジア・オープン・フォーラム（亜洲公開論壇）」を使わず、「亜洲展望」研討会という名称にしたのである。

二、「アジア・オープン・フォーラム」（「亜洲展望」研討会）の趣旨

一九八九年五月十一日、「アジア・オープン・フォーラム」の発足に当たり、日本側世話人一同が連名で、同フォーラムの趣旨書を発表した。趣旨書の全文は『アジア・オープン・フォーラムの十二年間』の巻頭に掲載されている。内容は次のとおりである。

「二十一世紀最後の十年間を目前にして、国際関係の基調が大きく変りつつあります。米ソ関係の歴史的な転換、中ソ関係の大幅の改善はその象徴的な現れでしょうが、このような国際政治の変動を促した一つの重要な原因としても、日本やアジアＮＩＥＳを中心とする西太平洋地域の活力に充ちた現象を指摘しないわけにはゆかなくなってきております。東アジア地域の新しい発展が、いまや全世界に影響を与え、同時に国際緊張の緩和が、東アジア諸地域の多角的・内発的な動きを促しているともいえましょう。韓国とソ連との関係の進展や中台交流の活発化などをとってみても、従来の国際関係のテキストには存在しなかった新しい国際諸関係が急速に形成されつつあるといってもよいように思われます。

こうしたなかで、特に台湾の新しい経済的・政治的発展には目を見張るべきものがあると言わざるを得ません。昨年一年間の貿易総額は千百億ドルを超え、経済大国といわれる日本の四分の一という規模になりつつあり、よく知られていますように、外貨保有高でも現在、世界第二位の

地位を築いております。しかも、李登輝総統指導下の新生台湾は、大陸との関係においても、国内の政治改革（民主化）においても、きわめて着実な歩みを示しており、今日ではアメリカをはじめとする西側諸国はもとより、ソ連・東欧諸国や中華人民共和国からも「台湾の成功」が高く評価されております。その対外的影響という点でも、例えば最近の対タイ、対フィリピン投資では日本をすでに追い越すなどしていて、その将来の方向がアジア全体にとっても無視し得ないものになってきていると思われます。

わが国との関係においても、経済関係や人的交流ではいまや台湾がもっとも重要な存在の一つになっております。しかしながら、多くの諸個人の努力にもかかわらず、台湾との交流のパイプは右に見たような現象に比してきわめて不十分であり、また、台湾をめぐる新しい内外情勢の発展に相応したものとは必ずしも思われないのが現状だと言わざるを得ません。

こうした状況において、今日の台湾指導層との開かれた知的・文化的レベルの対話は不可欠であり、そのような場の設定を通じて広くアジアの平和と安定を促し、開かれてゆく新しいアジア諸地域の相互交流を進める必要性もますます大きくなりつつあると私たちは考えております。

もとより、私たちはいわゆる台湾問題での政治的・イデオロギー的なコミットメントを志向するものではまったくありませんが、従来の固定観念にとらわれることなく、二十一世紀にかけてアジアが当面するであろう諸問題を広く深くそしてオープンに論じあう場をここに自主的な民間会議「アジア・オープン・フォーラム」として設定してみようと考えております。

第一回会議は、台湾問題の重要性に鑑みて、来る六月下旬に日台双方の分担で台北において開催し、次回は明年東京で行う予定でありますが、将来は、私たちのフォーラムの場に中国大陸からのメンバーやアジア諸地域、他の諸国のメンバーにも参加していただくことを願っております。「アジア・オープン・フォーラム」の発足に当たり、皆々様の御支援・御協力を何卒宜しくお願いいたしたく存じます。

一九八八年五月十一日

「アジア・オープン・フォーラム」世話人一同

合田周平(電気通信大学教授)
飯田経夫(国際日本文化研究センター教授)
石井威望(東京大学教授)
亀井正夫(住友電気工業会長)
高坂正堯(京都大学教授)
武山泰雄(武山事務所代表)
堤　清二(西武セゾングループ代表)
深田祐介(作家)

中嶋嶺雄（東京外国語大学教授）

注：世話人は最初九人だけであったが、第二回会議に小林陽太郎氏（富士ゼロックス社長）を加えて十人となり、そして第四回会議に金森久雄氏（日本経済研究センター会長）と日下公人氏（ソフト化経済センター専務理事）が加入して十二人に増えた。その後、高坂正堯教授が逝去（一九九六年）、世話人は一人減って十一人となった。

三、日本側の民間方式運営

すでに述べたが、日本側は純粋に民間の任意団体であり、会議の資金も企業から協賛金を募り、政府の資金は一切入っていない。企業から毎年の協賛金は、日本で開催するには原則として一企業三百万円、台湾で開催するには二百万円を十数社から助成を得ている。会議の企画と運営は世話人会によって行われるが、事務局は（株）サイマル・インターナショナルに委託している。

四、台湾側の半官半民方式運営

日本側の民間方式に対して、台湾側は半官半民方式である。台湾側は国立政治大学国際関係研究センターがカウンター・パートとなり、会議の企画と運営を公務として引き受けていた。そのために、国際関係研究センターには「亜洲展望」研討会の幹事会が常設されていた。そのメンバーは歴代の主任(張京育、林碧炤、邵玉銘、何思因)、副主任(周熙、蘇起、呉安家、趙春山)、対日関係者(張隆義、邱栄金、陳儔美、柯玉枝)および行政部門(合作交換組、総務組、会計組、翻訳出版組)の担当者によって構成される。そして東京事務所は日台双方の窓口として連絡の業務を担当した。

会議の資金は政府と民間が半々分担する形で、一回の会議において外交部と教育部が各二百万元、台湾セメント株式会社辜振甫会長と中国信託銀行辜濂松董事長が各々二百万元、慶豊グループ黄世恵董事長が二百万円という割合である。ただし、会議が中南部の都市で開催する場合、台湾側の参加者もほとんどホテルに宿泊するので、宿泊費と交通費の負担が大幅に増える。その際、他の企業が助成金を出すこともある。第十一回台南会議(一九九九年)において、奇美実業許文龍董事長が二百万元を寄付したといわれている。

五、日華双方の参加者

(一) 日本側の参加者

日本側の参加者は第五回まで知識人と財界人のみであったが、第六回横浜会議(一九九四年)に自由民主党の椎名素夫衆議院議員が国際経済調査会理事長として参加した。そして一九九六年の第八回大阪会議後、塩川正十郎衆議院議員(自由民主党総務会長など)が日本側の貴賓として迎えられ、第十二回(最終回）松本会議まで参加した。日本の官僚は一切参加していなかった。なお、中国大陸、韓国、香港、米国、フランス、ロシアなどからのゲストも招待された。

「アジア・オープン・フォーラム」は計十二回行われ、毎回の参加人数はすべて百人を超え、二百人以上に達したこともある。毎回の参加人数は、慣例として主催者側が約三分の二、招待される側が約三分の一という割合であった。十二年の間、毎回参加した人もいれば、一、二回しか参加していなかった人もいる。人数が多すぎて、手元の資料が不足しているので、政、財、学各界の主要メンバーだけを列挙する。

政界：塩川正十郎（衆議院議員、自由民主党総務会長）　貴賓
　椎名素夫（衆議院議員、国際経済調査会理事長）
　澄田信義（島根県知事）
　平川守彦（大分県知事）
財界：亀井正夫（住友電気工業会長）　第三回会議以降の日本側団長、世話人
　稲葉秀三（産業研究所理事長）　顧問
　井深　大（ソニー名誉会長）　顧問
　鈴木永二（三菱化成相談役）　顧問
　平岩外四（東京電力相談役）　顧問
　金森久雄（日本経済研究センター会長）　世話人、日本側副団長

小林陽太郎（富士ゼロックス社長）　世話人
堤　清二（西武セゾングループ代表）　世話人
赤沢璋一（機械産業記念事業団会長）
明間輝行（東北電力会長）
川島廣守（セントラル野球連盟会長）
香西　泰（日本経済研究センター理事長）
後藤　茂（ファミリーマート社長）
近藤道生（博報堂社長）
杉浦敏介（日本長期信用銀行会長）
関本忠弘（日本電気会長）
田中正治（トヨタ自動車副会長）
豊田章一郎（トヨタ自動車社長）
豊永恵哉（松下電器産業専務取締役）
成願　宏（荏原製作所社長）
藤村宏幸（荏原製作所社長）
松谷健一郎（中国電力社長）
松永亀三郎（中部電力会長）

森井清二（関西電力副会長）

山口開生（ＮＴＴ会長）

山崎富治（山種証券社長）

知識人（学者、作家、ジャーナリストなどを含む）：

中嶋嶺雄（東京外国語大学教授・学長）　世話人兼秘書長

合田周平（電気通信大学教授）　世話人

飯田経夫（国際日本文化研究センター教授）　世話人、第一回会議日本側団長

石井威望（東京大学教授→慶応義塾大学教授）　世話人

高坂正堯（京都大学教授）　世話人

武山泰雄（武山事務所代表）　世話人

深田裕介（作家）　世話人

日下公人（ソフト化経済センター専務理事）　世話人

青木　保（大阪大学教授）

石井幹子（照明デザイナー）

井尻秀憲（筑波大学助教授）

市村真一（大阪国際大学副学長）

糸賀　了（日中経済法律センター代表理事）

稲垣　清（三菱総合研究所総合調査部主任研究員）
大宅映子（評論家）
岡崎久彦（博報堂岡崎研究所所長）
岡本行夫（岡本アソシエイツ代表）
粕谷一希（評論家）
加地伸行（大阪大学教授）
加藤　寛（慶應義塾大学教授）
神谷不二（東洋英和女学院大学教授）
北岡伸一（東京大学教授）
佐々淳行（評論家、元内閣安全保障室長）
佐藤英夫（筑波大学教授）
島田晴雄（慶応義塾大学教授）
曽根泰教（慶應義塾大学教授）
田久保忠衛（杏林大学教授）
徳田教之（筑波大学教授）
中谷　巌（一橋大学教授）
袴田茂樹（青山学院大学教授）

芳賀　徹（東京大学教授）
平川祐弘（東京大学教授）
村上陽一郎（東京大学教授）
安場保吉（大阪大学教授）
若林正丈（東京大学教授）

日本在留の台湾学者

許世楷（津田塾大学教授）
黄昭堂（昭和大学教授）
金美齢（評論家）
（二〇〇〇年第十二回松本会議には三人とも台湾側代表団のメンバーとして参加）

外国人オブザーバー：

姜殿銘（中国社会科学院台湾研究所所長）
郭炤烈（上海国際問題研究所顧問兼教授）
樊勇明（上海国際問題研究所研究員）
閔寛植（亜細亜政策研究院院長、韓国）
朴斗福（外務部外交安保研究院研究室長）
翁松燃（香港中文大学教授）

Lilley James R.（アメリカ企業研究所アジア学主任）
Ramon H. Myaers（米スタンフォード大学フーバー研究所上級研究員）
Cadart Claude（フランス国立政治学財団国際関係研究調査センター中国極東部主任研究員）
Cheng Yingxiang（フランス国立政治学財団国際関係研究調査センター中国極東部上級研究員）
Konstantin O.Sarkisov（ロシア科学アカデミー東洋学研究所日本研究センター所長）
Titarenko Mikhail（ロシア極東研究所所長）
Oanh Nguyen Xuan（ホーチ・ミン・グエン・スアン・オアイン会社長）
（肩書きは十二年間の主なもの）

（二）中華民国側の参加者

中華民国側の参加者は最初から政界、財界、学界の三方面から募り、毎回の会議に数名の現役閣僚および立法委員が参加した。主要なメンバーは次のとおりである。

政界：李登輝（中華民国総統）
林金生（考試院副院長）
高玉樹（総統府資政）
銭　復（外交部長）
郭婉容（行政院経済建設委員会主任委員＝閣僚）

黄石城（行政院政務委員＝閣僚）
郭南宏（行政院政務委員）
丘宏達（行政院政務委員）
高育仁（総統府国策顧問、二十一世紀基金会董事長）
曾永賢（総統府国策顧問）
林金莖（行政院経済建設委員会委員、外交部顧問）
馬樹礼（総統府顧問）
康寧祥（監察委員）
謝長廷（立法委員）
陳唐山（台南県県長）
許水徳（台北駐日経済文化代表処代表）
荘銘耀（台北駐日経済文化代表処代表）
羅福全（台北駐日経済文化代表処代表）
鍾振宏（台北駐日経済文化代表処副代表）
朱文清（台北駐日経済文化代表処新聞組組長）
陳燕南（台北駐日経済文化代表処文化組組長）

財界：辜振甫（台湾セメント会社董事長、中華民国工商協進会理事長、海峡交流基金会董事長）

黄世恵（慶豊グループ董事長）　第四回以降の台湾側団長
辜濂松（中国信託銀行董事長）　第四回以降の台湾側副団長
許遠東（台湾土地銀行董事長）　第四回以降の台湾側副団長
許勝発（中華民国全国工業総会理事長）
許文龍（奇美実業董事長）
黄茂雄（東元電機董事長）
彭栄次（台湾輸送機械股份有限公司董事長）
羅吉煊（彰化銀行董事長）
劉泰英（中華開発信託株式会社董事長、台湾綜合研究院院長）
梁国樹（交通銀行董事長）
林義久（Union Motor 会社社長）

知識人（学者、作家、ジャーナリストなどを含む）：

張京育（政治大学国際関係研究センター主任、政治大学校長、行政院新聞局長＝閣僚）
　第一、二、三回会議の台湾側団長
鄭丁旺（政治大学校長）
林碧炤（政治大学国際関係研究センター主任）　秘書長

邵玉銘（政治大学国際関係研究センター主任）　秘書長
何思因（政治大学国際関係研究センター主任）　秘書長
周　熙（政治大学国際関係研究センター副主任）
蘇　起（政治大学国際関係研究センター副主任）
呉安家（国際関係研究センター副主任）
趙春山（政治大学国際関係研究センター副主任）
許介鱗（台湾大学教授）
謝森展（中華民国日本研究学会理事長）
薛　琦（台湾大学教授）
戴国煇（立教大学教授）
張旭成（ペンシルヴァニア州立大学教授）
張隆義（政治大学国際関係研究センター研究員）
陳鵬仁（中国国民党中央党史委員会主任委員）
涂照彦（名古屋大学教授）
畢英賢（政治大学国際関係研究センター研究員）
彭慧鸞（政治大学国際関係研究センター第二所副研究員）
楊合義（政治大学国際関係研究センター駐東京特派員）

頼国洲（台湾電視公司董事長）
劉憶如（台湾大学教授）
林満紅（中央研究院近代史研究所研究員）
（肩書きは十二年間会議の主なもの）

六、十二回会議の概況

この会議は計十二回開催され、日華双方はそれぞれ六回主催した。毎回の会議に開催地の地名を冠するのが特徴である。台湾側が主催したのは第一、三、五回の台北会議、第七回の台中会議、第九回の高雄会議と第十一回の台南会議であり、日本側が主催したのは第二回の東京会議、第四回の京都会議、第六回の横浜会議、第八回の大阪会議、第十回の松江会議と第十二回松本会議であった。

会議の開催において、日華双方とも団長を設けている。台湾側は第一回会議から第三回会議までは張京育（政治大学国際関係研究センター主任、政治大学校長）が団長を務めていたが、第四回会議以降は辜振甫（台湾セメント会社董事長、中華民国工商協進会理事長、海峡交流基金会董事長）が受け継いだ。日本側は飯田経夫（国際日本文化研究センター教授）が第一回会議の団長を務めたが、第二回会議には団長を設けていなかった。第三回会議以降の団長は亀井正夫（住友電気工業会長）が務めた。

以下、歴次の会議を通観し、重要な事項を取り上げて紹介しよう（会議の日程、団長、秘書長、貴賓、開催地、会場、議題などについては、〈表二〉参照)。

第一回会議は、ちょうど北京で「六・四天安門事件」が起こった直後の一九八九年六月下旬に台北で開催された。日本側の代表団は圓山大飯店に泊まり、会議は中正紀念堂の向かい側にある国立中央図書館(現国家図書館)の会議庁(ホール)で行われた。開会式に李登輝総統が臨席して挨拶の言葉を述べた。

その中で、李総統は「中日両国の間には、歴史的関係の深さと地縁関係の緊密があるにもかかわらず、お互いの理解がたいへん不足していることを嘆かざるを得ません。わたくしどもが日本の友人に注意を促したいのは、中華民国が台湾地区で苦しい努力を重ねている意義とその前途について、より深い認識と理解を求められていることであります」と指摘し、さらに「わたくしは、これから先『アジア・オープン・フォーラム』を通じて中日両国の有識者の智慧を集め、お互いの理解を促進し、双方の共通意識を打ち立て、共にアジア全体の安全繁栄と合作のために力を尽くしたいと望んでいます」と強調した。

一九九〇年の第二回東京会議は、真夏の七月中旬に開催され、初日(七月十一日)の晩は宿泊のパレス・ホテル(PALACE HOTEL)で開幕レセプションを催し、竹下登・元首相が歓迎の挨拶を述べた。台湾側の貴賓・行政院経済建設委員会主任委員(閣僚)・郭婉容は「世界経済の中の台湾経験」という題で特別講演を行った。郭婉容女史は日台断交後最初に来日した台湾の現職閣僚である。

なお、台湾側が参加メンバーを募っている段階で、私は張京育主任に民主進歩党(民進党)の人士を一人要請するよう提案した。張主任は私の提案を受け入れ、人選は私に一任すると指示した。私は謝長廷（当時立法委員）に打診し、彼は快諾した。謝長廷は「国内において民進党と国民党の政治的対立はありますが、対外的には互いに国家の利益を守るのは当然のことであります。この点を張京育主任にお伝え下さい」と語った。国際関係研究センター主催の国際会議に民進党の人士が参加したのは謝長廷立法委員が初めてである。

翌十二日の朝、日華双方の代表団はバスで大磯プリンスホテルに移動し、そこで二日間の本会議を開いた。十四日、台湾側代表団と外国人オブザーバーが箱根へ小旅行、夕方東京に戻り、その晩、台湾側代表団が宿泊のホテル・グランドパレス（千代田区飯田橋、問題と研究出版社の近く）で答礼宴を催した。

第三回台北会議は一九九一年九月十九日から二十一日の三日間、凱悦大飯店（Hotel Hyatte）で開催された。四日目の二十二日には日本側代表団が台湾の最前線である金門を遊覧した。日帰りの小旅行なので、観光コースは特殊な軍事施設を重点的に選び、バスに乗って移動しながら見学した。見学したところは、今でも大体覚えている。例えば、中央坑道、翟山坑道、擎天庁、馬山観測所および莒光楼などである。最後に高粱酒（コーリャン酒）を醸造する金門酒廠を見学し、高粱酒をお土産として買って帰った。

第四回会議は一九九二年十一月七日から九日までの三日間、国立京都国際会館で開催された。中嶋嶺雄先生の回顧によると、「京都で開催することになったのは李登輝総統の来日を考慮して日本政府の外交当局者とも打ち合わせたうえでのことであったが、諸般の事情から実現しなかったのは残念である（一般には天皇・皇后両陛下のご訪中と重なったためといわれているが、必ずしもそのことが理由ではない）」。

会議に参加した日華双方の代表は皆京都宝ヶ池プリンスホテルに宿泊し、李登輝総統のためにロイヤル・スイートルームを予約していた。李総統の来日が実現できなかったので、その部屋は台湾側の幹事会の事務室となり、張隆義、邱栄金と私を含め四、五人がその部屋に泊まった。

京都会議には宮沢喜一政権の内閣官房長官・加藤紘一から祝辞が寄せられ、会議後には東京赤坂紀尾井町の日本料亭で加藤官房長官が台湾側代表団の主要メンバー（閣僚を含む）を招待した。宴会直前、中嶋先生は私に「中国大使館が抗議しているので、宴会が実現できるかどうか分からない」といった。結局、宴会は極秘に進められ、翌朝になってＮＨＫが特種のニュースとして報道し、世間を驚かした。これは、日台断交後初めてのことである。

第五回の台北会議は一九九三年十九日から二十一日までの三日間、台北の凱悦大飯店（開会式と歓迎宴）と国際会議センター（本会議）で開催された。二十二日には小旅行で、台中中興新村（台湾省政府所在地）と日月潭を見学した。その晩、日月潭の中信大飯店に宿泊し、翌朝、九族文化村（九族の原住民文化を展示する村）を見学してから台北に戻った。

第六回会議は一九九四年十月二十八日から三十日までの三日間、横浜で開催された。すなわち横浜会議である。初日は宿泊のヨコハマ・グランド・インターコンチネンタル・ホテルで歓迎晩餐会が行われ、二十九日と三十日の本会議はパシフィコ横浜を会場にした。

この会議において、日本側主催者も李登輝総統を来賓として招請する予定だったが、中共の圧力に屈して日本政府は同意しなかった。この件について、李登輝総統は開会式に寄せた祝辞（行政院政務委員黄石城が代読）の中で、「会議の主催者側は本来私が出席するよう招聘してくださるところでしたが、広島アジア（競技）大会の問題があったためにそれがかなわぬこととなり、まことに遺憾に思います。今後、このような学術会議および文化交流活動においてその機会が得られるよう、心から願うものであります」と述べ、改めて訪日の意向を示した。

開会式には日本側の貴賓として自由民主党幹事長・森喜朗および新党さきがけ代表幹事・鳩山由起夫も祝辞を述べた。会議終了後、東京にて自由民主党幹事長・森喜朗が朝食会を設け、台湾側主要メンバーを招待した。なお、横浜会議には台湾側から、三人の閣僚、すなわち貴賓の郭婉容女史（行政院政務委員）、副団長の張京育（行政院政務委員）と黄石城（行政院政務委員）が出席した。三十一日、台湾側代表団と外国人オブザーバーが鎌倉、江ノ島を観光した。

第七回会議は高雄会議で、一九九五年八月十八日から二十日までの三日間、高雄国賓大飯店で開催された。参加者は台湾側が八十五人、日本側が四十六人、欧米、アジア諸国からのオブザーバーが十一名、計百四十二人に達した。初日（十八日）は高雄市長・呉敦義主催の晩餐会が開かれた。本会議は翌日から始まり、李登輝総統が開会式で祝辞を述べた。その晩、台湾側団長・辜振甫主催の晩餐会に、李総統も出席し、会場を歩きまわって皆と乾杯し、晩餐会を盛り上げた。

本会議は二十日正午で閉幕した。午後、台湾側代表団は高雄小港空港から台北に帰還し、日本側代表団と外国人ゲストは遊覧バスで南下し、夕方、墾丁公園の凱撒大飯店（Caesar Park Hotel）に到着した。その晩、凱撒大飯店で、辜振甫団長が宴席を設けて賓客を慰労した。翌日、墾丁国家公園、鵝鑾鼻、猫鼻頭などを観光した後、夕方、台北に戻り、日本側代表団は宿泊の晶華酒店（Grand Formosa Regent）で答礼宴を挙行した。

第八回の大阪会議は、一九九六年十月二十五日から二十七日までの三日間、大阪のロイヤル・ホテルで開催された。台湾側代表団のメンバーは、辜振甫団長をはじめ、貴賓の張京育（行政院大陸委員会主任院）、郭婉容（行政院政務委員）、宋楚瑜（台湾省主席）、陳水扁（台北市長）など計四十余名が参加した。日本側代表団では、自由民主党総務会長・塩川正十郎が貴賓として初めてこの会議に参加し、それ以降、第十二回の松本会議（最終回）まで、ずっと日本側の貴賓を務めた。

二十八日の日程は、奈良への小旅行で、台湾側代表団と外国人のオブザーバーは日本側幹事会の案内の下で、東大寺、法隆寺と大和路などを見学した。二十九日午前、台湾側代表団は、関西空港から日本アジア航空に搭乗して帰国した。

数日後、台北駐日経済文化代表処大阪分処・蘇啓誠雇員（後に外交官試験に合格、那覇分処処長、大阪弁事処処長などを歴任）が私に電話で次のように頼んだ。「大阪のユニオンモーター株式会社（UNION MOTOR CO.LTD）社長・林義久が新聞で第八回『アジア・オープン・フォーラム』の会議がロイヤル・ホテルで開催されたニュースを読んで初めてこういう会議があるのを知り、参加したいといっています。私は国際関係研究センターの東京事務所が『アジア・オープン・フォーラム』の窓口になっていることと、楊先生（楊老師）と私との関係を林社長に説明したところ、林社長は近いうちに上京して

アジア・オープン・フォーラム参加者、総統府にて
前列中央が李登輝総統、その右が亀井正夫団長、１人おいて中嶋嶺雄秘書長、後列左から２人目が著者

楊先生を訪ねる予定です。その際、彼の要望に便宜を図ってくれるようお願いします」と。

やがて、林義久社長が大阪から上京し、飯田橋の「問題と研究出版社」を訪ね、私と会談した。初対面の挨拶をした後、林社長は「『アジア・オープン・フォーラム』に参加するには特に資格の制限はありますか」と尋ねた。私は第八回大阪会議の名簿を出して見せた。名簿に載せている日華双方の参加者はほとんど政界、財界と学界の知名人であり、特に財界の方はすべて大手企業の代表者である。林社長は「私は政治家や学者または大企業の社長ではありません。中小企業の社長です。自費でオブザーバーとして参加できるでしょうか。無理な要望ですが、宜しくお願いします」と述べた。私は戸惑いを感じたが、「台北駐日経済文化代表処大阪分処の推薦」という理由を付けて邵玉銘主任に報告した。邵主任は快諾した。

結局、林義久社長は第九回の台中会議から自費でオブザーバーとして「アジア・オープン・フォーラム」に参加し、毎回台湾側代表団に台湾ドル十万元を寄付した。これを機会にして、林社長は日華「大陸問題」研究会議にも参加し、「アジア・オープン・フォーラム」と同様、毎回国際関係研究センターに十万元を寄付した。

第九回台中会議は一九九七年十月十七日から十九日までの三日間、「台中全国大飯店」で開催され、日本側代表団は亀井正夫団長をはじめ、計四十名が訪台し、「東アジア地域における相互依存と競争」を共通テーマに、政治、経済、文化の三セッションに分けて討議を深めた。三日目の十九日午後、日本側代表団と外国のオブザーバーは彰化県鹿港文化村（辜振甫氏尊父・辜顕栄の旧宅）を見学し、福建省泉州伝来の南管（別称「南音」、「弦管」、「南曲」など）の演奏を鑑賞した。

翌二十日午前、日本側代表団と外国のオブザーバーが台北に戻り、午後四時前後、総統府へ李登輝総統を表敬訪問し、約二時間にわたって日本語で歓談した。このフォーラムが台湾で開催されるとき、毎回総統府へ李総統を表敬訪問することが慣例となっている。その晩、日本側代表団は宿泊している国賓大飯店で答礼宴を催し、台湾側代表団のメンバーと外国のオブザーバーを招待した。

第十回会議は一九九八年十一月六日から八日まで、島根県の松江市で開催された。辜振甫団長が率いる四十数名の台湾側代表団は、六日の朝に台北からノースウェスト航空で関西空港に飛び、到着後すぐバスで伊丹空港に移動して日本エアコミュータに乗り換え、夕方にやっと出雲空港に到着した。

日本側の参加者も皆日本各地から松江に行き、移動時間はほとんど半日以上かかった。

交通、宿泊、観光旅行などは、日本側がＪＴＢ（Japan Tourist Bureau、日本交通公社）に委託した。会議の準備段階において、台湾側代表団の日程、航空便の乗り換え、宿泊、答礼宴、小旅行などについて、ＪＴＢの係りが二、三回国際関係研究センター東京事務所に来て私と打ち合わせをした。そして日本側の幹事団が松江へ行って会場、宿泊および小旅行コースを下見するとき、私と家内も招待を受けて同行した。下見は一泊二日の旅で、宿泊の「ホテル一畑」（宍道湖の湖畔にある）、会場の島根県立産業交流会館（くにびきメッセ）、出雲大社とその周辺を案内され、ならびにホテルでの食事、日本側の歓迎宴と台湾側の答礼宴の料理を試食した。ＪＴＢの周到な準備に感服した。

日本側主催の歓迎宴は六日の夜に「ホテル一畑」の平安の間で行われ、日本側団長・亀井正夫、台湾側副団長・辜濂松と島根県知事・澄田信義が相次いで挨拶の言葉を述べた。翌朝、島根県立産業交流会館「くにびきメッセ」で行われた開会式には亀井正夫団長、辜振甫団長および貴賓の塩川正十郎と郭婉容が挨拶の辞を述べ、約一時間で終わった。十時十分から本会議に入った。

本会議は「アジアにおける共通課題への挑戦」を共通テーマとし、三つのセッションに分けて八日午後四時まで熱烈に討論した。閉会式には中嶋嶺雄秘書長と邵玉銘秘書長がそれぞれ会議の成果を総括した。午後七時から、台湾側代表団が玉造グランドホテル長生閣の「八雲の間」で答礼宴を催した。翌九日午前、松江市内、出雲大社などの名勝古跡を見学した。午後、台湾側代表団は日本エアシステム航空で出雲空港から羽田空港へ、さらに中華航空に乗り換えて帰国した。

松江は地方都市であり、海外から、または日本各地から松江までの交通費は大きな負担になる。島根県は大規模な国際会議を誘致するため、「アジア・オープン・フォーラム」に交通費として五百万円を補助したといわれている。損得は別として、「アジア・オープン・フォーラム」という高いレベルの国際会議が松江で開催されること自体が大きな意味を持つ。また、「アジア・オープン・フォーラム」が松江で使った諸経費は数千万円にのぼり、地方の活性化につながる。島根県が国際会議を誘致したことに敬意を表したい。

ところで、気になることが一つあった。すなわち中嶋先生が閉会式で「二〇〇〇年に当フォーラムは李登輝総統時代の終焉とともに区切りをつけたい」と述べたことである。この点について、会議後、中嶋先生と雑談する機会があって、その真意を確かめた。中嶋先生は「物事には始めがあれば終わりがあり、最も盛んなうちに閉じるのが日本的な美学である」と説明した。つづいて、中嶋先生は「一九九九年の第十一回会議は楊さんの故郷である台南市で開催し、二〇〇〇年の最終回（第十二回）は私の故郷である長野県松本市で開催する予定である」と付け加えて述べた。

第十一回会議は一九九九年十二月三日から五日まで、台湾の古都である台南市で開催された。宿泊は台南大飯店と剣橋飯店（ケンブリッジ・ホテル）の二箇所で、本会議の会場は台南市議会会議大庁（ホール）を利用した。日本側代表団は亀井正夫団長をはじめ四十余名が羽田空港から中華航空で台北空港に到着した後、さらに中華航空の国内線に乗り換えて高雄空港へ飛び、高雄からバスで台南に移動した。

その晩、台湾側代表団は台南大飯店で歓迎宴を開き、双方の団長が挨拶した後、亀井正夫団長が同年九月二十一日未明に発生した台湾大震災に対し、「アジア・オープン・フォーラム」として一千万円の義援金を贈与すると表明し、その場で小切手を辜振甫団長に手渡した。

翌朝の開会式には辜振甫団長、亀井正夫団長、および貴賓の郭婉容と塩川正十郎が挨拶を行い、十時から本会議に入った。今回の会議は「海に生きるアジア」を共通テーマとし、三つのセッションに分け、一日半にわたって率直に論じ合った。閉会式には中嶋嶺雄秘書長と何思因秘書長が挨拶を兼ねて総括した。この時、中嶋先生は改めて二〇〇〇年の第十二回松本会議を最終回にする意向を表明した。

四日の晩、台南市長・張燦鍙が台南市長公館で晩餐会を開き、参加者全員を招待した。五日午後は私の案内で赤崁楼、延平郡王祠（鄭成功廟）、安平古堡、鹿耳門天后宮、正統鹿耳門聖母廟などの名勝古跡を見学した。夕方、奇美実業董事長・許文龍が日本側代表団、外国人のオブザーバーと台湾側の主なメンバーを招待して、国内外に名を馳せる奇美博物館を見学した。晩餐会には奇美管弦楽団が台湾の民謡を演奏し、許文龍董事長と中嶋嶺雄先生も十八世紀のバイオリン（時価五百万米ドル以上）を使ってそれぞれ一曲を弾いた。その晩、許文龍董事長の招待は実に至りつくせりのおもてなしであった。

第十二回の会議は二〇〇〇年十月二十九日から三十一日まで、長野県松本市で開催された。台湾側代表団五十余名は交通上の関係で、二十八日に来日、東京都千代田区の帝国ホテルに一泊してから翌朝バスで松本に移動した。その晩、宿泊のホテル・ブエナビスタで日本側が歓迎晩餐会を催した。開会式は三十日午前九時に始まり、亀井正夫団長、辜振甫団長、および貴賓の郭婉容と塩川正十郎が挨拶した後、すぐ本会議に入った。

本会議は「新世紀への知的戦略」を共通のテーマとし、三つのセッションに分けて討論した。閉会式は翌日の正午に行われ、何思因秘書長と中嶋嶺雄秘書長が閉会の辞を述べた。

昼食後、参加者全員が松本音楽文化ホール（The Harmony Hall）へ移動、才能教育研究会（スズキメソード）による歓迎演奏を鑑賞した。

つづいて、特別シンポジュウム「アジア・オープン・フォーラムの十二年間」が行われ、中嶋嶺雄先生は、フォーラムの縁起、世話人の発足、資金の調達、会議運営の方式を回顧した上で、このフォーラムが第十二回松本会議で終幕する理由について次の四点を挙げて説明した。

（1）物事には「始めがあれば終わりがある」（「有始有終」）からであり、最も盛んなうちに閉じたいという日本的な美学からである。

（2）多忙な公務の合間を縫ってこのような国際学術会議を十二年間も準備できたことの労苦からしばらく解放されたいからである。

（3）台湾側団長・辜振甫先生、日本側団長・亀井正夫先生はともにご高齢をして誠心誠意ご尽力いただいていることへの済まなさからである。

（4）そして李登輝時代の終焉とともに当フォーラムもささやかな歴史的役目を終えたいといういわば李登輝氏という類稀なるステイツマンと私たちとのいわば「一期一会」的な出会いを大切にしておきたいからである。

特別シンポジュウムが終わった後、双方の代表団と外国人ゲストは美ヶ原温泉「ホテル翔嶺」へ移動した。その晩、台湾側代表団は同ホテルで答礼宴を挙行した。

翌十一月一日、台湾側代表団と外国人ゲストは小旅行のため上高地へ移動した。宿泊の上高地帝国ホテルでチェックインを済ませ、すぐ着替えて上高地の晩秋を見物するために出かけた。歩行でホテルから河童橋まで往復するコースで、皆楽しみにしていたが、残念ながら、その日は雨が降り続き、しかも寒さが身を切るほどであった。悪天候の中で、張京育（欧亜基金会董事長）、林義久（ユニオンモーター社長）が先頭に立って歩き、皆を牽引した。私も先頭集団についていた。しかし、雨と寒さに耐えられず途中であきらめてホテルに戻った人も少なくなかった。

その晩、日本側が盛大な晩餐会を設け、双方の団長と貴賓が相次いで挨拶した後、中嶋先生はこの十二年間にフォーラムのために尽力した日本側の方々を会場の前に呼び出し、一列に並んで皆に紹介した。私は日本側のメンバーではないが、日華双方の窓口の責任者として十二年間にわたってパイプ役を果たしたという理由で、特別に紹介された。私はこの年の二月一日に定年退職となり、今回の会議には東海大学非常勤講師という肩書きで参加した。これは明らかに中嶋嶺雄先生のご高配であるが、往時を思えば感慨無量であった。

十一月二日午前、上高地で散策した後、東京へ移動した。帝国ホテルで一泊して、翌日、台湾側代表団は羽田空港から中華航空で帰国した。

第十二回の松本会議は二〇〇〇年の晩秋に開催され、李登輝総統は同年五月二十日に退任していた。

日本側の世話人会は、李登輝氏が知識人として「アジア・オープン・ホォーラム」に出席することは可能と判断し、日本政府に働きかけたが、日本政府は中共の圧力に屈してやはり同意しなかった。李登輝氏も日本政府に迷惑をかけたくないという考えでビザの申請をあきらめた。

七、亀井正夫団長と中嶋嶺雄秘書長への勲章授与

二〇〇〇年三月の正副総統選挙で、民進党の陳水扁・呂秀蓮組が国民党から立候補した連戦・蕭万長組および国民党から離脱して立候補した宋楚瑜・張昭雄組を破って当選した。新総統の就任式は五月二十日になっている。李登輝総統は退任する前の二月二十四日に総統府で「アジア・オープン・フォーラム」の功労者である亀井正夫団長と中嶋嶺雄秘書長に「大授景星勲章」を授与することを決定し、台北駐日経済文化代表処代表・荘銘耀に通達した。荘代表は私を案内役として指名し、二月二十三日に亀井団長と中嶋嶺雄秘書長に同行して訪台した。

その晩、李総統ご夫妻が公邸で歓迎晩餐会を催し、同席者は李総統ご夫婦をはじめ、亀井正夫団長、中嶋嶺雄秘書長、辜振甫団長、黄世恵副団長、辜濂松副団長、郭婉容女史、曾永賢先生（総統府国策顧問）と私であった。会食後、李総統は日本統治時代の台湾について日本語で約二時間にわたって皆と歓談した。中心話題は児玉源太郎総督と後藤新平民政局長の台湾に対する各種建設であった。

ところで、李総統が児玉源太郎を第五代の台湾総督と言ったとき、私はすぐに「児玉源太郎は第五

代の総督ではなく、第四代です」と申し上げた。李総統はそれを確認するため隣席の辜振甫団長に「児玉源太郎は第何代の総督ですか」と聞いた。辜団長はにこにこして「さあ、四代か、五代か、どちらでしょう」と答えた。そのとき、私の判断では正解が「第五代」であれば、辜団長はそのような曖昧な答え方をしないはずである。それは辜団長が遠慮して国家元首の誤りを明確に言おうとしなかったのである。辜団長の対応を見て、私は自分の発言はあまりも軽率かつ失礼だと感じ、悔やんで一夜眠れなかった。

翌日午前、総統府で亀井正夫団長と中嶋嶺雄秘書長に対する勲章授与式が行われる前、李総統は参列者と一人ひとり握手して挨拶を交わした。私は末席に座り、李総統が私の前に来たとき、私に「昨夜、皆が帰った後、書斎に入って調べた。楊さんのいうとおり、児玉源太郎は第四代目の台湾総督です。ありがとう」と述べた。私は李総統のまじめさに心から敬服している。

八、「アジア・オープン・フォーラム」における東京事務所の役割

元来、東京事務所の主要任務は『問題と研究』誌の編集と発行、日華「大陸問題」研究会議開催のパイプ役、日華学術交流の促進などであった。そのうち最も時間を取られるのは雑誌の編集である。事務所の人事編制は僅か二人だけで、すなわち特派員と助手の二人である。私が特派員として赴任した初期の助手は何済東であった。

何済東が辞任した後、専任の助手を雇わずに、アルバイトの形で台湾の留学生（院生）または留学生の妻を雇用するように切り替えた。留学生のアルバイトは原則として一人週に二日出勤し、数人で順番に来て業務を手伝う。通常は一日一人であるが、多忙なときは一日二、三人を使うときもしばしばあった。特に「アジア・オープン・フォーラム」が創設した後、業務が大幅に増えたため、アルバイトはほとんど毎日二人来てもらった。

「アジア・オープン・フォーラム」（「亜洲展望」研討会）は国際関係研究センター東京事務所を日華双方の窓口とし、会議に関する業務はすべて東京事務所を通じて連絡する。フォーラムに関する主な業務は大別して次の四項が挙げられる。

（一）企画案の伝達：主催者側が企画した会議の日程、会議の共通テーマと各セッションの報告議題、宿泊と会場、交通と小旅行などの草案を相手側に伝達し、相手側が企画案に同意すれば、そのまま実行に移されるが、不明な点があれば東京事務所を通じて確認する。

（二）報告論文、特別講演、団長の挨拶、貴賓の挨拶または祝辞などの転送：日本文を中国文に翻訳して印刷する作業は国際関係研究センターが担当するが、日本側はほとんど（株）サイマル・インターナショナルに委託している。東京事務所は双方の原稿が入手次第すぐ相手側の方へ転送する。ただし、李登輝総統の祝辞原稿はいつも開会式前日にファクスで私宛に東京事務所に送り、私は即座にまたファクスでその原稿を中嶋嶺雄先生の研究室に転送する。中嶋先生は中国語のできる弟子（院生）に翻訳させ、出来上がったとき、訳文を確認するため、中嶋先生はつねに夜中に私と電話で一句一句チェックしていた。

（三）日本側の世話人会と事務局との打ち合わせ：日本側には「アジア・オープン・フォーラム」というメンバー制の組織があり、運営は世話人会が担っているが、実務は事務局の（株）サイマル・インターナショナルに委託している。日本側の世話人会議に私もしばしば呼ばれて参加し、会議の地点、共通テーマ、各セッションの議題、参加人数、出席する双方の貴賓、李登輝総統の訪日問題（日本側主催の会議）、総統府への表敬訪問（台湾側主催の会議）、小旅行地点とコースなどについて打ち合わせをする。サイマル・インターナショナルとの打ち合わせは主に事務的な問題で、例えば空港の送迎、バスの手配、貴賓の接待、参加者の部屋割り、会場と宿泊の移動、食事と宴会、同時通訳の設備、会議に関する印刷物の配布、受付の人員、などである。

（四）台北駐日経済文化代表処新聞組（広報部）との打ち合わせ：会議の日程、参加人数、貴賓の接待、空港の通関手続き、答礼宴経費の支援、東京駐在の台湾報道関係者の取材などについて協議する。

九、多忙な公務の合間を縫って会議を準備する中嶋嶺雄先生

「アジア・オープン・フォーラム」は一九八九年に創設され、二〇〇〇年の第十二回松本会議で終幕した。その間、中嶋嶺雄先生はずっと日本側の秘書長を務めていた。前半の六年間、中嶋先生は東京外国語大学教授であったが、一九九五年から同大学の学長に就任し、二〇〇一年に退任した。学長

在任中、中嶋先生は東京都府中市朝日町の新キャンパス建設工事に忙殺され、二〇〇〇年に東京外国語大学を北区西ヶ原の旧キャンパスから府中市の新キャンパスに移転した。後半の六年間、中嶋先生は激務に追われながら、引き続き「アジア・オープン・フォーラム」の秘書長を務めていた。秘書長は日本側の世話人会および代表団の中心人物であり、多忙の合間を縫って会議を準備しなければならないので、大変苦労なさったと思う。

中嶋先生は一分一秒を争うほど忙しいので、いつも夜中まで仕事をする。したがって、彼は私に「会議に関する重要な連絡事項があれば、夜中に電話をかけても構いません」という。また、会議が台湾で開催される場合、中嶋先生は誠意を示すため、開会式の辞は必ず中国語で述べるが、その原稿はいつも機内で書き、出来上がったら、私を呼んで一緒に原稿をチェックする。

夏休みや春休みの期間、中嶋先生はつねに故郷の長野県松本市にある別荘に行って出版する本を書く。別荘滞在中、会議に関する重要事項は互いに電話で協議する。中嶋先生は多数の著書を出している。「アジア・オープン・フォーラム」十二年の間に出版した本は単著九冊、共著五冊を数える。書名は次のとおりである。

単著：

『中国の悲劇』（講談社、一九八九年）、『中国革命とは何であったのか』（筑摩書房、一九九〇年）、『国際関係論～同時代への羅針盤』（中公新書、一九九二年）、『三つの中国～連繋と相反』（日本経済新聞社、一九九三年）、『中国経済が危ない』（東洋経済新報社、一九九五年）、『中国はこうなる！～鄧小平亡き後の危険な大国の深層』（講談社、一九九五年）、「沈み行く香港」（日本経済新聞社、一九九七年）、『香港回帰～アジア新世紀の命運』（中公新書、一九九七年）、『中国・台湾・香港』（ＰＨＰ新書、一九九九年）

共著：

（岡崎久彦）『日本にアジア戦略はあるのか～幻想の中国・有事の極東』（ＰＨＰ、一九九六年）、（深田裕介）『アジアは復活するのか～経済危機と日本の戦略』（ＰＨＰ、一九九八年）、（深田裕介）『アジアに未来はあるのか～憂鬱の中国、絶望の北朝鮮、危うい日本』（ＰＨＰ、一九九九年）、（李登輝）『アジアの知略～日本は歴史と未来に自信を持て』（光文社カッパ・ブックス、二〇〇〇年）、（古森義久）『中国は脅威か～幻想の日中友好』（ＰＨＰ、二〇〇〇年）

十、李登輝氏の訪日

李登輝氏は副総統時代の一九八五年中南米諸国訪問の帰途に東京に立ち寄ったことがあるが、一九八八年から二〇〇〇年までの総統在任中は日本を訪問したことはなかった。それは日本政府が中共の圧力に屈して李登輝氏に入国ビザを認めなかったからである。「アジア・オープン・フォーラム」を日本で開催するとき、日本側は何度も李登輝氏を一知識人として招待する計画を立てたが、残念ながら、その努力はすべて失敗に終わった。

その後、李登輝氏は岡山倉敷の病院で心臓病の治療を受けるため、二〇〇一年四月、訪日のビザを申請した。中共は頑強に反対したが、森喜朗首相は「人道上の問題」としてビザの発給を指示した。これによって李登輝氏の十六年ぶりの訪日が実現したのである。そして二〇〇四年十二月、李登輝氏は、また観光目的で三年八ヶ月ぶりに訪日し、名古屋、金沢、京都などを観光した。だが、この訪日において、日本政府は李登輝に対して三つの条件をつきつけた。すなわち「政治活動を行わない」、「記者会見を行わない」、「議員との接触を行わない」という理不尽な条件であった。

「アジア・オープン・フォーラム」は二〇〇〇年の松本会議で終幕したが、その後、組織体として存続し、すでに総統を退任した李登輝氏の訪日を計画していた。中嶋嶺雄先生は二〇〇〇年「アジア・オープン・フォーラム」が終幕した翌年に東京外国語学大学学長を退任し、北九州市立大学大学院教授を経て、二〇〇四年秋田の国際教養大学の初代理事長兼学長に就任した。中嶋先生は、日本政府が一市民になられた李登輝氏の訪日に条件をつけるのは理不尽であり、あくまでも一般の観光客と同様なビザを発給すべきである。したがって、中嶋先生を中心とする同フォーラムの世話人会は、李登輝氏にもっとも相応しい形で同氏の訪日を招待することを決定した。

二〇〇七年五月末から六月上旬にかけて、「アジア・オープン・フォーラム」の招待で李登輝氏ご夫婦が来日した。日本滞在中、李登輝氏は念願の「奥の細道」を訪問し、ならびに実兄が祭られる靖國神社を参拝した。なお、同フォーラムのアレンジで、東京において三回の会合を催した。六月一日午前、国際文化会館（六本木）の「岩崎小弥太記念ホール」において、李登輝氏の「後藤新平賞」受賞記念講演が行われ、李登輝氏は「後藤新平と私」を題にして講話した。七日夜、ホテル・オークラの「平安の間」で、李登輝ご夫妻歓迎講演会が行われ、李登輝氏は「二〇〇七年以後の世界情勢」について講演した。八日夜、同ホテルの本館「クリフォード」において、李登輝ご夫婦が答礼宴を主催し、「アジア・オープン・フォーラム」の関係者約五十人を招待した。

以上三つの会合に私は「アジア・オープン・フォーラム」の一員として全部出席した。特に李登輝ご夫婦主催の答礼宴に招待されたことは身に余る光栄と思っている。残念なことに、中嶋嶺雄先生は、二〇一三年二月十四日、秋田市の病院で肺炎により逝去した。享年七十六歳であった。

第十二章　国際関係研究センター駐東京特派員在任中の学術活動

一九八〇年十一月二十二日東京事務所に派遣されてから二〇〇〇年二月一日定年退職するまで、東京勤務期間は計二十年二ヵ月に及んだ。その間、『問題と研究』誌の発行、日華大陸問題研究会議とアジア・オープン・フォーラム（「亜洲展望」研討会）のパイプ役、および日華学術交流の促進などの業務を遂行する傍ら、東海大学非常勤講師、学会での研究報告、研究会または各種団体での講演など、諸般の学術活動に従事していた。これらの学術活動は日華学術交流の一環ともいえる。以下、主な活動を幾つか取り上げて紹介しよう。

一、東海大学非常勤講師

一九八〇年夏、東京に派遣されることが決まった直後、東海大学に勤務している京都大学東洋史研究科一年先輩の西村元照教授が資料収集のため台湾を訪問した。私は彼の宿泊先である師大校友楼（台湾師範大学の校友会館）に行って彼とコーヒーを飲みながら雑談した。私は年内に国際関係研究センター東京事務所に派遣されることを西村さんに話したところ、彼は「東京に赴任した後、もし東海大学で非常勤講師として教鞭をとる意向があれば、確約はできませんが、推薦してみます」と勧めた。私は「ぜひお願いします。台湾の教育部の規定では、大学の教師が他校で週に四時限の授業を兼任することはできます。ただし、台湾の一時限は四十五分、日本の一時限は九十分となっているので、もし東海大学に兼任のチャンスがあれば二時限でいいです」とお願いした。

東京事務所に着任してまもなく、西村さんから「東海大学非常勤講師の件は決まりました。所属学科はアジア文明学科東アジア課程、担当科目は中国近代史、週に講義と演習各一時限、通年各四単位」という知らせが来た。これにより一九八一年四月から東海大学非常勤講師になった。

中国の近代史は、内憂外患こもごも至る時期の歴史であり、台湾の大学では文系、理系を問わず、通年四単位の必修科目になっている。私は東京に派遣される前、台湾の私立世界新聞専科学校（現私立世新大学）で非常勤講師として二年間（一九七八年八月～一九八〇年十一月）この授業を受け持った経験がある。したがって、東海大学で同じ授業を担当することは私にとっては慣れた科目である。

私は中国近代に発生した鴉片《アヘン》戦争、太平天国の乱、洋務運動、日清戦争、戊戌変法、義和団の乱、辛亥革命、中華民国の樹立、民国初期の政局、軍閥混戦、五四運動、国民革命、第一次国共合作、第一次国共内戦、満洲事変、西安事変、第二次国共合作、抗日戦争、国民政府の台湾接収、「二二八事件」、第二次国共内戦、国民政府の台湾移転、両岸の分裂・分治、戦後の日中関係などを講義のテーマにして、一学期に一つか二つの問題を取り上げて講義した。

演習は講義内容と関係ある漢文資料をテキストにして中国語で講読する授業である。例えば西安事件に関しては蔣介石の「西安半月記」（『革命文献』第九十四輯「西安事変史料」）を、国民政府の台湾移転に関しては杭立武著『中華文物播遷記』（故宮博物院文物の移転記）を、「二二八事件」に関しては台湾省文献委員会編印『二二八事件文献輯録』をそれぞれ演習のテキストとした。中国語で演習授業のテキストを読むので、授業を受ける学生は中国語を履修した者に限定していた。

中国近代史の授業は七、八年続いたが、それ以降の授業は台湾の歴史と両岸の関係に切り替えた。何故なら、一九八〇年代後半から台湾の政治・経済が大きく変化し、世界の注目を浴びるようになったからである。周知のとおり、一九八七年七月十五日、蔣経国総統は台湾に敷いた戒厳令を解除した。同年十一月二日には「大陸探親」(大陸への里帰り)を解禁し、両岸の人的交流をスタートさせた。翌一九八八年一月十三日蔣経国総統が逝去し、中華民国憲法に基づき、李登輝副総統が総統に昇格した。李登輝氏が総統に就任した初期、蔣経国総統の路線を継承し、政治改革と両岸の交流を推進した。その後、李総統はさらに中華民国憲法の修正を行い、台湾に適用する増修条文を制定した。その結果、一九四八年に選出された第一期の中央民意代表(国民大会代表、立法委員、監察委員)が引退し、第二期から全面改選になり、また、元来国民大会代表によって選出される総統・副総統も直接民選に改められた。

このほかに、李登輝総統は、台湾と大陸の関係を特殊な国と国との関係であると発言し、いわゆる「二国論」を表明した。なお、国民中学の教科書として国立編訳館が主編した『認識台湾』の「歴史篇」において日本の台湾統治時代の歴史を見直した。これら一連の改革は国内外の注目を浴び、台湾問題の研究ブームを巻き起こした。

その影響を受けて、私が東海大学で担当する講義と演習の授業は一九八八年から台湾の歴史に切り替えた。当時、日本の学界では台湾の歴史は中国歴史の一部と看做され、したがって私が担当する授業内容の変更は特に問題はなかった。私は『認識台湾』の「歴史篇」に基づいて台湾の歴史を先史時代、国際競争時代、鄭氏治台時代、清朝領有時代、日本統治時代、中華民国在台時代に区分して講義と演習の授業を行った。

そして九〇年代後半に入ると、両岸の関係が学界で重要視され、東海大学アジア文明学科東アジア課程も時勢の変化に順応してカリキュラムの再編に両岸関係を一つの科目にした。それ以降、私の担当科目は中国近代史から両岸関係に変更された。

公務に対する影響を最小限に抑えるため、私は授業を毎週金曜日の午後三時限と四時限にし、当日の午前中に緊急な公務があれば事務所へ行って業務を処理してから、小田急電車で東海大学へ行くが、緊急な公務がなければ住まいの国分寺から乗用車で直接大学へ行く。一九八〇年代車載電話機（自動車電話）があったが、価格は固定電話より数十倍も高いので、一般サラリーマンにとって手が出ないものである。したがって、つねに途中で停車して公衆電話を使って事務所の助手と連絡する。急用がある場合、電話で助手に指示して処理させる。当時、日本はすでに週休二日制を実施していたが、台湾では土曜日も出勤するので、東京事務所も休まない。

ところで、二〇〇〇年二月一日、私は定年で政治大学国際関係研究センターを退職し、翌年四月から平成国際大学の専任教授となった。そのために、同年前期の東海大学の授業を集中講義に改め、真夏の八月に東海大学の「松前会館」に一週間寝泊りして授業を行った。この集中講義は私の二十年間にわたる東海大学非常勤講師の最後の授業となった。辞職後、東海大学から功労賞として金一封をいただいた。

二、日本の学会における活動

私は一九六九年四月京都大学に留学したときに東洋史研究会に入会した。それ以来、東洋史研究会の会員となって二〇一〇年前後に退会した。会員年数は四十三年に及ぶ。同会は毎年十一月三日「文化の日」に京都大学楽友会館で年一度の研究大会を開催している。

在学中の六年間、私は毎年研究大会に出席したが、当時まだ院生の身分であったため大会で研究報告をしたことはなかった。ただし、同会発行の『東洋史研究』（季刊）に論文を発表したことがある。すなわち同誌の一九七三年十二月号（第三十二巻第三号）に掲載された「清代東三省開発の先駆者～流人」という論文である。このほかに、同誌編集部の依頼を受け、台湾大学政治学科教授・繆全吉著『清代幕府人事制度』（幕府は幕賓、幕僚ともいう）に対する書評（一九七四年六月号、第三十三巻第一号）を書いたこともある。

一九七六年七月政治大学国際関係研究センターに就職した後、東洋史研究会の会員であり続けたが、しかし、台湾に帰国していた四年半の間、同会の研究大会に出席したことはなかった。そして一九八〇年十一月、国際関係研究センター東京事務所に派遣された後、公務に追われ、その上研究分野が変ったこともあって同会の研究大会にはほとんど出席しなかった。

駐東京特派員に着任した後、業務上日本の国際問題や中国問題の学者との交流を広めるため、一九八四年五月、東京外国語大学の中嶋嶺雄教授と宇佐美滋教授の推薦を得て日本国際政治学会に入会した。入会の申請において、当初、私は中華民国国立政治大学国際関係研究センター駐東京特派員の肩書きを使おうと考えていたが、中嶋先生は日本と台湾の間には国交がなく、中華民国を冠する国立政治大学の肩書きを使うと、理事会の入会審査において問題になる可能性があると説明したので、東海大学非常勤講師の資格で申請して入会した。

入会初期、私は研究大会で三回報告した。第一回は一九八六年五月、名古屋大学で開催された春季大会の分科会において、「第一次国共合作」について報告した。この分科会の議長は中嶋嶺雄教授が務め、評論者は愛知大学の池上貞一教授であった。会議中、中国国民党史の権威者である慶應義塾大学の山田辰雄教授も発言し、幾つかの問題点を指摘してくれた。これを機会に山田先生と知り合いになり、その後、彼の主催する慶應義塾大学の地域研究センターの研究会にしばしば出席した。

議長を務めた中嶋先生は私を中華民国国立政治大学国際関係研究センター駐東京特派員と紹介したので、それ以降、同会の研究大会の参加申込書に私は所属の欄に「中華民国国立政治大学国際関係研究センター駐東京特派員」と記入し、同会配布の参加者名簿のなかにそのまま掲載された。

報告内容はすでに『問題と研究』の一九八五年一月号に掲載された「所謂『第一次国共合作』の真相（一）」と一九八六年二月号に掲載された「所謂『第一次国共合作』の真相（二）」の論文をまとめたものである。

第二回は一九八七年十月、久留米大学で開催された秋季大会の分科会において、「台湾の政治改革」について報告した。この分科会の議長は中嶋嶺雄先生が務めた。報告内容は後に整理して「中華民国の新しい挑戦～政治改革」というテーマで『問題と研究』の一九八七年十二月号に掲載されている。会議後、家内を誘って熊本、阿蘇山を経て大分県別府に赴き、京都大学留学時代、大変お世話になった大家の青木さんの奥さんを訪ねた。奥さんは青木さんが亡くなった後、別府の実家に戻り、親戚と一緒に住んでいる。翌日、別府の地獄めぐりをしてから東京に帰った。

第三回は一九八九年五月二十日から二十一日までの二日間、一橋大学で開催された春季大会「部会V・台湾」において報告した。この部会の議長は中嶋嶺雄教授が務め、報告者は昭和大学教授・黄昭堂先生と私であった。黄昭堂先生の報告テーマは「台湾人のアイデンティティ」で、私の報告テーマは「台湾海峡両岸関係の新しい展開」であった。中嶋先生は開会挨拶の冒頭に、「台湾部会はバランスをとるため、報告者を体制内の楊合義先生と体制外の黄昭堂先生をお招きしたのである」と述べた。

私が先に報告し、その次に黄先生が報告した。報告が終わった後、出席者の質問は私に集中した。何故なら、その頃、天安門広場に約百万人の学生や若者が集まり、座り込んで中共当局に政治改革を要求する運動を展開していたからである。国際政治学会の春季大会はたまたま天安門広場の大規模な政治改革運動の最中に開催された。私は事前に天安門広場の集会とその経緯を把握しておらず、質問者に満足できるような応答はできなかった。幸いに、黄昭堂先生が積極的に発言して私を助けた。黄昭堂先生のお名前はかねがね伺っていたが、彼に会ったのはこの時が初めてである。今回の台湾部会で報告した「台湾海峡両岸関係の新しい展開」の論文は『問題と研究』の一九八九年六月号に掲載されている。

振り返ってみれば、日本国際政治学会に入会した最大の収穫は多数の中国問題と国際問題の専門家と知りあったことである。

三、行政院大陸委員会設立当初の訪日研修団の案内

一九九二年行政院大陸委員会が発足したとき、中華民国政府は日本の対中国経済交流の経験を吸収するため、大陸委員会（以下「陸委会」と略称）の法政処長・朱武献と経済処長・陳明璋ら四、五人からなる研修団を日本に派遣することを決めた。同研修団が希望する訪問先は中共と関係ある日本の経済機構または研究機構であり、台北駐日経済文化代表処は立場上それらの機構と接触することはできない。したがって、陸委会は学術機構である国際関係研究センター東京事務所が訪問先をアレンジしてくれるよう林碧炤主任に要請した。

私は林主任の指示を受けて、日中経済協会、日中租税研究会、日中経済法律センター、三菱総合研究所総合調査部などを訪ね、陸委会との会談を打診した。これらの機構も台湾の対大陸政策を知りたいので、陸委会研修団の訪問を歓迎する意を示し、訪問の日程と会談の方式を決めた。私は早速訪問日程表を作成して林主任に報告した。約一週間後に朱武献処長が陸委会の研修団を率いて来日した。

研修団は来日の翌日から、日中経済協会、日中租税研究会、日中経済法律センター、三菱総合研究所総合調査部という順で二日間の日程で四つの機構を訪問した。通訳のため、私は助手二人を連れて

研修団と同行した。初日午前の訪問先は、日中経済協会で、双方の出席者は通訳を含めてそれぞれ七、八人であった。会談の議題は、台湾の対大陸政策と両岸の人事・経済交流の現状、および日本の対中貿易と投資に関する諸問題を重点に置き、約二時間にわたって意見交換した。台湾側は特に日中間の投資保護協定や貿易クレームについて質疑し、日本側から大変参考になる説明を受けた。

初日の午後、研修団は日中租税研究会を訪問した。会談の主な議題は企業投資の租税問題であった。会談中、台湾側は「中国大陸で投資する日本の企業が最も困難または悩む問題は何でしょうか」と質問した。日本側は「非経済コストが計算し難いことです。非経済コストとはすなわち『走後門（裏取引）』、『送紅包（賄賂）』のことです。例えば、工場を建設するとき、敷地の租借、建設の許可、水道・電気・ガスの供給、電話の設置、工場建設完成の使用許可などの申請は、当局の関係者に賄賂を贈らないと、許可がなかなか下りない。しかし、賄賂を贈ると、すぐ便宜を図ってくれる」と答えた。このような悪習は国民政府が台湾に移転した初期もよくあったことなので、台湾側の皆さんはにこにこ笑って聞いただけで、驚きを感じなかった。

二日目、研修団は午前に日中経済法律センターを、午後に三菱総合研究所総合調査部を訪問した。日中経済法律センターの代表理事・糸賀了と三菱総合研究所総合調査部主任研究員・稲垣清はともにアジア・オープン・フォーラムのメンバーであり、会談はリラックスした雰囲気で行われた。会談後、両機構はそれぞれ研修団に参考資料を贈呈した。三日目は、私の案内で、神田の書店街をめぐって参考になる書籍と雑誌を買い、東京事務所の助手が梱包して船便で陸委会に送った。

四、政治大学選挙研究センター訪日の案内

一九九六年十月二日に行われた日本の衆議院議員総選挙は、今までの中選挙区制に代わり、小選挙区比例代表並立制が用いられた。中華民国政府も立法院総選挙にこの制度を導入しようと検討しているので、与野党とも研修団を日本に派遣した。中国国民党は、同年三月中華民国正副総統選挙において李登輝・連戦組選挙本部長を務めた政治大学選挙研究センター主任・黄徳福教授を団長に、同センターの劉義周教授、游清鑫講師（当時）を含め約五、六人からなる研修団を日本に派遣した。私は黄徳福教授からの依頼を受け、同研修団の訪日スケジュール組み、案内役を務めることになった。

同研修団訪日のスケジュールを作成するとき、訪問先の選定について日華関係研究会（現日台関係研究会）の理事である平成国際大学の酒井正文教授と浅野和生助教授（当時）の助言に基づいて参議院法制局、自民党と新進党の衆議院議員候補の選挙事務所各一か所を訪ねることにした。

参議院法制局への訪問は元参議院法制局長浅野一郎先生（当時・徳山大学学長、日華関係研究会会長）にお願いして交渉した結果、承諾された。自民党候補の選挙事務所は私が東京第二十三区（町田市と多摩市）から出馬する伊藤公介の事務所を選び、彼の秘書を務める吉原修（元倉石忠雄先生の秘書、後の東京都議会自民党幹事長）に頼んでアポイントメントをとった。新進党候補の選挙事務所は浅野和生先生のアレンジで埼玉県第十四区（八潮市、三郷市、幸手市、春日部市、久喜市、北葛飾郡）の山田英介選挙事務所を訪問することになった。

黄徳福教授の率いる研修団は九月二十九日に来日、翌三十日から研修活動を始めた。最初の訪問先は参議院法制局で、小選挙区比例代表並立制について講義を受けた。講義は午前九時から十二時まで三時間にわたって行われ、講義が終わると、同局は事前に用意した小選挙区比例代表並立制に関する資料を一セット研修団に贈呈した。昼食には法制局が豪華な弁当を注文して研修団に供した。法制局の手厚い接待はすべて浅野一郎先生のたまものである。

同日午後、黄徳福一行は私の案内で町田市にある伊藤公介の選挙事務所を訪問した。投票二日前なので、選挙事務所には大勢の支持者が慌しく出入りしている。伊藤先生は選挙運動に出かけているので、お目にかかることはできなかった。吉原修秘書はわれわれを迎え、約一時間にわたって第二十三区の選挙情況について詳しく説明してくれた。彼の分析では、町田市においては伊藤公介が優勢であるが、多摩市は相手の地盤なので、両陣営の競り合いは接戦の状態だという。

翌十月一日午前は東京都内で数か所の候補者の街頭演説を見学した。午後は、浅野和生先生の案内で、埼玉県第十四区の新進党公認候補の山田英介の選挙事務所を訪問した。山田英介は元来公明党に所属していたが、一九九四年新進党に加入、小選挙区比例代表並立制が実施された一九九六年十月の第四十一回衆議院総選挙において、新進党公認候補として埼玉県第十四区から出馬した。同選挙区は自民党、新進党、民主党による三つ巴の戦いであった。

翌二日の晩、開票の結果、伊藤公介が当選し、山田英介は自民党の三ツ林弥太郎に敗れて落選した。私は黄徳福一行を誘って町田市に行き、伊藤公介の当選を祝賀した。

黄徳福一行は帰国後、訪日の研修成果を国民党に提出した。一九九六年年末、政府が国家発展会議を招集し、立法委員選挙制度改革について国民党と民進党が協議した結果、小選挙区と政党比例代表制が並立するというコンセンサスに達した。しかし、憲法修正、政権交代、立法委員任期の調整などにより、二〇〇八年七回立法委員改選のときに、日本式の小選挙区比例代表並立制が初めて実施された。

一九九六年黄徳福一行が訪日した際、平成国際大学の酒井正文教授と浅野和生助教授から多大な支援を受け、これをきっかけに政治大学選挙研究センターと平成国際大学の交流が始まり、現在に至っている。二〇〇二年、政治大学選挙研究センターの劉義周教授、游清鑫講師らが日本選挙学会に加入する意向を酒井先生と浅野先生に示した。

浅野先生は、当時の日本選挙学会理事長である慶應義塾大学の小林良彰教授に電話をかけ、政治大学選挙研究センターの劉義周教授、游清鑫講師らの日本選挙学会に加入する可能性を打診した。小林理事長は、「中国大陸には選挙がなく、学者が選挙を研究すれば民主化運動の反体制分子にみられるのだから、大陸の学者が日本選挙学会に加入することはあり得ない。したがって、台湾の政治大学選挙研究センターの学者が日本選挙学会に加入することは問題にならない」という見解を示した。かくして酒井先生と浅野先生の推薦により政治大学選挙研究センターの劉義周教授、游清鑫講師らが日本選挙学会に加入したのである。

それ以来、政治大学選挙研究センターの劉義周教授、游清鑫講師らは毎年日本選挙学会の研究大会に出席し、研究発表もした。游清鑫が教授に昇進して政治大学選挙研究センター主任になった後、二回（二〇〇六～二〇〇七年度と二〇〇八～二〇〇九年度）日本選挙学会の理事に選出された。游清鑫教授の後を継いだ黄紀教授も二〇一〇～二〇一一年度に同学会の理事に選出された。

五、講演

駐東京特派員の二十年間、しばしば各種団体の要請に応じて講演する機会があった。講演のテーマは概ね台湾事情、大陸事情、両岸関係、日台関係、日中関係などに関するものであるが、時勢の動向に沿って先方がテーマを指定する場合もある。多数の講演の中で特に印象深いのは次の三つである。

(一) 亜細亜大学アジア研究所主催の公開講座

一九八二年、たまたま中共の僑務政策と僑務工作に関する資料を入手し、それを整理して「中共の華僑政策と問題点」という題名をつけて『問題と研究』（一九八二年十二月号、第十二巻第三号）に発表した。論文の内容はこれまでの中共の僑務政策とその工作を「文革」以前、「文革」時代、「文革」以後の三段階に分けて、その移り変わりを紹介すると同時にその問題点を取り上げて論述したものである。

この論文が掲載された後、二つの研究機構の要請を受けて講演した。一つは国際情勢研究会で、これは桑原寿二先生が嘱託として勤務している機構である。もう一つは亜細亜大学アジア研究所である。

私が「中共の華僑政策と問題点」を発表したとき、ちょうど亜細亜大学アジア研究所が中国問題に関する公開講座を企画しているところであった。当時同研究所の所長は日華大陸問題研究会議の主要メンバーである倉前盛通教授で、彼は私に公開講座で中共の華僑政策について講義して欲しいと要請し、私は承諾した。

公開講座の講師は東京大学教授・衛藤瀋吉、東京外国語大学教授・中嶋嶺雄、亜細亜大学教授・清水徳蔵と私の四人である。著名な学者と一緒に公開講座の講師を担当するのは光栄であるが、内心では不安な気持ちがあった。

公開講座の聴講者はほとんど社会人で、参加者は数百人にのぼり、講堂は満席になった。大学で数百人の学生に講義する授業には慣れているが、数百人の社会人を相手に報告するのはこれが初めてである。したがって、自分の書いた論文に基づいて報告する講義なのに、終始緊張していた。幸いに活発な質疑に対する応答は難なく切り抜け、最後に「ご清聴ありがとうございました」といって会場を離れた。

(二) アジア社会問題研究所での講演

一九八八年一月十三日、蔣経国総統が逝去し、李登輝副総統が中華民国憲法に基づいて総統に昇格した。当時、台湾は経済面で目覚ましい発展を成し遂げ、政治では民主化を推進しつつあり、これに加えて初の台湾人の総統として李登輝氏が登場した。台湾の成功と変化が内外の注目を浴び、国際関係の分野において台湾問題は一つの焦点となった。

そこで、アジア社会問題研究所は二月二十二日の月例研究会にサンケイ新聞東京本社政治部次長（デスク）の住田良能氏（後に産経新聞代表取締社長に就任）を招いて台湾の現状と今後の動向について講演する予定であった。ところが、その前夜十一時半頃、住田さんが突如電話をかけてきて、「明日アジア社会問題研究所に定例研究会があり、私が講師としてお話しすることになっていますが、急に近親に不幸があり、ピンチヒッターとして貴方がやってくれませんか」と私に頼んだ。翌日のことであり、徹夜で準備しても間に合わないと思っていたが、しかし、住田さんは『問題と研究』誌の編集委員であり、断るわけには行かないので引き受けた。

電話を受けた後、もう眠れないので、そのまま起きて参考になる資料を探し、本棚に並んでいる自分の論文の抜刷を調べたところ、「中華民国の新しい挑戦～政治改革」（『問題と研究』、一九八七年十二月号）という論文が見つかった。早速一冊の抜刷を取り出して通読した後、この論文を基にして蔣経国の後を継いだ李登輝総統の下で、今後の台湾はどう変化していくかを加味すれば対応できると確信した。これで緊張感が消え、すぐ布団に入って夜明けまでぐっすりと寝入った。

翌朝、問題と研究出版で参考になる資料を読みながら、報告のレジメを作成し、「変革期を迎える中華民国」という題名をつけた。早速事務所の助手にレジメと「中華民国の新しい挑戦～政治改革」の抜刷をそれぞれ五十部コピーしてもらった。研究会は午後二時から始まるが、私は準備を整えた後、正午過ぎに東京都港区西新橋にあるアジア社会問題研究所に赴いた。

到着後、同研究所の応接間で林卓男理事と初対面の挨拶をし、略歴とレジメおよび「中華民国の新しい挑戦～政治改革」の抜刷を手渡した。しばらくして、林卓男理事に案内されて会場に入った。その瞬間、講師が別人なので、会場の皆さんは驚きの目つきで私を見ていた。林理事が司会を務め、まず講師の変更について、「ご案内してありますサンケイ新聞の住田氏にご出席いただくはずでありましたが、昨夜、御近親に御不幸がありましたので急遽選手交代となって、楊合義先生に御出席いただくことになりました」と説明してから私の略歴を紹介した。

つづいて、私は壇上に立ち、簡単な挨拶をしてから、「本日のご報告のテーマは『変革期を迎える中華民国』となっていますが、準備の時間がありませんので、只今皆さんに配りました『中華民国の新しい挑戦～政治改革』の抜刷に基づいて、まず台湾の現状についてご報告いたします。これを土台にして最近蔣経国総統がなくなられ、その後を継いだ李登輝総統の下で、中華民国の政治状況など各方面において、変化するかどうかを展望するつもりです。なお、日本と台湾との関係は非常に密接ですから、今後の日台関係についても少し触れたいと考えています」と、報告の概容を述べた。

会場は満席で、出席者はおよそ四、五十人を数える。皆興味深く熱心に私の報告を聞き、最後三十分の質疑応答も非常に活発であった。報告の内容と質疑応答は、全部アジア社会問題研究所発行の月刊誌『アジアと日本』（一九八八年四月号、通巻一七一号）に掲載されている。

(三) 社団法人・亜東親善協会での講演

一九九〇年六月二十六日（火）、東京・全共連ビル「マツヤサロン」で開催された亜東親善協会（会長・原文兵衛）主催の研究会で、「現段階における台湾海峡両岸の関係」をテーマにし、一九九〇年前後の両岸交流に関する双方の動きについて講演した。講演の内容は、中共側の動き、中華民国側の動き、両岸交流の実態、統一問題に関する問題点の四項目を含む。その要旨は同協会刊行の『研究資料』一九九〇年八月第四十七号に掲載されている。

(四) その他

このほかにもいろいろな団体の要請に応じて講演した。例として、以下に五つの団体での講演を挙げよう。

1、春秋会（ダイヤモンド社ビル内、会長・棚村浩三）主催の講演会：台湾をめぐる内外情勢などについて数回講演した。

2、関野英夫先生のアレンジで「水交会」で台湾をめぐる内外情勢について講演した。

3、民主統一連盟主催の講演会：一九九九年十一月十日、国立オリンピック記念青少年センター（第一棟四一六室）で、「新しい台湾は何を目指すか」をテーマに講演した。

4、春秋会会員の平岡和雄氏のアレンジで引退した牛場信彦大使、大企業の会長などのグループに銀座の「吉兆」で、台湾をめぐる内外情勢について報告した。

5、紀興東先生のアレンジで「黒龍会」というグループに台湾をめぐる内外情勢について講演した。

六、日華関係研究会（二〇〇三年に日台関係研究会と改名）

日華関係研究会は一九九五年春頃、慶應義塾大学中村勝範名誉教授の提唱、台北駐日経済文化代表処代表・林金莖の賛助によって創設された月例研究会である。創立直前、林金莖代表は公邸で一席設けて中村勝範先生、徳山大学学長・浅野一郎、および中村先生の門下生である杏林大学教授・酒井正文、関東学園大学助教授・浅野和生を招き、会食しながら、李登輝総統の訪日について協議した。その晩、代表処文化組組長・陳燕南と私も同席した。

日華関係研究会の発起人は中村勝範先生、浅野一郎先生、酒井正文先生、玉井清先生、浅野和生先生、福島康人先生と私の七人であった。当時、中村勝範先生は佐藤栄学園大学設置準備室学長予定者になって翌年（一九九六年）四月に開学する平成国際大学の準備に奔走され、日華関係研究会会長を務める余裕がなく、徳山大学学長・浅野一郎先生を初代会長に推挙し、浅野和生先生を事務局長に指名した。後に郵便局で振り込み口座を開設するため、発起人を理事に改め、浅野一郎会長を理事長として登録した。

一九九五年六月十六日、日華関係研究会は正式に発足し、港区白金台の都ホテルで第一回の研究会を開催し、日台関係に関心を持つ識者百数十名が参加した。開会式に浅野一郎会長は「日華関係研究会発足にあたって」という挨拶の辞を述べ、林金莖代表は「ＡＰＥＣ大阪会議へ李登輝総統の参加を」という題で講演した。詳細は日華関係研究会の機関誌である『日本と台湾』創刊号（一九九五年九月号）に掲載されている。ここではその要点だけを紹介しよう。

浅野一郎会長は挨拶の中で次のように述べた。台湾は、一八九五年以来、日本とは密接な関係にあり、正にお隣の国である。国民と国民が親しく交わり、文化、経済の交流も盛んである。しかし、一九七二年日中国交正常化により、日本と中華民国（台湾）との間の国交は絶えることとなった。いかに親しい関係であっても、そこに「国家」、「政治」が介入すると、難しい関係になってしまう。この難問を解決するものは、やはり人間の英知である。日華関係研究会の発足にあたって、このようなことを考えた。日華関係の発展のために皆様と一緒に難問解決のために努力し、皆様のご協力をお願いする次第である。

林金莖代表は講演の中で、彼の持論を披露した。（1）中国というと、「一つの中国」とか「二つの中国」とかといわれるが、事実は「一つの中国」でも「二つの中国」でもない。国際法上、「一つの中華民国」と「一つの中華人民共和国」があるだけで、「中国」という国はない。歴史上、「中国」名称の国家が存在したことはない。秦、漢、隋、唐、明、清などがあって、それから中華民国へと続く。（2）「台湾独立」という議論があるが，これもおかしなことである。中華民国が成立したのは一九一二年のことで、中華人民共和国が中華民国から分離独立したのが一九四九年のことである。一九四九年以降、中華民国は台湾省の台湾本島、澎湖群島、福建省の金門島、馬祖島を統治し、完全な主権国家であり、独立する必要はない。（３）一九七一年、中華民国は国連から脱退し、代わって中華人民共和国が加盟した。それ以来、中華民国の二千百万の人々は、国連においては中華人民共和国によって代表されることになった。しかし、中華人民共和国の主権は中華民国の支配地域に及んでいない。国連は中華民国の人々の人権を無視し、並びに中華民国が国際社会に貢献する道を閉ざしている。

林代表は以上の持論を述べてから、同年十一月にＡＰＥＣが大阪で開催される際、日本政府に李登輝総統を招待するよう呼びかけた。その理由として、林代表は「この六月、李総統は母校である米国コーネル大学の招待により、中華民国の総統として史上初めてアメリカを訪れ、同大学で講演を行いました。その中で、李総統は国際会議でなら中華人民共和国の江沢民主席と会ってもよいと発言しました。十一月に開催されるＡＰＥＣは、両岸の首脳会談が実現する絶好の舞台ではないでしょうか、すでに経済大国として認知されて久しい日本が、政治大国としての地位を得るためには、こうした舞台設定を行うことです。ＡＰＥＣ開催にあたって日本が李総統を招待することは、日本にとっても千載一遇の好機となるでしょう」と述べた。林代表は、巧まざるユーモアを交えて講演し、会場を盛り上げた。

『日本と台湾』の紙面にある誌名は林金莖代表の題字で、その下に「日本と台湾の現在と未来を考える月刊誌」というサブタイトルがつけられている。雑誌の編集兼発行人は事務局長の浅野和生先生が担当している。創刊号に掲載された浅野一郎会長の「日華関係研究会発足にあたって」の挨拶文、および林金莖代表の「ＡＰＥＣ大阪会議へ李登輝総統の参加を」の講演文以外に、中村勝範先生の「なぜ、いま中華民国か」、嘉悦女子短大教授・高乗正臣の「日本人の忘れ物」、大阪国際大学教授・慶野義雄の「中華民国の国連の復帰と敗者の美学」などがあり、いずれも優れた名文である。

中村先生の「なぜ、いま中華民国か」の内容は日華関係研究会設立の趣旨に等しいものである。彼は中華民国（台湾）問題を重視する理由を三点挙げて説明した。第一は日本の国益のためである。中華人民共和国の国民総生産中に占める軍事費の割合は世界のナンバーワンである。それにより核実験を繰り返し、ロシアより新鋭航空機、戦車その他の武器を輸入し、太平洋に数年内に大型空母二隻を配置するといわれている。東アジアはいうまでもなく、全世界を軍事力により、にらみをきかせる軍事大国になろうとしている。五月、そして八月と、中共は尖閣列島の鼻先へ、つぎつぎとミサイルを射ち込んでいる。海上国家日本のシーラインは確実に脅威を受けているのである。

また中共は巨大な軍事力を背景に、かつて指一本触れることもなかった南シナ海の南沙諸島に陣地を構築し、この地域を自己の勢力圏におさめようとしている。この地域の安全は日本にとって死活的に重要である。なぜならば日本に輸入される石油の八十八％は、このあたりの公海を通過するからである。

もし、いま中共の東に台湾がなかったならば、中共はいま以上に、思う存分、東シナ海から南シナ海、そして太平洋へと勢力を拡大するであろう。そうなれば、自国すら防衛できない日本は、中共の軍事力の前に屈服せざるを得ない。台湾の存在は、日本のシーラインの安全にとって、計算することもできないほどの利益をもたらしている。

第二に、台湾は日本の対アジア政策の基本であるからである。脱米入亜の時代だという人が多くなっ

日華関係研究会２周年記念講演会
前列左が著者、右は浅野一郎会長

たが、賛成できない。日米同盟の基軸が確立しないところに日本のアジア政策はない。アジアは一つではない。バラバラである。中共、朝鮮とベトナムは共産主義国家であり、政治、経済、思想の自由、民主主義はない。共産主義は仏教、儒教、イスラム教などは認めない。他方、台湾は、日本同様に政治、経済、思想において全く同一の自由民主国家である。宗教も似ている。日本の経済的レベルに台湾は他の多くのアジア諸国と比較して近い国である。日本はかように多くの共通点を持つ台湾と仲良くなれずして異質の他の国ぐにと友好関係をつくれるのであろうか。

第三は、日本の政治改革のためである。日本のシーラインをいささかも侵さず、核を持たず、自由民主国家である台湾との国交回復を目指す政党、政治家こそ、真に平和と自由と民主主義を願う政党、政治家である。日本の政界に、台湾関係をどう考えるか、というリトマス試験紙をつきつけることにより、日本の政治改革の起爆剤としたいのである。

中村先生のこの文章は二十年前に書かれたものであり、今日、中国の東シナ海と南シナ海への覇権的な軍事行動はほぼ中村先生の予測どおりに展開している。この「なぜ、いま中華民国を」の一文を読んで、中村先生の鋭い洞察力には敬服の念に堪えない。

同年十月七日、日華関係研究会は、李登輝総統の訪日を促進するため、李総統が学生時代に過ごしたゆかりのある京都で、第四回研究会、すなわち「京都フォーラム」を開催した。フォーラムは京都市役所の近くにある京都ホテル（京都市中京区河原町御池）の会議ホールを会場にして盛大に行われた。参加者は日華関係研究会の会員のほか、関西地方の大陸問題研究会の会員、関西地方在住の台湾系華僑、中村勝範先生の「中村ゼミのOB会」など、約二百名が参加した。講師は林金莖代表、中村勝範先生、産経新聞・吉田信行論説委員長と金美齢女史の四人であった。

爾来、日華関係研究会は毎月第二土曜日に開催し、最初会場は転々として変わったが、一九九五年十一月十八日の第六回月例会（講師：元統合幕僚会議議長・竹田五郎氏）が渋谷道玄坂の新大宗ビル・フォーラムエイト（Forum8）で開催されてから会場が固定し、今日に至っている。

一九九六年六月二十九日、日華関係研究会が日本青年館ホールで創立一周年記念大会を開催した。開会式で浅野一郎会長が挨拶した後、新着任の台北駐日経済文化代表処荘銘耀代表が祝辞を述べた。つづいて平成国際大学中村勝範学長が特別講演を行った。出席者は約三百人に達し、先着順で入場

日台関係研究会で講義する著者

し、座席が足りないので、後で来た人は会場の周囲に立って聴講した。中村学長の迫力のある講演は会場を盛り上げた。一九九九年十月十六日日華関係研究会は名古屋クラウンホテルで創立第四周年記念大会を開催したが、これも盛大な記念大会であった。

日華関係研究会の月例会で私は何回か報告したことがある。その中で最も印象深いのは一九九九年三月十三日（土）の月例会で報告した「新台湾人の系譜」である。「新台湾人の系譜」は『問題と研究』同年三月号（第二十八巻六号）に掲載された論文である。主な内容は（1）四大「族群」（原住民、閩南人、客家人、外省人）、（2）移民社会と族群矛盾（民蕃紛争、分類械闘、族群矛盾）、（3）族群矛盾と政治勢力（政治の民主化と権力の再分配）、（4）新台湾人の登場（「新台湾人」という言葉の由来、「新台湾人」の定義と理念）、（5）「新台湾人」に対する北京の公式反応の五項目である。

一九九八年十二月五日、台湾で立法委員、台北・高雄両直轄市の市長、市議を選ぶトリプル選挙が行われた。選挙戦終盤の十二月一日、台北市長候補馬英九陣営が士林陽明山高校で主催した「団結勝利の夜」の集会で、李登輝総統は国民党主席として応援に駆け付け、舞台に上がって馬英九と閩南語で問答した。

李登輝総統と馬英九市長候補の対話は、帝塚山大学伊原吉之助教授が「台湾のトリプル選挙～敵前のお祭り騒ぎ」『問題と研究』第二十八巻四号（一九九九年一月号）の論文に紹介している。

李「君はどこの人かね。」

馬「総統に報告します。私は台湾人です。台湾の米を食べ、台湾の水を飲んで大きくなった新台湾人です。正真正銘の萬華育ちの子供ですよ！」

李「よろしい。台湾に先に来ようが、後で来ようが、皆新台湾人だ。だが、行く道が大切だ。君はどの道を行くか。」

馬「総統に報告します。私は今後、李総統の民主改革の道を行きます。台湾第一、台北第一で運営し、台北市民と共に切り開いた道を歩みます。」

李総統の質問に対して馬英九候補はたどたどしい閩南語で健気に答えた。数万人の群衆を前に二人のやりとりはテレビで生中継され、内外の注目を浴びた。つづいて、李総統は「五百年前だろうか、五十年前だろうか、台湾に渡ってきた人はみな新台湾人だ」と説いて、外省人二世の馬英九への支持を訴えるとともに、全国民に省籍の融和を呼びかけた。

この「新台湾人」のスローガンは功を奏し、投票の結果、台北市長選挙で馬英九が現職の民進党候補の陳水扁に七万票余りの差をつけて当選した。

ところで、二〇〇〇年三月の第十代正副総統選挙の結果、民進党候補の陳水扁が国民党候補の連戦と無所属の宋楚瑜を破って当選した。これにより、国民党が政権を失い、野党に転落した。元来、李登輝総統が連戦を総統候補に決めると、宋楚瑜は、国民党を離党して選挙に打って出た。国民党の分裂により、陳水扁が漁夫の利を得たのであるが、馬英九は国民党惨敗の責任を李総統に負わせ、先頭に立って李総統を国民党主席の座から引き下ろすと同時に国民党から追放した。

馬英九は李総統に対して恩を仇で返したといえよう。

日華関係研究会の会場がフォーラムエイトに移ってから年末に大会を開催することになり、その際、研究会が刊行した共著・単著の書籍を無料で出席者に贈呈する。これらの著書はいずれも自由と民主主義を基調に、日台間の歴史、文化、経済を論述するとともに、日台の安全保障、そして運命共同体としての絆を固めることを強調しているものである。

二〇一八年まで、日台関係研究会が刊行した関連書籍は計十五冊を数える。以下の通りである。

中村勝範編著『運命共同体としての日本と台湾』展転社、一九九七年
中村勝範編著『運命共同体としての日米そして台湾』展転社、一九九八年
浅野和生『君は台湾のたくましさを知っているか』廣済堂出版、二〇〇〇年
中村勝範、楊合義、浅野和生『日米同盟と台湾』早稲田出版、二〇〇三年

中村勝範、照彦、浅野和生『アジア太平洋における台湾の位置』早稲田出版、二〇〇四年
中村勝範、黄昭堂、徳岡仁、浅野和生『続・運命共同体としての日本と台湾』早稲田出版、二〇〇五年
中村勝範、楊合義、浅野和生『東アジア新冷戦と台湾』早稲田出版、二〇〇六年
中村勝範、楊合義、浅野和生『激変するアジア政治地図と日台の絆』早稲田出版、二〇〇七年
中村勝範、呉春宜、楊合義、浅野和生『馬英九政権の台湾と東アジア』早稲田出版、二〇〇八年
浅野和生『台湾の歴史と日台関係』早稲田出版、二〇一〇年
日台関係研究会編『辛亥革命一〇〇年と日本』早稲田出版、二〇一一年
浅野和生、加地直紀、松本一輝、山形勝義、渡邊浩治『日台関係と日中関係』展転社、二〇一二年
浅野和生編著『台湾民主化のかたち』展転社、二〇一三年
浅野和生編著『中華民国の台湾化と中国』）展転社、二〇一四年
浅野和生編著『一八九五年〜一九四五　日本統治下の台湾』展転社、二〇一五年
浅野和生編著『民進党三十年と蔡英文政権』展転社、二〇一六年
浅野和生編著『日台関係を繋いだ台湾の人びと』展転社、二〇一七年
浅野和生編著『日台関係を繋いだ台湾の人びと2』展転社、二〇一八年

七、アジア問題懇話会

一九九五年七月二十八日、日本側の日華大陸問題研究会議の母体である大陸問題研究協会が月例会としてアジア問題懇話会を創設した。懇話会の創設は二つの目的がある。一つは日華大陸問題研究会議の参加者、すなわち大陸問題研究協会の会員に交流の場を提供することである。日華大陸問題研究会議は年に一度しか開催されず、会議が終わると、大陸問題研究協会の幹事会メンバー以外の会員はそのまま解散する。大陸問題研究協会は多数の学者や専門家を擁しており、学術活動の月例会を設置すれば、会員のみならず外部の人も参加できる。その役割はまさしく一石二鳥である。

いま一つは両岸問題を含め、東アジア全体の情勢を議論する研究会にすることである。両岸の人事、経済、学術などの交流が始まって以来、台湾内部の反共意識が次第に弱まり、政府やマスメディアの日華「大陸問題」研究会議に対する関心度は大幅に低下した。しかしながら、両岸の交流が日増しに拡大しつつあるにもかかわらず、中共は常時福建省沿岸に多数のミサイルを配置しており、兵力も絶えず増強している。台湾海峡の緊張情勢は、当然東アジア全体の平和と安全にも影響を及ぼすので、大陸問題研究協会の幹事会が月例会としてアジア問題懇話会を創設することを考えたのである。

アジア問題懇話会の創設に対して、台北駐日経済文化代表処顧問兼新聞組組長（広報部部長）張超英および林金莖代表も賛意を示し、積極的に支援すると約束した。諸条件が整ったので、一九九五年七月二十八日、大陸問題研究協会がキャピトル東急ホテルの「白真珠の間」でアジア問題懇話会の創立大会を開き、林金莖代表が「中華民国の外交」を題にして設立記念講演を行った。講演の全文は、アジア問題懇話会事務局の秘書・斎藤令子が収録し、それを原稿に起こして林代表がチェックした上で、

『問題と研究』誌（一九九五年九月号、第二十四巻十二号）に掲載された。

アジア問題懇話会は月例会であるが、慣例として八月と十二月は休会となり、年間の開催回数は十回だけである。会場は、第一回から第八回まで、キャピタル東急ホテル、国立教育会館、日本プレス・センターなど、転々として変わったが、第九回からプレス・センターに固定した。

アジア問題懇話会の会長は大陸問題研究協会の会長が兼任した。初代の会長は笠原正明先生（一九九五年〜一九九七年）、二代目は古屋奎二先生（一九九八年〜二〇〇〇年）、二〇〇一年から高野邦彦先生が会長を務め、今日に至っている。

毎回の講演内容はすべて事務局の斎藤令子氏が録音テープを原稿に起こして『問題と研究』誌に掲載される。ところが、二〇〇五年五月国際関係研究センター東京事務所が閉鎖され、『問題と研究』誌の編集作業も国際関係研究センターで行うことになったため、「アジア問題懇話会報告」のコラムが廃止された。

私がアジア問題懇話会で講演したのは一回だけである。それは一九九九年九月二十一日台湾で発生した大震災の直後（九月二十八日）に行われた研究会である。報告のテーマは「台湾が直面する諸問題」で、主な内容は「九・二一大地震」、「両岸関係」、「国内の政治情勢」の三点である（『問題と研究』誌、一九九九年十一月号、第二十九巻二号）。

八、中華欧亜基金会（現亜太和平研究基金会）

中華欧亜基金会の前身は欧亜学会である。欧亜学会は一九八三年に設立、主要任務は米国政府のシンクタンクと関係を結び、並びに対日関係を強化することである。しかし、規模が小さく、予期の任務を発揮することができず、そのために一九九四年組織を再編して中華欧亜基金会と改称した。

中華欧亜基金会は民間の学術研究機構であるが、実質的には政府のシンクタンクである。董事長（理事長）の張京育（行政院政務委員）と副董事長の曽永賢（総統府国策顧問）はともに政府によって任命され、曽永賢副董事長は主要任務を采配する執行長を兼任した。董事長と副董事長の下に六つの研究所、すなわち亜太研究所、欧盟（ＥＵ）研究所、米国研究所、両岸研究所、大陸研究所、戦略と安全研究所が設けられている。注①

一九九九年九月五、六日の両日、中華欧亜基金会は、台北の圓山大飯店で日華学術会議を開催した。準備の段階で、曽永賢先生は私に日本から異なった分野の学者または専門家を五、六名招待する予定であるが、できるだけ学界の第一線で活躍している若手の学者を推薦してほしいと頼んできた。私は早速慶應義塾大学教授・小島朋之（中国問題）を訪ね、協議の末、人選を小島先生に一任することにした。

小島先生は曽永賢先生の希望通り、五人の優秀な若手学者を推薦してくれた。すなわち、東京大学教授・北岡伸一（日本政治外交史）、東京大学教授・田中明彦（日中関係）、東京外国語大学教授・井尻秀憲（台湾問題）、立教大学助教授・高原明生（中国問題）、慶應義塾大学専任講師・安田淳（中国軍事問題）の五人である。会議前日の四日、小島朋之先生を団長に一行六人が台北に到着した。

この日華学術会議は、中華欧亜基金会設立以来、最大規模の国際会議である。参加者は約二百人に達し、そのうち台湾側の学者が多数を占め、台湾在住の日本人学者も十数人出席した。このほかに日華双方の報道関係者が数十人取材に来た。報告者は日華双方がそれぞれ六人で、一日三つのセクションに分かれて報告した。質疑応答の時間では出席者が積極的に発言し、報告者と熱烈に議論を交わした。二日間とも盛大な晩餐会が行われ、主催者側の張京育董事長、曽永賢副董事長が食卓を回って皆と乾杯しながら歓談した。

七日の午前、李登輝総統への表敬訪問で、張京育董事長をはじめ、曽永賢副董事長、日本側の報告者が総統府へ赴き、私も同行した。総統府の客間で皆が着席して間もなく、李総統が客室に入り、来客と一人ひとり握手した後、通訳を通して中国語で儀礼的な挨拶をした。挨拶が終わると、時間を節約するため、李総統は直接日本語で皆さんと歓談した。話題は台湾の政治改革、経済発展、両岸関係、日華関係などが中心であった。李総統は皆の質問に答えるだけでなく、日本国内の事情について来客に聞く場面もあった。会談は元来一時間の予定だったが、会場は和やかな雰囲気に包まれ、ついに三十分以上も延びた。会談中、私は会談の内容を聞きながら、中国語でメモを取って日本語を解しない張京育先生に渡した。

台北の圓山大飯店で開催された日華学術会議に日本から第一線で活躍している小島朋之、北岡伸一、田中明彦、井尻秀憲、高原明生、安田淳ら六人の学者が参加したことにより、中華欧亜基金会は日本の学界で広く名を知られ、日本との学術交流はさらに活発になった。

二〇〇〇年三月の総統選挙で、民進党候補の陳水扁が当選し、平和的に国民党から政権交代を果たし、台湾に新時代が到来した。同年十一月、第十二回アジア・オープン・フォーラムが幕を閉じ、日台間の新しい大型学術会議を創設するため、曽永賢先生が来日、台北駐日経済文化代表処代表・羅福全と協議の末、日本の世界平和研究所（会長・元総理中曽根康弘）の理事長大河原良雄（元駐米大使）と交渉して台日論壇（日台論壇）を創設することに同意した。第一回の会議は二〇〇二年台北で開催され、爾来、双方は毎年交互に台北と東京で会議を開いてきた。

ところが、二〇〇八年の総統選挙で馬英九が当選し、国民党が八年ぶりに復権した。この政権交代に伴って、中華欧亜基金会は「亜太和平研究基金会」に改組し、張京育董事長と曽永賢副董事長が同時に退任した。亜太和平研究基金会の新董事長に就任した趙春山は日本との学術交流よりも大陸との学術交流を重視し、台日論壇はついに中止となった。[注②]

〈注釈〉

注① 張炎憲・許瑞浩編『従左到右六十年～曽永賢先生訪談録』、二八三ページ、国史館印行、二〇〇九年

注② 張炎憲・許瑞浩編『従左到右六十年～曽永賢先生訪談録』二八三～二九二ページ。

第十三章　平成国際大学専任教授在任中の学術活動

一、政治大学国際関係研究センター定年退職後を如何にアレンジするかの迷い

大学の定年制に関して日本と台湾は多少の差がある。日本では大学によって定年の年が異なる。例えば日本では国公立大学の定年は満六十歳から六十五歳、私立大学は満六十五歳から七十歳まで、そして退職の日は一律学年度末の三月三十一日となっている。台湾では国公立大学の定年制は満六十五歳、私立大は満六十五歳から七十歳まで、退職の手続きは国公立も私立も年二回に分けて行われる。すなわち、一月から六月までに生まれた者は八月に退職、七月から十二月までに生まれた者は翌年二月に退職する。

私は一九九九年十月で満六十五歳になり、二〇〇〇年二月に退職した。退職する一年前から、退職後の身の振り方について、いろいろ検討していた。帰国して台湾で再就職することも考えていたが、就職の機会があっても四、五年勤務して満七十歳になると、また退職しなければならない。まして、東京事務所に派遣されてすでに二十年を超え、住み慣れている日本から引き上げるのは容易なことではない。熟慮の末、日本に残って非常勤講師を務めながら博士論文をまとめ、念願のライフワークを完成させることを決心した。

博士論文をまとめるには京都大学へ行って資料を集める必要がある。しかし、往復の交通費と宿泊費を考えると、大変な負担になる。関西地方の大学で非常勤講師の職があれば、経費の負担が大幅に軽減できる。こうした考えを日華大陸問題研究会議の主要メンバーである岡本幸治先生に話し、彼の

助力を仰いだ。

岡本幸治先生は一九三六年京都市生まれ、一九六〇年京都大学法学部卒業、三井物産勤務を経て、京都産業大学講師、大阪府立大学総合科学部助教授、インド国立ネルー大学客員教授、愛媛大学文学部教授、大阪国際大学教授兼政経学部部長・学生部長、近畿福祉大学（現神戸医療福祉大学）教授を歴任。京都大学法学博士。二十一世紀日本アジア協会会長、ＮＰＯ日印友好協会理事長、（財）神戸市民大学講座学長。専門は日本近現代政治史、政治思想とアジアの動向。主な著書に『インド世界を読む』（創成社）、『インド亜大陸の変貌』（展転社）、『北一輝　転換期の思想構造』（ミネルヴァ書房）、『凸型西洋文化の死角』（柏樹社）、『脱戦後の条件　凸型文明から凹型文明へ』（日本教文社）、『菩提樹の下で、釈迦』（日本教文社）、『喝！日本人はなぜ謝り続けるのか』（致知出版社）、「骨抜きにされた日本人」（ＰＨＰ）。編著『南アジア』（同文館）、『現在政治を解説する』（ミネルヴァ書房）、『現代中国の変動と課題』（多賀出版社）、その他。

私が定年退職した二〇〇〇年、岡本幸治先生は大阪国際大学の学部長を辞任し、新開設した近畿福祉大学に転勤した。ただし、岡本先生は大阪国際大学で兼任として引き続き一部の授業を担当していた。私は岡本先生の推薦で二〇〇〇年春学期から同大学法政経済学部および大学院総合社会科学研究科国際政経専攻の非常勤講師となった。担当の授業は大学院では国際関係論、学部では東アジア政治であった。この二科目は今まで岡本先生が担当していた授業だと思う。

大阪国際大学の法政経済学部は大阪府の枚方キャンパスにあり、茨城県つくば市から行くのは大変時間がかかる。当時つくばエクスプレスはまだ開通しておらず、通勤コースはまず自宅からつくばセンター発の高速バスで東京へ、さらに新幹線に乗り換えて京都へ、そして京阪線で枚方へ、そのあとはバスまたは徒歩で大学へいく。片道の交通時間は七時間以上もかかる。時間的に余裕を持つため、授業を月曜日の二時限と三時限にし、その前日（日曜日）に大学へ行き、大学の施設である第二ゼミナールハウス（招待所）に一泊して翌日に出講する。放課後、大学のキャンパスを散策し、その晩はまた招待所で宿泊する。宿泊費は一泊数千円程度、自己負担、交通費は月に約十一万円、全額大学の負担。

大阪国際大学で二泊して火曜日の朝、京阪線で京都へ、いつも午前九時前後に京都大学につく。京都大学に行った初日、早速京都大学大学院文学部教授夫馬進（当時東洋史学科主任教授）を訪れ、十数年ぶりの再会でいろいろ雑談してから私の研究テーマについて意見交換した。私が博士課程修了時に提出した博士論文の研究テーマは「清朝時代における東三省（満洲地方）の水運発展史」であった。ところが、政治大学国際関係研究センターでの研究分野は日本問題が中心となり、これを生かすため、博士論文のテーマを日本の台湾統治時代に関する問題に変更しようと考えた。夫馬教授と意見交換した末、私は暫定的なテーマとして「日本の台湾統治時代における警察制度」を研究することにした。

正午、夫馬教授の招待を受け、大学北門の百万遍にある有名なテンプラ料理屋で昼食をとった。食事中、二人は院生時代の思い出話を話題にして歓談し、楽しい一時を過ごした。

食事後、中央図書館へ行って図書や文献の借り出しができる図書館利用カードを申請し、すぐ許可された。なお、私は文学部東洋史研究科出身なので、人文科学研究所、文学部図書館と史学科書庫も利用できる。したがって、毎週火曜日、いつも午前九時前後から午後五時頃まで、図書館で資料を閲覧し、参考になる個所をコピーした。

しかし、大阪国際大学の授業は前期（四月〜七月）だけで、後期はない。一学期の出講日数は二十日にも及ばないので、京都大学での資料収集は時間的に限りがある。当時は東海大学と平成国際大学にも非常勤としての授業を持っており、資料収集のために京都に二、三日宿泊することも考えたが、現実として不可能であった。

東海大学の非常勤は通年の授業であり、出講日には昼食後または放課後の時間を利用して同大学の図書館で資料を探す。残念なことに、東海大学の図書館には数千冊の台湾関係書籍があるが、大多数は明清時代の文献で、日本統治時代に関する資料は乏しい。休日は筑波大学中央図書館へ行って書籍を借り出して館内で閲覧するが、参考になる資料はあまり見当たらない。やむを得ず、夏休みや冬休みを利用して台湾に帰り、台湾大学や国立図書館などで資料を集める。台湾の図書館には参考になる文献は多数あるが、しかし、どちらも借り出しができないので、大変不便である。それでもめげずに、時間がある限り、図書館で資料を集め続けた。

このように博士論文の資料収集に専念している最中、二〇〇〇年十二月十七日、平成国際大学教授徳田教之先生が逝去した。春学期のカリキュラムはすでに編成されているため、平成国際大学は急いで後任を募集している。徳田先生の担当授業は大学院と学部の地域研究・中国問題であり、応募者は中国問題を専攻し、かつ大学院の授業を担当する資格を有しなければならない。当時、私は平成国際大学で非常勤講師としてアジア文化論を講義しており、大学の関係者に「徳田教之先生の後任に応募してみませんか」といわれた。これを聞いて、最初私は自分がすでに満六十六歳を超えており、採用されるはずはないと思って躊躇していたが、ともかくこれは一つのチャンスであり、応募してみようと決意し、早速履歴書を書いて大学に提出した。

履歴書提出してから約二週間後、大学の人事委員会の選考結果で私は選ばれたが、蓮見弘理事は私が満六十五歳を超えたことを理由に難色を示し、人事委員会の決定には同意しなかった。蓮見理事が同意しない理由は御尤もで、私にとってもとより想定内のことであるので、特に悔しい思いはなかった。ところが、春学期の開講は差し迫っており、蓮見理事が再検討した結果、二月上旬に私を採用することを決めた。数日後、佐藤栄学園から辞令を受けた瞬間、私は初めて望外の喜びが湧いてきた。

四月初頭、新学年度の第一回教授会が開かれ、佐藤栄太郎理事長、蓮見弘理事、中村勝範学長および教職員が出席し、中村学長が新着任の先生方を名前だけ呼んで皆に紹介した。つづいて、新着任の先生方は一人ひとり自己紹介をした。私はすでに二年間の非常勤講師を務めており、大学の教職員とは概ね面識がある。したがって、私は自己紹介を抜きにして、儀礼的な挨拶をした後、徳田教之先生との親密な関係を述べた。

平成国際大学の専任教授になることが決定されたのは二月中旬頃であった。突然の出来事なので、兼任している三つの仕事をすぐ辞めることはできなかった。三つの兼任仕事とは東海大学の通年授業と大阪国際大学の前期授業および問題と研究出版社代表取締役であった。二月中旬ではすべての大学はすでにカリキュラムを編成しており、したがって東海大学と大阪国際大学の授業は中村学長の了承を得て続けることになった。問題と研究出版社の代表取締役は後任が決まった五月に辞任した。

大学では、週に最低四日間出勤しなければならない。この決まりに沿って、私は月曜日に大阪国際大学へ、火曜日に東海大学へ、水・木・金・土の四日間は平成国際大学に出勤するというスケジュールを組んで対応した。大阪国際大学へ行くのは、以前と同様、日曜日の夜に大学の第二ゼミナールハウスに宿泊する。月曜日、授業が終わると、すぐ大阪国際大学を離れて東海大学へ、夜は同大学の松前会館に宿泊する。火曜日の授業は四時限で終わる。夕方に小田急で新宿へ、さらに新宿から山手線に乗り換え、東京駅で降りて高速バスに乗ってつくばに戻る。自宅につくのはいつも深夜になる。翌朝は早起きして、乗用車で平成国際大学に出勤する。このように忙しい毎日が続き、博士論文の資料収集と整理は余儀なく中断され、平成国際大学の職務を最優先することにした。

二、平成国際大学専任教授就任の一年目

二〇〇一年四月一日から正式に平成国際大学の専任教授となった。春学期の担当科目は政治行政コースの地域研究・中国（講義、一時限、学部のみ）、研究会（ゼミナール）、アジア文化論だけであったが、夜間の授業もあり、一週間の授業は合計六コマとなる。当時、つくばエクスプレスがまだ開通していないので、土浦駅または荒川沖駅へ行って常磐線の電車を利用する場合、つくばから大学への通勤は

片道約三時間かかる。乗用車で一般道路の最短距離は約五十二キロ、所要時間は一時間前後、したがって、最初は乗用車で通勤していた。ただし、夜に授業がある日には加須のセンターホテルないし第一ホテルに宿泊していた。その後、総務課瀧澤三郎課長に頼んで佐藤栄学園のスポーツ寮の一室を借りて宿舎とした。家賃は月六万円、毎月給料から引き落とされた。

授業の担当以外に、なお、二つの委員会の委員を兼ねていた。すなわち『平成法政研究』と『平成国際大学論集』の編集委員と図書館委員である。編集委員会の委員長は尾中普子教授で、委員は約四、五人、編集会議は月に一回招集され、雑誌に掲載する原稿の募集、原稿の審査、印刷、配本などについて討論する。私は『問題と研究』誌の編集長を二十年間務めていた経験があり、慣れた仕事でつねに積極的に発言した。

図書委員会は図書館長の高乗正臣教授が月に一回招集し、主な議題は教員が提出した図書購入のリスト、退職ないし転勤のとき、図書館から借り出した書籍および研究費で購入した書籍の返却状況、寄贈図書の選択および学生の図書利用状況などであった。

秋学期に入ると、担当科目が一挙に三科目も増えた。一つは大学院政治行政コース地域研究・中国の授業である。大学院の授業を担当するには文部科学省の認可が必要である。私は、来日前に台湾の中国文化大学日本研究所（大学院）で非常勤講師として授業を受け持った経歴があり、また二〇〇〇年から二〇〇一年までにも非常勤講師として大阪国際大学大学院の授業を担当していた実績があり、すぐ文部科学省の認可を得て二学期から大学院の授業を担当し始めた。授業は特殊研究と特殊演習があり、いつも木曜日の四時限と五時限に研究室で行った。

二つ目の科目は中国語の授業である。この科目は元来非常勤の瞿新先生が担当していた授業であるが、二〇〇一年夏、瞿先生が中国のある大学の招聘に応じたため、瞿先生の授業を引き受けるよう指示された。私は京都大学の留学生時代、アルバイトとしてＥＣＣ外語学院京都校の非常勤講師を務めた経験があり、そのとき同学院教育研究所の依頼を受け、二冊の教科書を作成した。中国大陸の拼音（ローマ字表記）で中国語を教える自信があり、中村学長の指示に従って、中国語の授業を引き受けた。中国語は選択科目の通年授業であるが、秋学期の履修生は数十名であった。

三つ目の授業は異文化論である。異文化論はアジア文化論と同様、年間一学期二単位の共通科目である。大学のカリキュラムでは春学期がアジア文化論、秋学期は異文化論となっている。異文化論について私は門外漢であり、どうしてこの科目を担当することになったか、よく分からない。理由があるとすれば、それは私が外国人であることからであろう。指名された以上、断るわけにはいかないので、しぶしぶ承諾した。中国および台湾には「教学相長」という諺がある。その意味は、教えることによって学生だけでなく教師も向上するということである。この諺どおり、異文化論の授業は私にとって大変プラスになった。このほかに、新しい仕事が一つ増えた。淡江大学派遣留学生の世話役である。

平成国際大学と淡江大学技術学院（学部）が交流協定を結ぶことは、私が平成国際大学の専任教授に就任する前にすでに決まっており、二〇〇一年秋学期から淡江大学技術学院が応用日本語学科の学生十名を平成国際大学に派遣することが確定されていた。したがって、平成国際大学は同年夏頃から淡江大学の派遣留学生を受け入れる準備作業を開始した。手元の手帳によると、二〇〇一年八月二十七日正午、中村学長が酒井正文先生、浅野和生先生と私を学長室に呼び、淡江大学留学生の受け入れについて協議した。主な議題は留学生が居住する寮を用意することと、留学生が使用する基本的な家具、例えば寝具、洗濯機、冷蔵庫、テレビ、エアコンなどを購入することであった。

協議の結果、留学生寮は中村学長が総務課に指示して学園のスポーツ寮二室と民間のアパート二室を借りることにした。しかし、家具の購入については、財源が問題となってすぐには解決できなかった。なぜなら、淡江大学の派遣留学生は一学期で交替することになっており、家具は一度買えば数年も使えるので、その経費を第一期の留学生に負担させるのは不合理である。各期の留学生に分担させる案も検討されたが、その割り当てを如何に計算するかが問題である。根本的な解決方法は財源を探すしかない。これは第一期の留学生が来日する前に解決しなければならない緊急課題である。

この緊急課題を解決するため、私は大阪のユニオン・モーター（UNION MOTER）社長・林義久に電話をかけ、平成国際大学と淡江大学が交流協定を結ぶことを説明した上で、彼に淡江大学の派遣留学生が購入する家具の財源として百五十万円を援助してくれるよう懇請した。林社長は気前よく快諾し、すぐ寄付金として大学宛に百五十万円を振り込んだ。この寄付金は総務課が管理し、用途は台湾の留学生に関する支出に限定される。これによって家具購入の問題が解決されたのである。

九月二十九日、淡江大学技術学院院長・蔡信夫教授、鍾芳珍副教授と邱栄金副教授が第一期の留学生十名を引率して来日した。十名の留学生は黄瑋傑、蘇姿樺、徐月芬、王璨慧、藍敏慈、李玉如、李美瑩、陳紀菱、江莉蓉、林建廷で、黄瑋傑がチームのリーダーを務めた。酒井先生、浅野先生、加地直紀先生と私が高橋弘君、鴨下大介君、伊藤翼君（三人とも私のゼミ生）を連れて、総務課が用意した車に乗って成田空港へ迎えに行った。

夕方、大学に戻り、淡江大学の先生方を宿泊する加須のセンターホテルに送り、十名の留学生は二組に分けて学園のスポーツ寮と花崎駅の近くにある民間アパートに入居した。午后六時頃、大学が会議室で立食パーティーを開き、淡江大学の先生方と学生諸君を歓迎した。宴会中、留学生は一列に並んで順番に日本語で自己紹介を兼ねて挨拶した。十人とも流暢な日本語で自己紹介を行い、挨拶の内容は皆他人と重複しない話題を選んで述べた。臨席の佐藤理事長、蓮見理事、中村学長および教職員は留学生の日本語の表現力に驚きを感じ、絶えず拍手して褒め称えた。

淡江大学技術学院の学生は三年制専科学校（短期大学に相当）を卒業した後、入試をパスして大学に進学したものである。そのうち、応用日本語学科の学生は、皆専科学校ですでに三年間日本語を履修しており、海外への留学は大学四年に進級した第一学期であり、したがって、応用日本語学科の学生は皆最低四年間日本語を勉強してきた。彼らはほとんど日本語検定で一級の資格を取っている。

十月一日午後、大学の理事長室で淡江大学との交流協定が調印された。その晩、佐藤理事長が大宮の豪華な料亭で宴席を設け、淡江大学の先生方を招待した。宴席に蓮見理事、中村学長、酒井先生、浅野先生と私も出席した。蔡信夫院長は酒豪で、佐藤栄学園と平成国際大学の出席者全員と再三再四乾杯した。浅野先生だけが最後まで蔡院長と杯を交わし、宴会を盛り上げた。

交流協定の主な内容は、次の五点である。（1）淡江大学が半年（一学期）ごとに十名の学生を平成国際大学に派遣する。（2）留学期間、学生は最低十五単位を履修する。（3）淡江大学は留学生が平成国際大学で取得した単位を認める。（4）留学生は平成国際大学に一単位一万円の授業料を納める。（5）留学生の居住する寮は平成国際大学がアレンジするが、家賃は留学生が負担する。

淡江大学の先生方が帰国した後、十月五日、私の要請で林義久社長がはるばる大阪から平成国際大学を訪れ、会議室で中村学長、留学生の世話をする教職員と学生、および留学生と会見した。中村学長が林社長に感謝の言葉を述べた後、私は林社長について簡単に紹介してから、マイクを林社長に渡して挨拶してもらった。

夕方、酒井先生が浅野先生、加地先生、台湾の留学生、および留学生の世話をする平成国際大学の学生を集め、花崎駅の近くにある「まきしむ」というレストランで林社長を囲んで会食した。私も陪席した。元来この会食は酒井先生が林社長を招待する予定であったが、食事中、林社長がひそかに席を離れて先に会計を済ませた。

その夜、林社長は私の宿舎に泊まった。二人は思い出がたくさんあるアジア・オープン・フォーラム、日華大陸問題研究会議、台湾国際関係研修団を話題にして深夜まで語り合った。台湾の留学生に対する助成金も話題になった。私は林社長に、「平成国際大学には二人の正規留学生がおり、可能であれば二人にも奨学金を提供していただきたい。なお、淡江大学の派遣留学生は半年ごとに交代するが、滞在中、課外活動、例えば歴史的な名勝古跡の見学、日本学生との交流会、地方のイベント（祭り）

体験などを実施する予定であり、また家具の修繕あるいは買い替えもある。これらの諸経費に対しても援助してほしい」と要請した。

林社長は「正規の留学生には毎年五十万円の奨学金、淡江大学の派遣留学生には毎年百五十万円、合計年に二百万寄付しましょう」と答えた。林社長は約束通り約十年間中断することなく寄付金を提供し続け、臨時追加の援助もしばしばあった。寄付金の総額は十年で累計二千万円以上に達している。その間、何度か大学に来て留学生に会い、「まきしむ」で会食した。

三、佐藤栄太郎理事長の台湾訪問

二〇〇一年十一月十二日から十四日までの三日間、佐藤栄太郎理事長が蓮見弘理事、浅野和生先生と私を従えて台湾を訪問した。訪問先は淡江大学に重点を置き、スケジュールはすべて鍾芳珍先生がアレンジしてくれた。淡江大学は台湾の私立大学の中で、歴史が最も長い大学である。その前身は一九五〇年に設立した淡江英語専科学校であり、一九五八年「淡江文理学院」に改称、一九八〇年総合大学として淡江大学に昇格した。

淡江大学のキャンパスは台北県淡水鎮（現新北市淡水区）にあり、台北市金華街の科技学院は分校である。二〇〇五年に宜蘭県の蘭陽キャンパスが開校した。キャンパスの規模と学生の総数はともに台湾最大の私立大学である。

佐藤理事長は出発数週間前、あらかじめ「サトヱ記念二十一世紀美術館」前庭の彫刻群に展示している「旅立ち」銅像と同じものを彫刻鋳造して船便で台湾に送り、淡江大学に贈呈した。「旅立ち」銅像は高さ約二メートル（礎石含む）で、帽子をかぶった麗人が右手に人類の累積した貴重な知識、経験などを詰め込んだスーツケースを持ち、左手の腕時計を見て二十一世紀に向かって旅立つという意匠である。

十二日十時、成田発の日本アジア航空に乗り、十二時五十分（現地時間）台北桃園空港に到着した。鍾芳珍先生が出迎えに来て、淡江大学派遣の乗用車に乗り、宿泊の台北国賓大飯店（Ambassador Hotel）に直行した。わずか二泊三日の訪問で、ぎっしり詰まったスケジュールである。したがってホテルのチェックインを済ませた後、休憩する暇もなく、すぐ出発して台北士林区陽明山麓にある私立中国文化大學を訪問した。時間の関係で、大学の歴史資料館を中心に約二時間見学してホテルに戻った。その晩、蔡信夫院長が一席を設け、懇ろにわれわれを歓迎した。食事後、蔡院長が信頼できる有名な按摩師を呼んできて佐藤理事長と蓮見理事にマッサージをした。

十三日午前中、淡江大学キャンパスへ見学に行く途中、先に台湾綜合研究院で李登輝前総統を表敬訪問した。李総統への表敬訪問は台湾総合研究所秘書長・鍾振宏先生に頼んでアポイントメントを取った。鍾振宏先生は台北駐日経済文化代表処広報部部長、副代表、駐イスラエル経済文化代表処代表、総統府副秘書長を歴任、李総統の信頼が厚い。

李総統と佐藤理事長はともに心臓バイパス手術を受けており、共通の話題があってお二人は初対面

2001 年 11 月 14 日、台湾綜合研究院にて
中央が李登輝前総統、その右が佐藤栄太郎、左が蓮見弘の各氏、その左が著者

で意気投合して気楽に雑談を交わした。始めは健康管理について語り合い、次に話題を人生経験に移した。李総統は日本統治時代の台湾、総統任期内の政治改革、台湾の現状などについて述べ、佐藤理事長は教育者として「人間是宝」という建学の精神、学校の経営方針および彫刻の趣味などについて述べた。約一時間の会談が終わった後、記念写真を撮影した。

台湾綜合研究院から淡江大学まで約三十分で到着した。張紘炬校長（学長）は校長室の前でわれわれを迎えた。校長室で、名刺交換後、張校長はまず佐藤理事長に対して「旅立ち」銅像の贈呈に感謝の意を表した。挨拶を交わした後、張校長の案内で大学のキャンパスを歩きながら、大理石の彫刻品などを展示している緑の広場、紹謨記念游泳館（張建邦理事長の岳父姜紹謨を記念する室内プール）、商船学館（現海事博物館、古今中外の帆船、漁船、ボート、船舶などの模型を展示）、文錙芸術中心（張建邦理事長夫人姜文錙の名前を以て命名した芸術センター）などの特殊施設を見学した。

佐藤理事長が贈呈した「旅立ち」（淡江大学は「旅者」と訳）の銅像はすでに文錙芸術中心の前に設置されている。文錙芸術中心はいろいろな貴重な芸術品が展示されており、張炳煌教授の書軸も多数掛けられている。張先生は中文学科の教授であるが、書道の大家で中華民国書法（書道）学会会長と国際書法連盟総会理事長を務めている。佐藤理事長は書道に造詣が深いので、張教授との出会いを喜んでいた。これを機縁に、翌二〇〇二年八月二十日から二十五日までの六日間、佐藤理事長が栄東中学校の佐田太二郎先生を中心とする書道研修団（五、六人）を淡江大学に派遣し、張炳煌教授の指導を受けた。

文錙芸術中心を見学した後、副校長室に立ち寄り、張家宜（張建邦の次女。後に校長）副校長と会談した。会談中、佐藤理事長は張紘炬校長、張家宜副校長、張炳煌教授の訪日を要請し、同意を得た。夕方、台北市に戻り、蔡信夫院長の招待を受けた。翌日の午前中、故宮博物院を見学してから桃園空港に向かい、三時四十分発の日本アジア航空二〇六便に搭乗して帰国した。

四、佐藤理事長、蓮見理事、中村学長の留学生への手厚いもてなし

佐藤栄太郎理事長、蓮見弘理事と中村学長は、ともに淡江大学との交流協定を非常に重視し、各々異なった形で留学生を招待し、日本文化を体験させた。

二〇〇一年十二月三十一日大晦日の日、佐藤理事長ご夫婦が淡江大学第一期の留学生を箱根アカデミーに招待した。参加者は佐藤理事長と照子夫人（花咲徳栄高校校長）をはじめ、川口智子教諭（花咲徳栄高校音楽の先生）、埼玉栄高校の「栄宝会」（保護者会の組織）メンバー（十数人）、および十人の留学生と私、計約三十余人であった。

バスは大宮駅西口交番前から出発、理事長ご夫婦も皆と一緒にバスに乗った。車内で自己紹介した後、川口先生が日本の代表的な唱歌、例えば「富士山」、「故郷」などの歌詞を皆に配り、リードを取って全員に繰り返し斉唱させた。理事長夫人は留学生に歌詞の意味を逐一説明した。

大晦日の夕食は、豪華な日本料理であった。私は台湾の空港から買って来た木箱入りの紹興酒を持参し、皆に振る舞った。「栄宝会」の奥さんたちは皆美味しいといい、飲酒を慎んでいた佐藤理事長も皆と乾杯した。元旦の朝食は、重箱に詰められた本格的なお節料理であった。留学生はお節料理を食べたのはこれが初めてであろう。

朝食後、理事長ご夫婦、川口先生と「栄宝会」の奥さんたちが先に帰宅した。私は留学生を連れて桃源台からロープウェイに乗って姥子駅、大涌谷駅、早雲山を経て、さらにケーブルカーに乗り換えて強羅に到着した。途中、大涌谷で約一時間遊んだ。

帰途、電車の中で、私は留学生に「理事長夫人は週に二、三回の人工透析を受けており、諸君を招待するため、その合間を縫って理事長と同行して箱根に来た」と述べた。留学生は皆深い感動を受けた。

蓮見弘理事はしばしば大学に来て留学生を集めて懇談した。二〇〇二年二月立春の前夜、第一期の留学生を招待して大宮の氷川神社の節分祭を参観した。節分祭は無病息災を祈る儀式で、深夜には「撒豆式」が行われる。留学生は祈る儀式を見ただけで、その後は神社周辺に並んでいる屋台で好きなものを買って食べ、賑やかな祭りを楽しんでいた。午后八時頃、蓮見理事は留学生と私を大宮の自宅に招き、茶菓を出して留学生をもてなし、十時頃まで歓談した。

中村学長は二〇〇二年一月三日、第一期の留学生を川越の自宅に招待し、新年会を催した。記憶では酒井正文先生、浅野和生先生、加地直紀先生、坂本健藏先生と私も招待された。長方形の座卓を二台連接し、学長が上座につき、先生方と留学生は座卓を囲んで座り、出前の寿司と中村陽子夫人手製のお節料理を食べ、ビールで乾杯しながら歓談した。人数が多いので、中村陽子夫人は接待に追われて大変だったと思う。三月末に来た第二期の留学生は帰国する前の八月二十日に、中村学長が送別会として彼らを自宅に招き、第一期生と同様な形で招待した。これが慣例となって、中村学長は、退職するまで、毎期の留学生を自宅に招待することを続けた。

五、留学生に対する支援活動

平成国際大学勤務の第二年目（二〇〇二年）、私は国際交流委員長に任命された。主な任務は留学生に対する支援活動と、台湾の大学との交流を促進することである。留学生に対する支援活動は多方面にわたり、歓迎会、送別会、新年会、忘年会、クリスマスパーティ、茶会（中国茶芸、台湾茶芸と日本茶道の交流会)、日本文化の体験、日本の歴史的な名勝古跡の見学、大学周辺の住民や小・中学校との交流、および生活上の支援などがある。台湾の大学との交流に関しては、私は政治大学国際関係研究センター駐東京特派員時代に積み上げた経験を生かせばたやすく任務を果せるという自信があった。

留学生に対する支援活動には、国際交流委員長に就任する前から携わっている。第一期の淡江大学留学生は五人がスポーツ寮、五人が花崎駅近くの民間アパートに入居していた。私の宿舎はスポーツ寮の二階にあり、留学生は生活上困ったことがあれば随時私と相談し、留学生を親身になって世話してあげた。夜の授業が終わった後、私はしばしば留学生を誘って一緒に食事をしていた。学園祭では留学生にも出店させ、台湾の名物である焼きビーフンを販売した。作り方は家内が私の宿舎で事前に留学生に教えた。本場の味で、評判がよく、来客は長い列をつくり、私のゼミ(文星会)生である高橋弘(ゼミ長)、鴨下大輔、伊藤翼ら諸君が販売を手伝った。

記憶では、佐藤理事長ご夫婦、蓮見理事も焼きビーフンを召し上がって美味しいとおっしゃった。高橋弘君の話では、留学生の売店は商売繁盛で、焼きビーフンは二日間全部完売、売り上げは十五万円を超え、約五万円の儲けがあった。その五万円は、学園祭が終了したその晩に、高橋君が皆を連れてカラオケ店へ行き、深夜まで歌ったり、飲んだりして楽しんだという。その後、留学生が学園祭に出店して販売する台湾の粽や水餃子なども事前に私の宿舎で家内の指導を受けて試作した。

日本の歴史的名勝古跡の見学はほとんど浅野先生が企画していた。見学の地点は大体決まっており、例えば幸手権現堂堤の花見、日光東照宮、行田市「さきたま古墳公園」、会津若松市、つくば研究学園都市、富岡製糸場と箱根駅伝予選会、箱根アカデミー合宿、富士登山、松本市美ヶ原の雪上車体験などである。

しかし、春学期の留学生と秋学期の留学生は季節によって見学するところが多少異なる。例えば幸手権現堂堤の花見（三月下旬）と富士登山（八月）は、春学期の留学生でないと、アレンジできない。逆に、箱根駅伝予選会（十月下旬）の見学と長野県松本市美ヶ原雪上車の体験は、秋学期の留学生しか経験できない。ここで、まず富岡製糸場と美ヶ原の雪上車体験および富士登山を取り上げて紹介しよう。

留学生に日本の歴史、文化に対する勉強の一環として群馬県富岡市の富岡製糸場への見学は数回実施された。この製糸場は明治五（一八七二）年に創設、日本初の本格的な機械製糸工場である。したがって、敷地を含む全体の建物、製紙機械などが国の重要文化財に指定され、二〇一四年世界遺産に登録された。

第一期留学生の美ヶ原への遊覧は二〇〇二年二月五、六日の二日間に実施された。酒井先生、浅野先生、加地先生と私が三台の車を運転し、十人の留学生を載せ、昼過ぎに松本駅に到着した。三台の車を駅周辺の駐車場に置き、迎えに来たホテルのバスに乗り換えて美ヶ原に向かった。バスは積雪の険しい山道を登り、午后四時前後にやっとホテルに辿り着いた。留学生は荷物をホテルに置いてすぐ屋外に出て白銀の世界で雪遊びをしながら記念写真を撮った。これは台湾から来た留学生にとっては初経験である。その晩、先生方と学生たちが一緒に会食し、深夜まで歓談した。

翌朝、屋外の気温は氷点下十九度、九時頃にホテルが用意した雪上車に乗って雪の大地を駆け回り、

平成国際大学への台湾人留学生たちと佐藤栄学園スポーツ寮の前で
前列中央が著者、右から２人目が夫人

冬の美ヶ原の景観を満喫した。留学生たちは多くの記念写真を撮り、その中から数枚選んで淡江大学科技学院応用日本語学科のホームページのトップページに載せた。それが大きな反響を呼び、平成国際大学を留学先として志願する学生が多く、つねに定員（十人）を超え、応用日本語学科は選考を行い、成績順によって派遣を決めることになったといわれている。

それはさておき、本題に戻ろう。雪上車の体験が終わった後、ホテルのバスで松本駅に戻り、駐車場に置いてある三台の車を出し、学生を連れて松本市の旧開智学校に向かった。この学校は明治六（一八七三）年に創立された日本の小学校である。校舎は明治時代の代表的な擬洋風建築物の一つで、重要文化財に指定されている。このほかにもいくつかの名勝古跡を見学した。夕方、大学に戻って解散した。美ヶ原への観光はその後も何回か実施された。

留学生の富士登山は、八月に実施される。富士登山は元来浅野先生のゼミが行ってきた行事で、二〇〇二年から淡江大学留学生と私のゼミ生も参加するようになった。二〇〇二年の登山は八月五日から七日までの三日間に実施された。五日午後一時、参加者は観光バスに乗って大学から出発、夕方、富士山五合目に到着した。八時に登山する予定で、その間、各自周辺の食堂で食事をとったり、お土産を買ったりしていた。

登山開始後、皆自分のペースで登り、八合目までに登った時、一部の学生が疲れ切って前進する自信を失い、五合目に戻ってバスの中で休んだ。引率の先生は浅野先生と私だけで、私は下山した学生の面倒をみるため、八合目から折り返した。浅野先生は頂上に向かって登る学生のしんがりを務め、学生と一緒に頂上まで登った。午前一時に数人の学生がすでに頂上に到達し、その他の学生も続々と辿り着いた。

午前五時頃、ご来光を拝んでから下山した。御殿場に到着した時、王秀如君が熱中症によって体調を崩し、早速レンタカーを借り、高橋弘君が運転し、私も同行して王君を近くの診療所に送った。王君は診療所で点滴を受け、約二時間後に症状が良くなり、高橋君に頼んで、レンタカーで王君を花崎のスポーツ寮に送り帰した。私はタクシーで御殿場に戻って皆に合流した。

王秀如君が診療所へ行っている間、浅野先生は学生を連れて御殿場プレミアム・アウトレットで散策していた。その後、皆バスに乗って箱根に向かい、昼食後、ガラスの森美術館を見学した。その晩は、ホテル湯元に泊まり、夕食の時には合宿の雰囲気で二日間の旅を話題にして語り合った。翌朝、彫刻の森美術館を見学、アウトレット・モールで昼食をとってから帰途につき、午後四時大学に到着した。

余談だが、王秀如君は帰国後、交流協会奨学金（文部省奨学金）の留学生として、静岡大学の大学院に進学し、経済学修士を取得した。現在、彼女は台湾の日本商社に勤める傍ら、台北商業大学の非常勤講師を兼ね、日本語を教えている。王君と私の誕生日は同日で、彼女は毎年誕生日の日に必ず国際電話をかけてきて「楊老師！　祝您生日快楽（楊先生、お誕生日おめでとう）」とあいさつすると同時に、近況について雑談する。

国際交流委員会が主催する留学生と日本人学生の交流会、大学周辺の住民や小学校との交流などに対しては酒井先生、浅野先生、加地先生が側面で支援してくれた。留学生と日本人学生の交流会は春学期と秋学期に各一回の茶会を開き、双方の学生は中国茶芸と日本茶道の入れ方と飲み方を学び、茶会を通じて交流を深めた。長女・楊品瑜は大学の招きで、毎回の茶会に師範として学生に中国茶芸と台湾茶芸を教えた。大学のオープンキャンパスの際、大学はつねに留学生を動員して台湾茶を入れて見学に来た高校生と保護者を接待した。

大学周辺の住民との交流に関して、加須市の「かぞ　どんとこい！　祭り（加須夏祭り）」が行われる際、留学生が大人神輿を担ぐ行事に参加し、「セイヤ！　セイヤ！」の掛け声とともに勢いよく市内を練り歩いた。これは留学生にとって貴重な体験である。

地元の小学校との交流においては、留学生が鷲宮小学校の招きで、台湾で流行っている遊戯を同校の小学生に教えた。その中で、最も人気のある遊戯は「扯鈴」（ティアボロ）であるが、日本で扯鈴を入手するのは困難なので、留学生は台湾から数セットを取り寄せて同校に贈呈した。

淡江大学の派遣留学生は第一期から、規定の単位を履修するほか、日本の歴史、文化、風俗習慣などをも勉強しなければならない。これは留学生により充実した留学生活を図るためである。派遣留学生は一期十人で、浅野先生と加地先生がそれぞれ五人を受け持って指導した。留学生は各々研究テーマを選定し、帰国前に研究成果として七千字以上の論文を提出しなければならない。これは滞在期間わずか半年の留学生にとって、容易ではなかったが、全員予定通り立派な論文を書き上げた。論文はそれぞれ約十冊製本され、本人が一、二冊持ち帰り、余分は留学生の世話をする先生方、平成国際大学図書館および淡江大学図書館に寄贈した。

六、野球部の台湾遠征

二〇〇二年二月二十四日から三月二日までの一週間、蓮見弘理事と大島義晴監督が平成国際大学野球部を引率して台湾を訪問し、私は連絡係として同行した。スケジュールはすべて淡江大学技術学院日本語応用学科蔡信夫院長と鍾芳珍先生に任せてアレンジしてもらった。宿泊は大島監督と野球部の学生が剣潭付近の青年活動中心（センター）に、蓮見理事と私は華国ホテルに泊まった。

二十五日午前、台北市内にある淡江大学技術学院を訪問した後、鍾芳珍先生の案内で台北県新荘鎮（現新北市新荘区）の新荘棒球場（野球場）を下見した。その晩、蔡信夫院長は青年活動中心の食堂で歓迎会を催し、平成国際大学の訪問団を招待した。

野球試合は二十六日、二十七日、二十八日の三日間に行われ、対戦相手は淡江大学、台北体育学院と中国文化大学三校の野球チームである。二十六日、淡江大学との試合は、平成国際大学が圧勝した。その晩、鍾芳珍先生が蓮見理事、大島監督と私を招き、淡江大学技術学院の近くにある「鼎泰豊」の第一号店（永康街）で、本場の各種小籠包（看板料理）、蒸し餃子、肉入り粽などを味わった。

二十七日、台北体育学院との試合は、平成国際大学が僅差で勝った。二十八日の対中国文化大学の試合は平成国際大学が惨敗した。台湾の大学野球は中国文化大学の野球チームが最強であり、当時チームには六人のナショナル選手を擁しているが、平成国際大学との試合は三人のナショナル選手しか出場させなかったという。

新荘野球場は輔仁大学の近くにあり、試合を見に来た同大学野球チームの監督が鍾芳珍先生に、「本大学も野球チームがあり、実力もまあまあ、どうして声を掛けてくれなかったのですか」とこぼした。鍾先生は「日程が詰まっているため、三試合だけにしました。誠に申し訳ございません」と答えた。これを機会にして、私が国際交流委員長在任中、平成国際大学と輔仁大学の間に、数回の学術交流が行われた。

二十八日の晩、蔡信夫院長がまた宴席を設け、蓮見理事、大島監督と私を招待した。三月一日午前中、平成国際大学訪問団は全員台北県淡水鎮にある淡江大学のキャンパスを見学した。張紘炬校長（学長）と鍾芳珍先生の案内で大学の建物や施設を見学した。

正午、張紘炬校長が大学の食堂で、数卓の宴席を設け、平成国際大学訪問団を招待した。夕方、青年活動中心に戻り、学生は自由活動で、蓮見理事、大島監督と私は蔡信夫院長の招待を受け、台北市内の都柏林飯店で夜遅くまで飲んでいた。一週間の台湾訪問中、淡江大学の接待は至れり尽くせりであった。三月二日、野球訪問団が帰国し、私は空港まで見送りに行った後、台北県新店市（現新北市新店区）の実家に帰った。

七、淡江大学理事長、学長、副学長らが相次いで来訪

二〇〇二年五月三十一日、淡江大学の張家宜副学長が同大の事務部門の主要幹部（課長級）を率いて平成国際大学を訪問した。構成メンバーから見れば、これは明らかに実務的な視察が目的である。すなわち平成国際大学全般の各種施設を見学することである。中村学長は瀧澤三郎総務課長に指示して訪問団一行を案内し、私は同行して通訳を務めた。

見学のコースはサトヱ記念二十一世紀美術館とその前庭の彫刻群から始まり、次に校舎の本館を見てからすぐ研究棟の三階に上がり、酒井正文先生と私の研究室を参観した。研究室の中に周囲が本棚、中央に先生のデスクおよび十数人の学生が座れる授業用の机と椅子が並んでいるのを見て、訪問団の一行は研究室の広さに驚きを感じた。

その後、一行は図書館を通って一階に下り、野球場、野球室内練習場、サッカー場、テニスコートを歩き回り、さらに講義棟の一般教室と大講義室を見て、総合体育館に移った。総合体育館には柔道

場、剣道場、トレーニングルーム、大講堂、多目的アリーナ（arena）などの施設があり、その中で訪問団の興味を引き付けたのは多目的アリーナである。アリーナは模擬裁判法廷、講演会場、吹奏楽団の練習場などとして利用される。

アリーナの中には五百席の椅子がある。後方の壁に椅子席が収納されており、使用するとき、スイッチを押せば後方の壁から椅子と通路がせり出してくる。アリーナを使用しないときはスイッチを押して椅子を後方の置き場に収納する。模擬裁判法廷、講演会場に使用する場合は用途によって法廷や舞台ないし講壇を構築する。吹奏楽団の練習場にする場合は騒音防止の扉を地面と天井に敷いているレールに沿って移動してそれぞれの部屋をこしらえる。

張家宜副学長は説明通りに自らアリーナの座席の移動操作を試した後、「この設備は素晴らしい。淡江大学の蘭陽キャンパスに導入したい。規模は千席にする。帰国したら、建築学科の教授を二、三人平成国際大学に派遣して見学させる。その時は業者を紹介してほしい」と瀧澤課長に頼んだ。

大学を一周した後、茶室でお茶を飲みながら雑談した。張副学長は「平成国際大学の学生数は千五百人未満、しかし、キャンパス内の各種施設が非常に完備している。今回の見学は多大な収穫を得た」と感想を述べた。

十月七日、淡江大学の張建邦理事長夫婦、張家宜副学長、日文系（日本語学科）劉長輝副教授らが来日、ホテル・オークラに宿泊した。翌日午前、佐藤栄太郎理事長が私を従えてホテル・オークラに行き、張理事長と会談した。劉先生と私はそれぞれ張理事長と佐藤理事長の通訳を務めた。話題は淡江大学と平成国際の交流が中心で、約一時間の会談は和やかな雰囲気の中で行われた。

九日、淡江大学建築学科の教授三人が来日、多目的アリーナを見学した後、滝澤総務課長に頼んで業者（コクヨ）を呼んできて多目的アリーナの建設について話し合った。

十日、張紘炬学長、張炳煌教授、鍾芳珍先生らが来日、大宮のホテルに宿泊、翌日平成国際大学を訪問した。十二日、蓮見理事、浅野先生と私がマイクロバスでホテルへ行って張学長一行を迎え、箱根アカデミーに赴いた。張家宜副学長もホテル・オークラから箱根アカデミーに来て皆と合流した。夕方、佐藤理事長と中村学長が一緒に来て歓迎晩餐会を主催した。その晩、全員箱根アカデミーに一泊した。十三日朝、佐藤理事長が自宅に帰り、その他は箱根の名所を観光した。

十四日午前、平成国際大学は陸上競技場竣工の記念式典を行い、淡江大学張紘炬学長一行が招かれて式典に参列した。その後は柔道部の稽古を見学した。午后、大学の会議室で揮毫会が行われ、佐藤理事長は栄東中学校の書道チームの佐田太二郎先生らを動員して会場のアレンジ、揮毫文具の準備を手伝ってもらった。やがて、張炳煌教授が両手で特大筆を握り、横二メートル、縦一メートルの書道用紙に「龍」という字を一気呵成に一筆で書き上げた。「龍」の字は空を飛ぶような飛龍に見える。大学はこの傑作を額装して、ずっと四階大会議室の中央の壁に飾っている。さらに「克己」の二字も書き、額装して総合体育館一階のトレーニング室に飾っている。

揮毫会が終わった後、張紘炬学長、張家宜副学長、張炳煌教授、鍾芳珍先生らは二階の第三会議室に案内され、お茶を飲みながら休憩していた。佐藤理事長が張家宜副学長に二十五センチの全身銅像を彫刻してプレゼントする意向を示し、張副学長は「わあ、うれしい」と答えた。佐藤理事長はすぐカメラで彼女の正面と側面の全身写真を撮り、さらにメジャーで身長、頭部、バスト、ヒップ、ウエストなどを量った。約一年後に年度作品の写真を、浅野先生が台湾研修のときに、淡江大学に持参して張副学長に見てもらうと、彼女は「脚をもうちょっと長くしてほしい」といったそうである。銅像はその後完成して届けられた。

十五日、張紘炬学長は駒澤大学へ訪問、張副学長以下の皆さんは自由活動であった。十六日、浅野先生と私は大学が用意したマイクロバスで淡江大学の一行を案内して日光を観光した。日帰りの旅行なので、東照宮、馬返と中禅寺湖畔をつなぐ「いろは坂」を見てホテルに戻った。その晩、佐藤理事長が浦和ロイヤルパインズで晩餐会を催し、女性の方々に有名ブランドのバッグを買ってプレゼントした。翌十七日、淡江大学の一行は帰国した。

十一月二十日から二十四日までの五日間、蓮見弘理事、浅野和生先生と三宅仁先生が平成国際大学の柔道部女子部員を率いて台湾を訪問した。浅野先生の話によると、台湾で淡江大学、中国文化大学と台北体育学院の柔道チームと友好試合を行った。

淡江大学首脳陣の訪日後、同大学と平成国際大学の関係が一層深まり、留学生の派遣は定期的に実施された。留学生の見学活動や古くなった家具の交換など、経費が不足する場合、つねに林義久社長に追加支援を求めた。林社長は一度も断ったことはない。淡江大学の留学生にとっては大恩人である。ここでひとまず林義久社長について紹介しよう。

八、ユニオン・モーター（UNION MOTER）株式会社社長・林義久

林義久社長は、一九二二（大正十一、民国十一）年台湾雲林県斗六鎮（日本統治時代の台南州斗六郡）に生まれ、一九三八（昭和十三）年十六歳のとき、台中一中四年生第一学期終了後に来日、中野中学四年生第二学期に編入され、翌年五年生に進級、卒業後、早稲田専門学校政経学科に進学、一九四五年九月に卒業。終戦後、しばらく東京で就職、一九四六年に春名直子女史と結婚して京都に移住した。京都では始めは貿易会社に勤め、一九五三年マレーシアの華僑葉煥武（福建人、上海約翰大学卒）が大阪に設立したオート・パーツ会社に入社、インドネシアとシンガポールへ自動車部品を輸出する業務を担当した。葉煥武のオート・パーツ会社閉鎖後、林義久は一九六三年九月大阪西区靱本町にユニオン・モーター株式会社（UNION MOTER.Co.LTD）を創設〈資本金百万円〉、愛知機械工業の軽自動車コニーのインドネシア、シンガポールの代理店となる。

一九七〇年一月、会社を大阪市東区高麗橋に移転、一九七二年社員をインドネシアのジャカルタに長期出張させ、販売を強化し、一九八〇年資本金を三千万円に増資、一九八五年四月会社を大阪市西区江戸堀の現在地に移転、二〇〇三年タイに現地顧客との合弁で国内販売、輸出入会社を設立、東南アジアを中心に営業を次第に拡大した。

林義久社長は「今日より明日を良くする為に何をなすべきか」を創業の精神とし、経営理念は「安

前列中央が林義久氏、その左が茶者、さらにその左が酒井正文教授
中列と後列は淡江大学応用日本語学科から平成国際大学への台湾人留学生

価で高品質な製品を迅速に」、「真心を込めて確実に」お客様にお届けすることで、仕入れ先様、顧客の皆様と相互の信頼関係を構築することである。企業で得た利益を社会へ還元し、社会への恩返しを企業の義務と考え、創業時から災害義援金、学生への奨学金、非営利公益団体への寄付金など、様々な社会貢献に取り組んでいる。

林義久社長は二〇〇五年に第一線を退いて会長となり、社長は息子の林文哲が継いだ。文哲さんは堅実な若手経営者で、父親が制定した創業の精神、経営の理念を遵守し、業務の拡大を図った。ユニオン・モーター株式会社は自動車部品・用品の輸出商社であり、国内の自動車業界が製造した高品質な自動車部品を世界で通用する自動車部品市場への輸出を目標にしている。林義久社長時代の輸出は東南アジアに集中していたが、文哲さんが社長になってから、市場をアジア、オセアニア、中東、アフリカ、ヨーロッパ、ロシアなどの諸国へ拡大した。文哲さんの経営手腕は父親を上回るほどであり、林義久会長は息子の成功を誇りにしている。

ここで、特筆すべきことがある。二〇〇五年、林義久会長は石田浩教授からもらった一九九二年出版の柯旗化『台湾監獄島』（戦後国民党独裁下で二度逮捕され、緑島などの刑務所に計十七年監禁された体験を描いた本）を読んで深く感動し、これを復刻して多くの台湾の日本語世代と日本人に読ませたいと考えた。友人の紹介で林会長は高雄に住む柯旗化夫人・柯蔡阿李女史を訪れ、同書の復刻版を出版してより多くの人に読ませたいと説明した上で、付け加えて出版経費は全部支援すると約束した。柯夫人は喜んで賛成し、すぐ復刻版の出版に取り組んだ。

復刻版は非売品で、発行後、好評を得、第三版まで計六千五百冊を刷った。林会長は約束どおり、出版費用を全部支援した。私も百冊もらったが、手元に数冊残り、その他は全部平成国際大学の浅野和生教授に送って台湾史に興味を持つ先生と日本人学生および台湾の留学生に配った。林会長の接待で、私は柯蔡阿李女史と二回会食したことがある。彼女は日本語が達者で、白髪になったが、上品な美人であり、現在は新北市新店区の閑静な住宅地に住んでいる。

第十四章　平成国際大学在職中の台湾研修とその他の学術活動

一、日華関係研究会主催の「台湾国際関係研修団」

日華関係研究会は一九九五年六月十六日、慶應義塾大学の中村勝範名誉教授の提唱、台北駐日経済文化代表処の林金莖代表の賛助によって創設された日台間の関係を促進する研究会で、初代会長は元参議院法制局長の浅野一郎先生である。同会は年に十一回の月例会と一回の大会を開催すると同時、月刊誌『日本と台湾』および日台間の歴史、文化、経済、安全保障を論述する書籍を刊行している。このほかに、もう一つの年間行事がある。すなわち「台湾国際関係研修団」の参加者を募集して日台間の文化交流を行うことである。月例会、年大会、月刊誌と書籍の刊行に関してはすでに詳述しており、ここでは特に「台湾国際関係研修団」を取り上げて紹介したい。

台湾国際関係研修団は一九九二年十二月、浅野一郎先生が関東学園大学在職中、台湾との文化交流を促進するため、同大学の中村昭雄助教授らと協議して実施したものに由来する。一九九五年、浅野一郎先生が日華関係研究会会長に就任した後、台湾国際関係研修団は日華関係研究会の年間行事の一つとなった。そして一九九六年平成国際大学が正式に開学すると、酒井正文先生と浅野和生先生を中心に学生を募集して毎年台湾研修に参加するようになった。

台湾国際関係研修団に「国際関係」の四字がつけられているが、事実上、研修の対象は台湾の国際関係に限らず、台湾の政治、経済、社会、歴史および日台関係史など多方面に及んでいる。訪問の日程は通常一週間であるが、研修コースによって日程を短縮または延長することもある。主な訪問先は、政府機構、名勝古跡、日本統治時代とゆかりのある名所、離島などである。毎回の研修コースと地点は研修目的によって選定する。

初期の参加者は日華関係研究会の会員、平成国際大学と関東学園大学の教師と学生が中心であったが、その後、私が非常勤講師を務めている東海大学と大阪国際大学の学生も参加するようになった。また、慶應義塾大学と東京大学の学生も参加したことがある。

(一) 台湾本島および所属離島の研修

私が初めて台湾国際関係研修団に参加したのは一九九九年夏のことである。同年、八月二日、浅野一郎会長が研修団を率いて台湾を訪問した。日程は八日までの一週間で、主な目的は中華欧亜基金会と座談会を行うことである。座談会は五日と六日に設定されているので、研修団は三日と四日に総統府周辺の中正紀念堂（蔣介石の記念堂）、二二八和平紀念公園（旧台北新公園）の二二八記念館と二二八和平紀念碑、および芝山巌公園、忠烈祠、故宮博物院などを見学した。

二二八紀念館は旧台湾廣播電台（台湾放送局）の建物で、一九四七年二二八事件が発生したとき、民衆が放送局を占拠して台湾人民に蜂起を呼びかけ、動乱がたちまち全島に拡大した。現在は二二八事件に関する資料を展示する紀念館となった。芝山巌公園は日本統治時代、台湾に設立された芝山巌学堂（台湾最初の学校）の六士先生（楫取道明、関口長太郎、中島長吉、桂金太郎、井原順之助、平井数馬）が抗日事件（一八九六年一月一日）により殺害されたことに由来する。芝山巌公園は「台湾教育の聖地」と称され、境内には六士先生を合葬した墓がある。

四日の晩、中華欧亜基金会が圓山大飯店で晩餐会を設け、会食しながら座談会について打ち合わせをした。座談会は五日と六日に欧亜基金会で行われ、議題は両岸関係（中台関係）と日台関係が中心であった。七日午前、研修団は行政院大陸委員会を訪れ、蘇起主任委員が台湾の対大陸政策と両岸の交流実態を説明し、研修団員の質疑にも答えた。私は指名されて通訳を担当した。

台北滞在中、曾永賢先生のアレンジで研修団は総統府を訪ねて李登輝総統に謁見した。李総統は研修団の全員と握手し、通訳を通して中国語で挨拶した。その後、時間節約のため、李総統は直接日本語を使って研修団と歓談した。李総統は日本人の訪問客に対し、日本語で歓談することが慣例となっている。

二〇〇〇年から二〇〇七年まで、私は毎年台湾国際関係研修団に参加した。その間、訪問した主な機構と地点は大体以下の五種類に大別できる。

①政府機構：中華民国総統府、立法院、国民大会、台北高等法院（高裁）、外交部（外務省）、行政院大陸委員会、新聞局、台北市政府、高雄市政府。

②名勝古跡：延平郡王祠（鄭成功廟）、赤崁楼（プロヴィンシャ城）、安平古堡（ゼーランジャ城）、台南孔子廟、鹿耳門天后宮（媽祖廟）、正統鹿耳門聖母廟（媽祖廟）。

③日本統治時代とゆかりのある名所：烏山頭ダム（八田與一が建設したダム）、飛虎将軍廟（鎮安堂、日本空軍飛行士杉浦茂峰を祀る廟）、富安宮（森川清治郎巡査を義愛公として祀る廟）、芝山巌公園。

④離島：緑島（台東県沖合の政治犯監獄島）、澎湖群島（台湾海峡にある六十四の島からなる群島）、金門島（台湾支配下にある福建省の島）。

⑤その他：中華欧亜基金会、中国国民党本部、新竹科学園区（台湾のシリコンバレー）、台南奇美博物館、台湾綜合研究院など。

以上の訪問先は、複数回行ったところもあれば、一回しか行かなかったところもある。総統府への表敬訪問は、陳水扁総統の時代、毎年研修日程に入っている。当時、曽永賢先生は総統府国策顧問（後に総統府資政に昇進）および政府のシンクタンクである中華欧亜基金会副董事長兼執行長という重職にあり、総統府への表敬訪問はすべて曽先生に頼んでアレンジしてもらった。陳総統には五、六回謁見したが、最後の一回は国家安全会議秘書長・邱義仁が陳総統に代わって研修団を接見した。陳総統と邱秘書長はともに日本語ができないので、会談はすべて通訳を通じて行われた。

総統府以外の政府機構への訪問はほとんど一回だけで、そのうち、特に強い印象を残したのは廃止された国民大会への訪問である。国民大会は二〇〇五年六月十日、憲法増修条文の修正によって廃止されたが、国民大会の会場とされていた台北市中山堂（日本統治時代の台北公会堂）の中に国民大会の事務局がなお残存している。研修団が訪問した時、事務局秘書長が研修団を接見し、挨拶として国民大会の職権、任務および廃止の経緯を簡単に説明した後、研修団の全員に各一セットの国民大会記念コインをプレゼントした。

名勝古跡への訪問先は台南市に集中している。例えば延平郡王祠、赤崁楼、安平古堡、台南孔子廟、鹿耳門天后宮、正統鹿耳門聖母廟などである。天后宮と聖母廟は媽祖廟の別称で、海の女神を祀る廟である。これらの名勝古跡は台南へ行くたびにほとんど見学のコースに入れている。私は台南出身なので、つねにガイドに代わって案内役を務めた。

日本統治時代とゆかりのある名所の中で、よく見学に行くところは烏山頭ダム、飛虎将軍廟、富安宮、芝山巖公園などである。飛虎将軍廟は台南市安南区海東里にあり、廟の主任委員は海東里里長（村長）の楊立興が兼任している。楊立興は私の従弟であることから、台湾国際関係研修団が飛虎将軍廟を訪問するごとに、彼は必ず廟に来て研修団を接待し、別れるときにはいつも研修団に段ボール箱に詰め込んだバナナや文旦柚をプレゼントする。研修団は私の生まれ故郷の家（飛虎将軍廟から歩いて約十分）に立ち寄ったこともある。

二〇〇二年、研修団が台北から台湾南部に南下する際、嘉義で建設中の台湾高速鉄道（台湾新幹線）嘉義駅と周辺の新幹線関係施設を見学した。当時、淡江大学が平成国際大学に派遣した第二期留学生のリーダー・陳姿伶が帰国後嘉義駅の新幹線工事現場で通訳を担当していた。彼女は現在、広島に居住している。

離島の緑島、澎湖群島、金門島への訪問は、その間にはそれぞれ一回だけであった。緑島は台東県東約三十三キロの太平洋上にあり、南北の長さ約四キロ、東西の広さ約三キロ、面積約十六平方キロ、四角形の形状をした火山島である。元の名は「火焼島」で、後に「緑島」と改称された。行政上、緑島は台東県緑島郷に属し、島内の人権文化園区は元台湾政治犯を監禁する監獄施設である。緑島に数

烏山頭ダムほとりの八田與一の銅像を囲んで

年監禁された台湾の著名作家・柏楊氏（台湾人権教育基金会董事長）の提唱により、二〇〇〇年、園区内に「人権記念碑」を建て、白色恐怖（白色テロ）時期（一九四九～一九八七年の戒厳時期）にこの島に監禁された政治犯の名前を全部記念碑に刻んでいる。私は記念碑の中にある劉佳欽、呂国民、鍾廖権の名前を指し、研修団の皆さんに「この三人は私の親友である」と説明した。

澎湖群島は台湾本島東約五十キロの台湾海峡にあり、澎湖列島ともいう。群島は六十四の島嶼からなり、南北約六十キロ、東西約四十キロの海上に散在し、総面積は百二十八平方キロで、台湾最大の付属島嶼である。行政上、澎湖群島は台湾省澎湖県の管轄下にあり、明・清時代、中国大陸から台湾へ移民する中継地であった。それゆえ、群島内に多数の文化古跡があり、ほとんど文化財に指定されている。二〇〇三年、研修団が台南の飛虎将軍廟を拝観した後、夕方に台南空港から澎湖島へ飛び立ち、約四十分で馬公空港に到着した。ホテルにチェックインした後、皆海岸に出て散歩しようと思っていたが、風が強くてすぐホテルに戻った。夕食後、飛虎将軍廟からもらった二つの段ボール箱に入れているバナナと文旦柚を皆が分けて食べた。

（二）金門島への研修

日華関係研究会が金門島研修を実施したのは二〇〇〇年のことである。当時、私はすでに平成国際大学非常勤講師を務めており、したがって台湾国際関係研修団が台湾本島または離島を研修する際、私はつねに案内役になっている。金門研修の際、金門の地理、歴史、文化財、主な軍事施設と観光スポットなどについて、移動するバスの中または見学の現場で学生諸君に説明する。

金門は、中国福建省アモイ（厦門）の南に散在する大金門本島、小金門、大瞻、小瞻、東碇、北碇を含む十二の島嶼の総称で、総面積は約百五十余平方キロ、地名は「固若金湯、雄鎮海門」（金城湯池のように守りが非常に固く、強固な海防の門である）という言葉に由来する。

島民は泉州、漳州、同安、廈門を原籍とする閩南（福建省南部）人が多数を占め、台湾の閩南人と同様、閩南語（廈門語ともいう）が母語となっている。元来、島民は渡し船や漁船で金門と廈門を自由に行き来していたが、しかし、一九四九年以降約半世紀、国共内戦によって金門と大陸の往来は完全に遮断された。

中華民国政府が台湾に移転した後、金門（福建省金門県）と馬祖（福建省連江県）は対中共の最前線基地となった。中共は幾度も金門を攻略したが、いずれも失敗に終わった。そのうち最も激しい戦いは古寧頭戦役と金門砲撃戦（別称八二三砲戦）である。

古寧頭戦役は一九四九年十月二十四日、人民解放軍が金門島を攻略するために発動した戦いである。解放軍は二個師団（約二万人）の作戦部隊を編成し、百数十隻の漁船や木船を掻き集め、厦門周辺から渡海して金門島の古寧頭に上陸した。輸送船の不足で二万人の部隊を二陣に分けて輸送する計画であった。第一陣の八千人は、夜半に出航し、翌二十五日午前一時四十分に金門島の古寧頭に到着した。ところが、民間の漁船や木船は十分に訓練を受けておらず、そのために接岸したとき船隊の列が崩れて大混乱となった。上陸に時間がかかり過ぎたため、金門から引き上げる前に引き潮に遭い、次々と坐礁した。結局、百数十隻の船は、夜明け後、国府側の空軍、海軍と砲撃部隊によって全部破壊され、一隻も対岸へ戻ることができなかったのである。

上陸した解放軍は、後続部隊が断たれたため窮地に陥り、国府軍は、陸軍、海軍、空軍および戦車部隊を出動させ、敵軍に砲火を浴びせながら、古寧頭方面に追いつめ、二十七日に上陸の敵軍を壊滅させた。国府軍側の発表によると、この戦役において、解放軍は、軍人八千七百三十六人、民夫（船頭）三百五十人、計九千八十六人の兵力を失い、うち三千余人が捕虜となり、残りの五千余人は戦死した。

元来、解放軍は金門島を奪取し、これを拠点にして台湾に侵攻する予定であったが、強力な空軍と海軍を擁しないまま、無謀な渡海作戦を強行した挙句、惨敗を喫した。古寧頭戦役は決して大規模な戦闘とはいえない。しかし、国府軍の勝利により、解放軍の台湾侵攻が食い止められ、その結果、台湾海峡両岸の分裂・分治の局面が確立したのである。ゆえに古寧頭戦役は天下分け目の戦いであり、現代版の赤壁之戦（後漢末期の二〇八年、赤壁において劉備と孫権の連合軍が曹操の軍を破り、天下三分すなわち三国の形勢を決めた戦い）といわれている。一九八四年金門県金寧郷に古寧頭戦史館が建設され、現在は有名な観光スポットになっている。

金門砲撃戦は一九五八年八月二十三日、人民解放軍が福建沿岸から国府軍の前線基地である金門諸島に対して発動した砲撃戦で、八二三砲撃戦ともいう。これは国共内戦史上最大規模の砲撃戦である。砲撃は四十三日にわたって続けられ、十月六日に中止された。その間、人民解放軍は毎日昼夜を問わず、集中豪雨のように金門諸島に対する砲撃を行い、計四十五万余発の砲弾を撃ち込んだ。砲撃戦と同時に、双方の海軍と空軍も金門諸島の周辺の海域と上空において、激戦を繰り返していた。

十月六日以降、中共は金門諸島に対する本格的な砲撃戦を中止し、その代わりに心理作戦の宣伝ビラを撒き落とすためのいわゆる隔日砲撃（奇数日に砲撃）を実施した。隔日砲」は二十年間も続けられ、一九七九年元旦の日、米中国交樹立を契機に、中共は隔日砲撃を中止した。

両岸武力対峙の時期、私は兵役により、一年間の予備軍官（少尉）として召集され、約五ヶ月金門に駐留したことがある。そのとき、金門に多くの歴史的文化財が存在していることに気づき、また職務範囲内で見た地上や地下の特殊軍事施設に驚きを感じ、心の中で、平和の時代が訪れてきたら、金門はきっと世界の有名な観光地になるだろうと確信していた。

一九八〇年隔日砲撃が中止された後、私は数回日本の学術団体（日華「大陸問題」研究会議とアジア・オープン・フォーラム）および大学の研修団に参加して金門を訪問し、今まで知らなかった秘密の軍事施設、例えば地下坑道、地下運河、地下ホールなどを見て、金門は自分の予測とおり、素晴らしい観光島になった。

金門県政府の資料によると、歴史的文化財に認定された古跡は国定が二十一か所、県定が十二か所、計三十三か所ある。そのうち最も有名なのは国定一級の邱良功母節孝坊である。これは、清朝浙江水師提督邱良功の母許氏が夫に死別した後、二十八年間後家を通し、独力で邱良功を国の重任を担う人物に育てた功績を表彰するため、清朝政府が嘉慶十七（一八一二）年に建てた「牌坊」（忠孝貞節の人物を顕彰するために建てられたアーチ様の建物）である。牌坊はすべて良質の石材を使って築き、建物の彫刻も精巧を極め、実に芸術的傑作といえる。

なお、金門の住民が東南アジアないし日本に出稼ぎに行って財を成し、故郷に錦を飾るという思いで、出生地に洋館や大邸宅を建てた。このような建物は水頭村、珠山村、山後村に多く保存され、観光スポットになっている。

金門諸島の地下に軍事施設、民防坑道（民間防衛の地下トンネル）、軍用坑道、地下運河、埠頭、ホール、迎賓館、病院などがたくさん造られている。金門諸島は福建沿岸のすぐ近くにあり、至近距離は約二、三キロ、遠いところでも十数キロに過ぎないので、砲撃戦の場合、金門全域が敵軍の大砲の射程圏に入る。したがって金門諸島の軍事施設は主として砲撃に備えて構築されている。民防坑道と軍事坑道および主な軍事施設はほとんど地下に建設されていることから、金門は地下金門と称されている。

民防坑道は十二か所あるが、金城民防坑道が最も有名である。これは金門の県庁所在地である金城市街地区の地下にあり、幹線と支線合わせて約二千五百六十メートルに及ぶ。残念ながら、時間の関係で研修団は金城民防坑道を見学せず、瓊林戦闘村坑道だけを参観した。瓊林戦闘村坑道は一九七七年に完成、全長千三百五十メートル、六メートル深さの地下に構築され、道幅は一人しか通行できないので沿道に十二か所の緊急出口が設けられ、坑外の堡塁や民家に通じる。村の地下がまるで一つの自衛戦闘坑道になっている。

軍用坑道は中央坑道、翟山坑道と九宮（四維）坑道の三つが最も有名である。中央坑道は太武山の中に構築された最大規模のトンネルで、坑道内には兵器庫、弾薬庫、戦車基地などがある。道幅が広く、戦車は随時地下から地上に出てきて敵を襲撃することができる。この坑道は太武山の核心陣地にあり、特別許可がなければ見学はできない。研修団が見学したのは翟山坑道である。

翟山坑道は金門島古崗東南方の海岸にあり、砲撃戦に備えて花崗岩を掘って構築された地下運河である。内部は坑道と水道に分け、坑道の全長は百一メートル、広さ六メートル、高さ三・五メートル。水道は全長三百五十七メートル、広さ十一・五メートル、高さ八メートル、途中で二股に分かれてA字形となり、二か所の出入口がある。河岸が埠頭となって四十二隻の小型船艇が停泊できる。平時台灣から軍需品や人員などを運んできた船舶は直接料羅湾の埠頭に入港するが、砲撃戦が発生した場合、金門全域が敵の射程内にあるため、船舶は料羅湾外の海域に止まり、積み荷を小型船艇に降ろして地下運河の埠頭に搬入する。この翟山坑道はすでに公開され、金門の主要な観光スポットになっている。翟山坑道に関しては前々から知っているが、私は台湾国際関係研修団に参加して初めてこの坑道を見学した。

観光名所になった軍事施設は、地上にも多くある。金門島東北端の馬山観測所がその一つである。馬山は官澳村の北側にあり、対岸との距離は僅か二千百メートル（引き潮時千八百メートル）にすぎない。武力対峙の時期（一九四九～一九八七年）、国府軍はここに観測所と播音站（俗称喊話站）を設置した。観測所は敵の動向を監視する拠点であり、所内に三台の高倍率の望遠鏡が設置され、晴天の日、小窓から対岸の光景がはっきり見える。喊話站は対敵心理作戦を行う放送ステーションで、四十八個の大型スピーカーが蜂の巣のように馬山外側の岩壁に付けられている。しかしながら、馬山観測所が観光地として公開された後、その戦時任務は終わりを告げ、現在望遠鏡を見るのは観光客であり、喊話站のスピーカーから出てくる声は流行歌または閩南語の歌謡曲である。

このほかに、古寧頭戦史館、八二三戦史館、八二三砲戦記念碑、古井頭戦史館、蔣経国記念館、莒光楼、金門慈湖等も観光名所として人気がある。なお、金門には二つの名産がある。一つは金門酒廠の高粱酒（コーリャン酒）である。高粱酒はコーリャンを原料としてつくった無色透明の蒸留酒で、アルコール分が高く、強烈な味が特徴である。もう一つは、一九五八年の八二三砲撃戦のとき、人民解放軍が金門に打ち込んだ四十五万余発の弾丸の破片を集めて作成した金門包丁である。

(三)　非法小三通現場の見学

三通とは通郵、通商、通航の略称で、その実施においては小三通と大三通との区別がある。前者は福建省の両門（金門と廈門）および「両馬」（馬祖と馬尾）の三通をさし、後者は大陸と台湾（澎湖諸島を含む）の三通である。

しかし、国民政府は大陸との直接三通を認めないため、大陸への人事、経済などの交流はすべて第三国・地区経由で行われていた。台湾の住民が第三国経由で大陸を訪問することはそれほど不便を感じないがが、金門と馬祖の住民にとってはきわめて不便かつ不経済であった。金門から廈門、馬祖から馬尾の距離は目と鼻の先のようなものであり、第三国経由だと、金門と馬祖には空路も海路も国際線がなく、台湾に渡って乗り換えなければならない。

したがって、金門・馬祖諸島の住民は大陸探親政策が実施されて間もなく、一部の島民は漁船を使って密かに対岸に渡って親族と知人を訪問し、その中で商売を行う者もいた。福建沿岸の大陸住民も金門や馬祖諸島に密航して同様な交流を行っていた。このほかに、海上で密貿易を行う人も少なくない。このような違法行為は公然の秘密となり、治安当局は見て見ぬ振りをしていた。

こうした無法状態をいつまでも放置するわけにはいかないので、政府は両門と両馬の交流を合法化させるため、小三通の実施に向けて動き出した。二〇〇〇年三月二十一日、立法院が離島建設条例第十八条を採択し、その中で「離島発展を促進するため台湾本島が大陸地区と全面通航する前に、まず金門・馬祖・澎湖と大陸地区の通航を試行する」と説明し、これを小三通実施の法的根拠とした。同年五月に誕生した民進党の陳水扁政権は離島建設条例に基づき、金門・馬祖と大陸地区の通航を試行する実施規則を制定し、翌二〇〇一年元日に金門・馬祖と対岸の小三通をスタートさせた。

ところが、小三通が正式に実施される前、両門と両馬の住民はすでに密かに人事と経済の交流を行っていた。研修団の女性ガイドは厦門の人で、彼女は研修団を海岸にある非合法小三通の現場に案内した。海岸の小廟で金門と厦門の密貿易者が公然と取引をしているのを見た。

二、その他の学術活動

（一）共同研究～日露戦争の戦跡調査と満洲地方への研修旅行

日露戦争は日本とロシアの両国が満洲（中国東北地方）・朝鮮半島の支配権をめぐり、一九〇四年二月八日から翌年九月五日にかけて行った戦争である。日本は旅順攻撃・奉天会戦・日本海海戦などで勝利を収めたが、ロシアを南満洲から完全に駆逐することができず、一方、ロシアも一九〇五年一月に勃発した第一次革命などによって戦争終結を望み、米国大統領・ルーズベルトの仲介により同年九月五日にポーツマス条約を締結して講和した。その結果、日本がロシア領の南樺太島（サハリン）を獲得し、樺太庁を設置した。ロシアの租借地である遼東半島先端部の旅順・大連一帯と南満洲鉄道付属地に至っては、日本が租借権を得、関東州と命名して関東都督府を設置した。

日露戦争は二〇〇五年で百年を迎える。この戦争で日本がロシアを破り、アジア唯一の列強という地位を確立したが、その歴史的意義は日本にとって記念すべきものである。これに鑑みて、酒井正文先生、浅野和生先生、加地直紀先生、坂本健藏先生と私は二〇〇三年度に日露戦争の戦跡調査を行う共同研究班を発足し、二〇〇三年九月一日から五日の五日間に満洲に赴き、戦跡を辿って実地調査を行うことにした。研究班発足直後、満洲地方の地理・歴史に詳しい院生の渡邊良夫さんを研究班の一員として加えてもらった。

渡邊良夫さんは埼玉県久喜市助役退職一年前（一九九七年）、開学二年目の平成国際大学開校法学部に入学し、二〇〇一年学部卒業と同時に大学院修士課程に進学した。酒井正文先生の指導の下で、満蒙開拓団をテーマにし、夏休みや春休みを利用して何度も満洲へ実地調査を行ってきた。したがって、渡邊さんは満洲地方の地理・歴史に詳しいのである。なお、彼は久喜市助役時代から埼玉県日中友好協会会長を務め、中国とりわけ満洲地方に太い人脈を築き上げている。共同研究班への渡邊さんの加入は実に得難いことであった。

中国へ行くにはまずビザを申請する。日本国籍の酒井先生、浅野先生、加地先生、坂本先生と渡邊さんのビザ申請は旅行社に委託した。台湾人の私は自ら東京都港区元麻布にある中華人民共和国駐日大使館へ行っていわゆる「台胞証」（台湾居民来往大陸通行証の略称）を申請しなければならない。私は政治大学国際関係研究センター駐東京特派員という経歴があり、その上、発表した論文や著書は中共批判のものが多くあり、反共分子とみられて「台胞証」を発給されないという心配はあった。だが杞憂だった。約四、五日後、有効期間五年の数次大陸へ往来できる「台胞証」の許可が下りた。

九月一日、共同研究班は午前九時四十五分成田空港発のＪＡＬ７９７便に搭乗し、十一時五十分大連空港に到着した。中国大陸の旅行案内係は全陪（全コース案内のガイド）と地陪（現地案内のガイド）がある。全陪は吉林省中国国際旅行社・吉林省海外旅遊総公司の劉樹林副総経理で、地陪は旅順・大連に一人、瀋陽に一人、総責任者は全陪の劉樹林副総経理であった。旅順・大連の地陪の名前は忘れたが、奥さんは大連市中国共産党書記長である。瀋陽の地陪は遼寧中遼国際旅行社有限公司日本部部長の路鵬さんであった。両岸交流初期、全陪と地陪は旅行案内だけでなく、監視役をも兼ねている。これは周知のことである。

午后からガイドの案内で日露戦争の激戦地であった二〇三高地を見学した。地名は海抜二〇三メートルであることに由来するが、旅順港湾を一望できる観測点の要塞地である。日本軍の二〇三高地攻撃は第三軍司令官乃木希典大将指揮の下で、一九〇四年秋頃に始まり、ロシア兵は丘の上にある堅固な要塞から機関銃で下から攻め上げる日本兵を見下ろしながら掃射した。日本軍は繰り返し猛攻を行い、激戦の末、翌年の正月ついに二〇三高地を陥落させた。この戦闘で戦死した兵士はロシア側が約五千人、日本兵が一万人を超えたという。

我々は二〇三高地に向かって登り始めた。丘のふもとに二本の担ぎ棒をつける輿のような乗り物に前後一人ずつで担ぐ椅子に客を乗せて丘の上まで運ぶ商売人が大勢いた。客引きはしつこくまとわりついたが、我々は日露戦争の戦跡を実地調査するためにきたので、自分の足で登った。

丘の上には乃木大将が自筆で書いた二〇三（にれいさん）の当て字となる爾霊山の砲弾型の記念碑が立っている。爾霊山は「爾《なんじ》の霊のやどる山」という意味である。乃木大将の次男・保典《やすすけ》も二〇三高地で戦死した。

記念碑の近くには、中国が設置した二〇三高地簡介なる説明版が立てられている。説明文は中国語、英語、日本語で書かれ、ロシア語はない。内容はきわめて一方的に日本だけを悪者に仕立てている。もともと旅順を租借し、植民地化したのはロシアである。しかも日露戦争は、そもそも満洲地方に進出したロシア軍が、中国と交わした撤兵の約束を守らずに居座り、恒久的支配を図ると同時に、朝鮮半島に南進しようとしていたことに端を発したものである。

この説明版にはこうしたロシアの侵略と、戦争にいたるいきさつは一言も記載されず、ただ「日本軍国主義」の「外国侵略」を非難している。確かに旅順が戦場になったのだが、日本が戦った相手はロシア軍であって中国人ではない。きわめてバランスを失した説明版と言わざるを得ない。もっと端的に言えば、日本に対する悪意的な反日宣伝看板である。

二〇三高地の爾霊山、砲弾型の記念碑、二〇三高地簡介の説明版などに関して、浅野和生先生は、中村勝範・楊合義・浅野和生共著『日米同盟と台湾』第二章「現代中国の反日教育・日露戦争〜日本を非難しロシアに触れない中国」の中で、詳しく説明しており、特に二〇三高地簡介の説明版についての論述は実に説得力がある。

次に、我々はもう一つの日露戦争の激戦地である東鶏冠山北堡塁を訪れた。この堡塁は旅順港の東側にあり、一八九八年ロシアが旅順を租借した後、一九〇〇年に天然の岩にコンクリートで構築した地下基地である。基地の壁の厚さは五十センチを超え、ところによって二階建てになっている。この東鶏冠山北堡塁は百年を経た今日でも基地の規模と構築が残っている。ここに立てられた記念碑の説明文は二〇三高地簡介と同様、中国文、英文、日本語で記載されている。内容は日本を非難し、ロシアが堡塁を構築した経緯については触れていない。日本軍は一九〇四年八月から十二月にかけて堡塁を攻略し、ついに占領した。しかし、日本軍は約八千人の死者を出したという。

旅順の日露戦争戦跡を見学した後、大連市内のホテルに入ってチェックインした後、ガイドの案内で大連市街をぶらつき、台湾人経営の功夫茶館（茶芸館）に入ってお茶を飲んだ。お茶の入れ方、店内で販売している各種茶種とその包装はすべて台湾から輸入したものである。我々は功夫茶館でヤムチャ（広東語、点心＝軽食の意）を食べながらお茶を飲んだ。

日露戦争戦跡の実地調査を終え、翌日（二〇〇三年九月二日）から満洲地方への研修旅行に出かけた。午前八時、大連を離れて北上し、金州、蓋州、大石橋、遼陽を経て、夕方に瀋陽に到着した。沿路の道端に農民が果物や野菜などの農産物を販売している。これは改革開放後、中共政府が農村で「包産到戸」（生産責任制）を実施し、農民は一定の農作物を政府に上納し、余った農作物を自由市場で販売することができるようになったからである。果物などの見た目は美味しそうではないので、我々は買わなかった。

瀋陽市内に入った途端、道路の交通状況を見てびっくりした。牛車、馬車、三輪車、乗用車、バス、トラックなどの各種車両が大通りで走っている。車種によって路線を区分していないので、皆クラクションを鳴らしながら先を争う。これも改革開放以来、交通手段が急速に増えた現象である。

瀋陽に到着後、ガイドを担当する路鵬さんの案内で、早速張作霖爆殺事件の現場を見に行った。張作霖爆殺事件は一九二八（民国十七）年六月四日、日本の関東軍が奉天（瀋陽）近郊の皇姑屯で奉天軍閥の総帥張作霖を爆死させた事件である。当日早朝、蔣介石の率いる北閥軍との決戦を避けるため、張作霖は京奉線（北京・奉天線）の特別列車に乗って満洲へ引き上げる途中、皇姑屯の京奉線と満鉄線（満鉄が運営する大連と、後の満洲国の首都新京＝長春との間の路線）の立体交差地点を通過中、日本の関東軍が上を走る満鉄線に爆薬を仕掛け、張作霖を爆死させた。首謀者は関東軍参謀河本大作大佐といわれている。中国では「奉天事件」ともいうが、中華民国や中華人民共和国は事件現場の地名をとって皇姑屯事件と称している。

張作霖爆殺事件現場に中国文で皇姑屯事件発生地と刻んでいる黒色大理石の石碑が立てられている。石碑は駐車場の向い側にあり、ガイドは満鉄列車が通過する時刻を確認した上で、我々を連れて満鉄線の鉄道に上がって向い側に渡り始めた。次の列車がやってくるまでわずか二、三分しかないので、皆びくびくしながら向い側の石碑まで歩いた。我々は石碑の前で記念写真を撮って駐車場に戻った。

二〇〇三年九月三日、ガイド路鵬さんのアレンジで鞍山、撫順、張学良故居（旧宅）、平頂山惨案遺跡、瀋陽故宮（瀋京故宮、清朝の離宮）などを見学した。見学の重点は平頂山惨案遺跡に置き、それ以外の名勝は一周歩いて大まかに見ただけであった。平頂山惨案遺跡は中国の反日「愛国主義教育基地」に指定されているので、路鵬さんは我々を洗脳するかのように熱心に平頂山惨案の経緯を語った。

一九三二（昭和七）年九月十五日（旧暦八月十五日、中秋節）、平頂山を経由する民衆抗日自衛隊が日本

人を襲撃し、日本の憲兵隊と守備隊が鎮圧行動として全村のおよそ三千人を虐殺した。その後、惨殺の跡地を発掘し、掘り出した遺骨をそのままの状態を保存して遺骨館が建てられた。平頂山惨案遺跡について、浅野和生先生は『日米同盟と台湾』第二章「現代中国の反日教育・反日教育の拠点」で詳細に論述しており、読者に一読を勧めたい。

四日目の九月四日午前、ガイド路鵬さんの案内で、九・一八事変博物館を訪れた。館内には柳条湖事件関連資料、張作霖爆殺事件現場を再現したジオラマ、日本人残留孤児の関連資料と写真などが展示されている。博物館の出口には小泉純一郎首相、石原慎太郎都知事、藤原信勝東大教授の写真が飾られている。中国と歴史認識が異なる石原都知事の写真が斜めに傾けられている。この博物館も愛国教育拠点になっているので、見学者は日本人、外国人よりも中国人とりわけ学生と軍人が特に多い。ガイドたちは皆録音テープのように同じリズムで同じことを見学者に説明している。

瀋陽を離れる前、遼寧省档案館に立ち寄った。档案信息開発利用部副主任里蓉女史が我々を案内して館内を参観しながら、収蔵の档案とその整理、編纂、出版などについて説明した。すでに出版されている満洲国、満鉄、関東州に関する日本文の貴重な史料が多数あり、酒井先生が一セット選んで購入したが、渡邊良夫さんが平成国際大学に寄贈する考えで代金を支払った。

夕方、大連に戻り、翌朝、満鉄本部、日本人街、ヤマトホテルを見学した。戦後、中共はこれら日本統治時代の歴史遺跡をそのまま保存して利用している。満鉄本部の建物は壮観雄大で、誰が見ても賛嘆させられるであろう。ヤマトホテルの面影も往時のままである。日本人街は元満鉄社員の住宅地で、建物はすべて庭園つきの日本式一戸建てである。道路は並木通り、きわめて優雅静寂の町である。この日本人街は戦後中共に接収されて共産党幹部の宿舎になった。

これらの名勝を見学した後、午后一時、大連発のＪＡＬ７９８便に搭乗し、十六時五十分、成田空港に到着し、五日間の研修旅行を終えた。

（二）中国語の勉強会

すでに述べたが、日華関係研究会主催の台湾国際関係研修団に平成国際大学の先生方と学生が毎年応募して参加している。しかし、参加者はほとんど中国語ができず、台湾訪問中、つねに不便を感じていた。そのために、私が平成国際大学の専任教授になって間もなく、浅野和生先生と加地直紀先生が私と相談して週に一回の中国語勉強会を発足した。第一回の勉強会は二〇〇一年五月九日に始まり、私が講師を務め、参加者は浅野先生、加地先生以外に、渡邊良夫さん、石井稚恵さん、新井雄君、渡邊耕治君、高橋弘君、鴨下大輔君、伊藤翼君など、約十人であった。

渡邊良夫さん、新井雄君と渡邊耕治君三人は私の授業を受けている院生で、三人ともそれぞれの目標があった。渡邊良夫さんは修士論文として満洲開拓団を研究しており、中国語の参考文献を利用するのが目的である。新井雄君と渡邊耕治君は修士課程修了後、台湾に留学する計画を立てている。高橋弘君、鴨下大輔君、伊藤翼君三人は私のゼミ生（文星会）で、私の指示に従って勉強会に加入したのである。

石井稚恵さんは、拓殖大学中国語学科卒業後、中国の人民大学に一年間留学したことがある。帰国後、彼女は聴講生として私のアジア文化論などの授業を履修したことがあり、標準的な中国語が話せるので、私の要請を受けて勉強会に参加し、教科書の朗読を練習する仕事を手伝ってくれた。それ以来、石井さんは勉強会の先生方と学生諸君との接触が多くなり、さらに淡江大学の派遣留学生とも親しく付き合い、特に黄雅苓とは昵懇の間柄になっている。そして大学が留学生のために開催する中国茶芸と日本茶道の交流会には長女品瑜の茶芸を手伝った。ゆえに、石井さんと品瑜は親友となり、品瑜の茶芸教室で中国語を教えたことがある。

新井雄君は平成国際大学大学院の一期生で、指導教授は中村勝範学長であった。彼は修士課程修了後、台湾に留学する計画を立てており、そのために中国語勉強会に参加するほか、私の大学院授業にも出ている。中国語の表現力を強化するため、私の指導の下で、李天民著『鄧小平伝』を毎日数百字翻訳していた。

その後、新井君は計画通り台湾の国立政治大学に留学、人文学院（人文学部）歴史学科博士課程に進学した。研究テーマは戦後の日台関係史で、指導教授は黄自進教授であった。黄自進氏は慶應義塾大学留学中、浅野和生先生とは同期生で、二人とも中村勝範教授（当時）の門下生である。黄自進氏は博士取得後、台湾の中央研究院近代史研究所に入った。

新井君は政治大学で九年間研究に打ち込み、二〇一四年五月に博士学位を取得した。同年から、台湾の屏東にある大仁科技大学日本語学科助理教授を務めている。二〇一六年二月、十数名の学生を率いて平成国際大学を訪問し、まさに故郷に凱旋して錦を飾った。

渡邊耕治君は修士課程修了後、台湾師範大学国語（華語）教学中心（センター）で一年間中国語を勉強してから政治大学東亜研究所に進学、邱坤玄副教授（当時）指導の下で台湾の政治外交および両岸関係について研究した。邱坤玄先生は日華大陸問題研究会議の台湾側の基本メンバーであり、浅野和生先生とは親しい友人である。二〇〇三年交流協会の助成金を受けて平成国際大学で数ヶ月研究したことがある。渡邊君は修士取得後、さらに台湾師範大学歴史学科研究所博士課程に進学、黄自進教授指導の下で、引き続き台湾の政治外交および両岸関係を研究している。

渡邊良夫さんは実証的な研究者である。彼が修士論文として研究している満蒙開拓団は、日本文と中国文の参考文献を利用するほか、満洲開拓団の集落や村落を訪れ、地元農民から満洲開拓団の実態を聞き取り、さらに日本敗戦後生還した引揚者を訪ね、聞き取り活動を行った。渡邊さんは修士取得後も、満蒙開拓団の研究をライフワークとし、酒井正文教授の指導の下で実地調査と聞き取り活動を続けた。

渡邊さんは満蒙開拓団に関する中国語文献を翻訳し、出来上がった原稿を私に頼んで一緒にチェックしていた。チェックの時間は互いの都合を見て決めるが、回数は週に一回か二回の程度で、チェックの作業は私の研究室で行っていた。定年退職後、私が指導するゼミ生の授業はなお一年残っており、研究室がないので、図書館の会議室を借りて授業を行い、渡邊さんとの翻訳文のチェックも図書館の会議室を利用した。

しかし、平成国際大学への出講日は週に一回だけであり、したがって渡邊さんは週に一回車で筑波大学の図書館に来て私と一緒に翻訳文のチェックを続けた。毎回午前十時から午後三時まで翻訳文をチェックし、正午は時間節約のため、つねに図書館近くの学生食堂で昼食をとっていた。

渡邊さんは肝臓を患い、定期的に入院して治療を受けていた。それにも拘らず、研究を怠ることはなかった。二〇〇五年十二月、平成国際大学の図書館会議室で翻訳文をチェックしているとき、私は渡邊さんの体調がかなり悪くなっているのを感じた。図らずも彼と会うのはこれが最後となった。二〇〇五年十二月七日、渡邊さんの訃報に接し、悲しみに耐えなかった。彼はライフワークである満蒙開拓団の歴史を完成しないまま世を去り、誠に残念である。

渡邊さんが一九九七年に出版した『埼玉ふるさと散歩～久喜市』（さきたま双書）という著書は大変好評で、何回か再版したようである。この本は、今でも書店で注文すればすぐ入手できる。

三、定年退職の準備

私は二〇〇一年四月平成国際大学に専任教授として採用され、二〇〇五年三月に定年退職、勤務年数は四年であった。しかし、専任教授になる前、一九九九年から二〇〇一年三月まで、非常勤としてアジア文化論を二年間担当し、また、定年退職後、二〇〇五年四月から十一月頃まで、非常勤としてゼミ生（四年生のゼミ）の授業と異文化論の授業を約一年半受け持った。専任教授と非常勤の年数を合わせると、計七年間半平成国際大学のお世話になった。

二〇〇一年四月、平成国際大学の専任教授に採用された際、私はすでに満六十六歳を超えており、勤務年数がせいぜい満七十歳までの四年間であることはよく承知している。しかし、内心ではもう一年勤務したかった。これには二つの理由がある。一つはゼミ生の授業が一年残っており、専任教授としてゼミ生を卒業するまで指導したい。いま一つは二〇〇四年教職課程が開設された際、私は数千年の文明を有する中国史を中心とする東洋史概説を担当し、わずか一年で終わると、授業の内容は中途半端になってしまう。しかし、このような考えは畢竟過分の望みで、かなう筈はない。

二〇〇五年三月、私は中村勝範学長、原豊教授、工藤恒夫教授と同時に定年退職し、中村学長は名誉学長を、原先生、工藤先生と私はともに名誉教授をそれぞれ授けられた。私が名誉教授を授けられた理由は、二〇〇二（平成十四）年から退職まで国際交流委員長を務め、台湾との学術交流のみならず学生交流にも大きく貢献したことである。特に淡江大学からの派遣留学生に対する支援、佐藤栄太郎理事長をはじめ学園関係者の訪台、野球部、柔道部の台湾遠征のアレンジ、および淡江大学の張建邦理事長、張紘炬学長、張家宜副学長、張炳煌教授来訪の接待を担当したことが評価されたのである。

四、退職者の送別会

二〇〇五年三月十一日午後五時半、大学は四階の会議室で退職者の中村勝範学長、原豊教授、工藤

恒夫教授と私の四人のために送別会を催し、参加者は学園本部の関係者と大学の教職員の方々であった。送別会は立食形式で行われ、会の進行中、退職者はひとりひとり挨拶した。私は最後に呼ばれて壇上に上がり、五点を挙げて次のように述べた。

第一に、二〇〇一年、私は満六十六歳であったにも拘わらず、佐藤栄太郎理事長、蓮見弘理事と中村勝範学長が私を専任教授として採用、深く感謝していること。第二に、在任中、国際交流委員長に任命され、淡江大学派遣留学生の受け入れの責任者を務め、留学生たちを親身になって世話したこと。第三に、佐藤栄太郎理事長、蓮見弘理事にしたがって台湾を訪問、李登輝前総統、淡江大学理事長張建邦、張紘炬学長、張家宜副学長、張炳煌教授と会談し、私にとって身に余る光栄であること。第四に、野球部と柔道部の台湾遠征をアレンジし、台湾の大学との交流を促進したこと。最後に第五点として、一九四五年八月十五日、日本が敗戦した時、私が強烈に感じた時代の変化について述べた。

送別会の後、最も苦労したのは引っ越しであった。引っ越しは研究室と宿舎の二か所がある。研究室の八台の本棚には書籍がぎっしり並んでいる。研究費で購入した書籍は図書館に返却し、個人所有の書籍は段ボール箱に詰め込んで車でつくばの自宅に運んで帰る。包装して大学の駐車場まで運ぶ仕事はゼミ生が手伝ってくれるが、自宅につくと、車庫から家の書斎に運ぶのはすべて自分でやり遂げた。研究室の引っ越しは約一週間かかった。宿舎の引っ越しは衣類や寝具などだけ持って帰り、エアコン、洗濯機、冷蔵庫、テレビ、炊飯器、台所用品などは全部大学に寄贈して淡江大学の派遣留学生に使わせることにしたので、宿舎の引っ越しは一日で済ませた。

五、交通事故で頸椎を損傷

二〇〇六年十一月二日、台湾大学文学部日本語学科主催の台日文化交流研討会（シンポジウム）のため、台湾に帰った。同シンポジウムは四日に行われ、私は同学科主任趙順文教授の要請を受け、コメンテーターとして出席し、六日に日本に戻った。

台湾滞在中、連夜の宴会で食べ過ぎてお腹を壊した。体調が良くないのにその晩、深夜まで翌七日の異文化論授業を準備していた。この授業は末澤恵美先生と共同担当で行い、講義回数は十五回、第一回のガイダンスと第九回から第十五回までは末澤先生が担当し、第二回から第八回は私が担当することになっていた。

台湾から帰ってきた翌十一月七日の授業は七回目で、講義の題名は「異文化と法」である。すなわち多様な各国の「異なった法文化」（異法文化）を講義する授業である。そもそも法という概念は極めて抽象的なものであり、したがって異法文化について具体的な実例を挙げて説明しなければならない。そのために深夜まで授業のレジメを作成していたのである。

体調が悪い上に寝不足で疲労がたまり、翌朝起床時、ふらふらしていたが、休講にするわけにはいかない。正午前、つくば市の自宅からトヨタ自動車のイプサムを運転して大学へ向かった。走行中、安全運転のためややスピードを落として車間距離を保っていたが、結城郡八千代町で一瞬目眩いがして道端の交通標識の柱にぶつかり、事故を起こした。

その瞬間、バンパーが外れて飛び上がり、農家の垣根に沿って敷地内に落ちた。車体はフロントの左側が大破し、九十度回って対向車線に止まった。幸いに後続の車がなく、対向車もなかった。二つのエアバッグは同時に開き、一つはハンドルから飛び出して私の顔にあたり、頭部は無事だったが、胸部はハンドルにあたって打撲傷をうけた。

エンジンから煙が出ており、早速車内から脱出しようとしたが、車体の変形によりドアは開かなかった。事故現場のすぐ近くにある工場の会社員が来てドアを開けてくれた。彼はすぐ携帯電話で一一九番に通報して救急車を呼んだ。数分後に二人の警察官が来て事故現場を調べると同時に、私から事故の経緯についての説明を聴取した。その間、事故車がなお対向車線にあり、往来の車両が通れないので、数人の運転手が警察の同意を得て事故車を近くの空地に移動した。

救急車が私を病院に搬送する前、私はまず大学の教務課に電話して交通事故を起こし、当日の異文化論授業に出講できないことを連絡した。つづいて、息子に電話して善後処理を頼んだ。電話をかけた後、すぐ救急車に乗り、救急隊員の手当てを受けた。約三十分後、救急車が病院の救急室に到着、レントゲン検査の結果、胸部打撲傷だけで、肋骨や内臓には異常がないので、打撲傷の塗薬をもらって帰宅した。

翌日から週に二、三回かつらぎクリニック（院長・岡野文雄）の整形外科に通い、打撲傷の治療を受け、約一ヶ月かけてやっと快癒した。医療費はわずか二千数百円だけであった。一方、事故現場の修復はジャパン損保が業者に依頼して完成させた。交通標識の復旧と農家垣根の修繕は全部で約五十万円かかった。ジャパン損保が作成した支出清算書には私のサインと捺印が必要なので、係員が私を訪ねてきた。会談中、係員は私に「医療費の支出を清算書に加算します。請求して下さい」と勧めたが、私は「全部で二千数百円しか使っていないので、請求しません」と答えた。ところが、数日後、ジャパン損保が精神的打撃を受けたという理由で私の銀行口座に六万円振り込んだ。

その後、体調は普段と少しも変ったところがなく、毎日手帳にメモしているスケジュールを見て行動した。交通事故の四日後、すなわち十一月十一日、日台関係研究会が渋谷道玄坂のＦＯＲＵＭ８で主催した月例会において、「反国家分裂法制定後の両岸関係」について講演した。昼前につくばから渋谷へ赴き、講演は午後二時から始まり、その後に約一時間の懇親会があり、五時散会後に渋谷からつくばに帰り、家についたのは午后八時だった。多少の疲れは感じたが、八時間の外出に耐えられたので、交通事故の後遺症はないと思い、安心した。

それ以後約半年の間、幾つかの思い出になることをなし遂げた。二〇〇七年一月十六日、交通事故によって休講となった異文化論の授業（第七回「異文化と法」と第八回異文化体験の実例）を補講した。これは私が平成国際大学で担当する最後の授業である。

二〇〇七年二月二十八日から三月五日まで、家族と一緒に台湾に帰り、台北、台南、高雄を旅行しながら親戚や友人を訪問した。今回の帰国は私にとって再度の体力測定と言えよう。

二〇〇七年四月二十四日午後、自宅の近くにある高田眼科（院長・高田眞智子）で左眼の白内障日帰り手術を受けた。手術はわずか十分間で完了した。翌朝、看護師が包帯を解くと、部屋全体が急に明るくなり、屋外の樹木を眺めると、一本一本の枝と一枚一枚の葉がはっきり見える。二週間後の五月八日午後にまた右眼の手術を受けた。両眼の手術はともにスムーズに完了した。

ところが、五月十二日の夜中、突然心房が不規則に細動して不整脈が生じた。翌日午後、病院の循環器内科の先生に診察してもらい、ホルター心電図（二十四時間心電図）をつけて一日の心拍の動きを計測した。不整脈を抑える薬タンボコールを飲み始め、約一週間で症状が改善された。あの頃から頸椎に異常を感じ、交通事故の後遺症ではないかと心配していた。

二〇〇七年五月末、李登輝前総統ご夫婦が訪日、六月十日前後まで日本に滞在した。その間、李総統は六月一日午前に六本木の国際文化会館岩崎小彌太記念ホールで後藤新平賞受賞記念講演を行い、私は招待を受けて出席した。七日夕方にはホテルオークラ東京平安の間で李総統ご夫妻歓迎講演会が催され、李総統は「二〇〇七年以後の世界情勢」と題して講演した。参加者は千数百人にのぼり、私も出席した。講演が終わると、李総統が旧制第三高等学校の帽子をかぶって十数人の同級生と壇上で一緒に校歌を熱唱した。八日の晩、李総統ご夫妻が同ホテル本館クリフォードの間でアジア・オープン・フォーラムのメンバー約五十人を招待して答礼宴を主催し、私も呼ばれて出席した。

一週間に東京・つくばを三回も往来して不整脈が再発しなかったので、これで大丈夫だと安心していたが、はからずも、半年後のある日、起床しようとしたが、頸椎が痛くて立ち上がれない。しばらくして、箪笥の引手につかまってやっと立ち上がり、病院へ行って検査を受けた。ＭＲＩ検査の結果、頸椎に異常があり、頸椎症と診断された。検査レポートには頸椎の第三、四節から第六、七節の椎間板が膨隆、第五、六、七節では黄色靭帯が肥厚、これらにより脊柱管が狭小化し、神経が圧迫され、痺れや痛みが起きると説明している。

これは明らかに交通事故の後遺症に違いない。事故当時、エアバックは開いたが、その瞬間、首が急激に前へ曲がり、その衝撃で頸椎が損傷を受けた筈である。だが、事故当日、大学病院の救急室で頸椎の部分はレントゲンの検査を受けておらず、頸椎の損傷を早期発見して治療しなかったため、頸椎症が悪化して持病となったのである。頸椎症と断定されてから、歩行中に転倒を防ぐため、二〇〇八年二月四日から杖を使い始め、今日に至っている。現在は軽度のパーキンソン病を罹っている。

むすび

本書は十四章によって構成されている。第一章「楊氏の家系」は楊氏族譜について述べている。第十四世の楊應老が乾隆二十六（一七六一）年に台湾海峡を渡って台湾に移民し、遷台祖（遷一世）と尊称されている。祖父楊順天は十八世（同五世）、父楊看は十九世（同六世）、私楊合義は二十世（同七世）となっている。

第二章「私の幼年時代」は小学校時代経験した事項について述べている。最も印象に残っているのは、一九四四年十月十二日、米軍機が日本軍の南進基地である台南を空襲した。その日から終戦まで、家族は老幼を問わず、毎晩防空壕の中で寝ていた。翌年八月十五日、ラジオの放送で、昭和天皇の玉音を聞き、日本の敗戦を知った。

第二次世界大戦末期、日本政府は厳しい物資統制を行っていた。祖母、母、叔母たちが結婚のときに実家や親友からもらった金のネックレス、指輪、ブレスレット（腕輪）などの記念品は役所に強制徴収された。

一九四六年春、私と三歳年下の弟合洲が雲林県虎尾鎮南国民学校（現立仁国民小学）に転校した。私は五年生に、合洲は二年生にそれぞれ編入された。学校でもらった教科書の文字は算数のアラビア数字と音楽の音譜以外はすべて漢字であった。国語の授業では、最初毎日漢字の表音記号である「注音符号」を繰り返し練習していた。

戦後、父は雲林県の虎尾鎮を中心に多数の土木工事を請け負った。虎尾に一九四六年から一九五三年まで住んでいた。その間、一九四七年二月二十八日、虎尾鎮で台湾全島に勃発した二二八事件を目撃した。三月八日、蔣介石が派遣した憲兵隊と軍隊は台湾に到着するや、「暴動鎮圧」と「反乱分子」の摘発が始まった。台湾の知識人が次々と逮捕され、裁判なしで処刑された。犠牲者の人数は、一万人とも二万人ともいわれているが、いまだ明らかになっていない。虎尾の処刑場は新市場（現東市場）にあり、わが家から約二百メートルの距離しかないので、処刑の執行は家の二階からはっきり見えた。

虎尾中学在学中の三年間、ちょうど国共内戦の時期で、台湾の物価は狂乱状態になり、インフレの下で父が請け負った鉄道橋脚などの工事は建材が暴騰し、人件費が大幅に増え、父は借金して請け負った工事をすべて完成させた。しかし、工事費の総額は入札契約の金額に基づいて清算され、大損失を被って破産した。

父の事業失敗を見て、私は高校への進学をあきらめ、就職することを決心した。一九五〇年、国民政府は台湾で土地改革を実施するため、大量の臨時の雇員を募集した。私は試験を受けて合格し、雲林県虎尾地政事務所に配属された。約二年勤務して辞職し、一九五三年、台北師範学校に進学し、一九五六年に卒業した。卒業後、台北市龍山区西門国民学校に配属された。一九五九年、台湾師範大学の夜間部の史地系に進学し、歴史を専攻した。一九六五年七月、台湾師範大学を卒業した。

在学中、一九六三年二月一六日、陳鶴と結婚した。五年の間に三人の子供を設けた。

一九六九年、日本文部省奨学金の試験に合格、京都大学へ留学した。翌年（一九七〇年）四月修士課程に進学し、一九七二年三月、「清代東三省開発の先駆者～流人」をテーマとした論文を提出して修士を取得した。同年四月、博士課程に進学、奨学金の申請も一挙に三年の延長が許可された。

一九七二年夏頃、妻は子供たちを台南の実家に残して先に来日した。博士課程の授業は修士課程に比べて時間的に余裕があるので、妻と相談して子供たちを日本に呼び寄せることを決意した。この時、長女は小学三年、長男は小学一年、次女は幼稚園児であった。

家内が来日した後、住まいを京都市右京区（現西京区）川島尻堀町の菊水荘というアパートに移した。大家の青柳さんは私が台湾の留学生であると聞いて、礼金と敷金をともに免除してくれた。一九七三年三月、京大法学部の院生である謝長廷が一時帰国するとき、彼に三人の子供を日本に連れてくることを頼んだ。

来日の日、家内と一緒に伊丹空港へ迎えに行った。謝長廷は美人の女性と一緒に荷物の台車を押し、三人の子供は後ろについて税関から出てきた。謝さんは美人女性を指して「家内の游芳枝です」と紹介した上で、「この度は結婚のために帰国したのです」と述べた。私は「恭禧！　恭禧！」（おめでとう）と祝賀すると同時に、「ご結婚するのを知らなかった。大変ご迷惑をおかけしました」とお詫びした。

謝長廷は後に台北市市議会議員、立法委員、高雄市長、行政院長、民進党主席を歴任した台湾の大物政治家になった。現在は台北駐日経済文化代表処の代表（大使に相当）を務めている。

同年四月、長女と長男は西京区の小学校に転入し、それぞれ四年生と二年生に編入され、次女は幼稚園に入園した。日本語ができないので、最初の数ヶ月は大変苦労した。しかし、学校では先生も学生も皆日本語しか使わず、家で視聴するテレビ番組も日本語であるため、一年たたずに、学校の授業は概ね理解できるようになった。

子供たちの教育が軌道に乗った後、家内は四条河原町の高島屋の一角にある新雪という編み物店でアルバイトを始めた。私も大学に通いながら四条河原町にある「ＥＣＣ外語学院」などでアルバイトをしていた。

博士課程修了後、京都から台湾に引き揚げ、中央研究院の陶晋生教授の推薦で一九七六年七月から政治大学国際関係研究センターに就職した。四年五ヶ月勤務した後、一九八〇年十一月、同センター駐日特派員として東京事務所に派遣され、日本で後半生の第一歩を踏み出した。

一九九九年十月、満六十五歳になり、翌年二月に定年退職した。二〇〇一年四月、平成国際大学の専任教授となり、翌年国際交流委員長に任命された。二〇〇三年三月、満七十歳で再度定年退職した。在職中、台湾との学術交流のみならず留学生を親身になって世話したことが評価され、名誉教授を授与された。二〇〇六年十一月七日、大学へ講義（非常勤講師として）に行く途中、結城郡八千代町で交通事故を起こし、頸椎が損傷を受け、病院でＭＲＩの検査結果、頚椎症と診断された。現在は軽度のパーキンソン病に罹っている。

この回顧録は平成国際大学の酒井正文、浅野和生、加地直紀、坂本健藏、松本一輝諸氏との共同研究によって私がまとめて書き上げたものである。共同研究は二〇一三年に発足し、二〇一九年まで七年にわたり、土曜日を利用して断続的に、筑波大学の近くにある台北飯店で昼食を挟んで研究会を行った。本書はその研究成果をまとめたものである。

回顧録は約二十万字におよび、多数の資料を利用して記述しものである。なお本書の記述に事実関係の誤りがあるとすれば、ひとえに筆者の力不足によるものであり、御寛恕を請う次第である。

顧みれば私は、妻陳鶴をはじめ多くの方々に支えられ今日に至っている。筆を擱くに当たり、これらの方々に深く感謝申し上げる。また、本書は平成国際大学研究助成金より出版助成をいただいて出版することとなった。ここに記して感謝の意を表す。

楊合義

二〇一九年八月

表一　日華「大陸問題研究会議」一覧表

回数	日程（到着、帰国、旅行、自由活動を含む）	団長	貴賓	開催地と会場	会議の主題（総合テーマ）	参加人数 華：中華民国側 日：日本側
一	1971年12月20日～26日	呉俊才 中村菊男	厳家淦	台北、国賓大飯店	中国大陸問題	華：72人 日：27人 計：99人
二	1973年8月31日～9月5日	宇野精一 杭立武		東京、新橋第一ホテル	日中文化	日：37人 華：27人 計：64人
三	1974年9月8日～16日	杭立武 桑原寿二	張宝樹 船田中（会長）	台北、国賓大飯店	中国大陸問題および文化交流	華：54人 日：35人 計：89人
四	1976年4月2日～7日	桑原寿二 蔡維屏	船田中（会長） 馬樹礼	東京、新宿京王プラザホテル	毛以後の中共	日：40人 華：30人 計：70人
五	1977年3月27日～4月2日	蔡維屏 桑原寿二	張宝樹 船田中（会長）	台北、民航局ビル	中国大陸問題	華：35人 日：31人 計：66人
六	1978年5月4日～10日	桑原寿二 蔡維屏	船田中（会長） 岸信介 馬樹礼	東京、ホテル・ニューオータニ	華国鋒の命運	日：37人 華：30人 計：67人
七	1979年3月30日～4月4日	蔡維屏 桑原寿二	張宝樹 船田中（会長）	台北、国賓大飯店	目下における中共の対外、対内政策の変転	華：46人 日：34人 計：80人
八	1981年5月9日～14日	桑原寿二 張京育	岸信介 倉石忠雄（会長） 灘尾弘吉 馬樹礼	東京、新宿ホテル・センチュリ・ハイアット	中共は何処に行くか	日：37人 華：30人 計：67人
九	1982年4月29日～5月5日	張京育 桑原寿二	黄少谷 欧陽勛 倉石忠雄（会長）	台北、民航局ビル	中共の路線と政策	華：56人 日：30人 計：86人

十	1983 年 3 月 21 日～26 日	桑原寿二 張京育	岸　信介 倉石忠雄（会長） 林金莖	東京、新宿ホテル・センチュリ・ハイアット	「鄧胡体制」の前途	日：45 人 華：30 人 計：75 人
十一	1984 年 3 月 29 日～4 月 3 日	張京育 桑原寿二	劉季洪 欧陽勛	台北、民航局ビル	「中国式社会主義」と鄧・胡体制	華：50 人 日：33 人 計：83 人
十二	1985 年 3 月 24 日～29 日	桑原寿二 邵玉銘	岸　信介 田中龍夫 林金莖	東京、新宿ホテル・センチュリ・ハイアット	中国の中の中共	日：53 人 華：28 人 計：81 人
十三	1986 年 4 月 5 日～10 日	邵玉銘 桑原寿二	呉俊才 馬樹礼 椎名素夫	台北、民航局ビル	中共の改革・開放政策の論争と展望	華：59 人 日：32 人 計：91 人
十四	1987 年 4 月 2 日～7 日	桑原寿二 邵玉銘	藤尾正行 馬紀壮	東京、新宿京王プラザホテル	中共「十三全大会」の課題	日：45 人 華：27 人 計：72 人
十五	1988 年 3 月 20 日～25 日	張京育 桑原寿二	張宝樹 椎名素夫	台北、国際関係研究センター会議ホール	党大会後の中共～人事と政策方向	華：57 人 日：33 人 計：90 人
十六	1989 年 3 月 19 日～24 日	桑原寿二 張京育	長谷川峻 馬紀壮	東京、新宿京王プラザホテル	中共政権四十年の総括	日：44 人 華：29 人 計：73 人
十七	1990 年 4 月 1 日～6 日	林碧炤 桑原寿二	張宝樹 藤尾正行	台北、国際関係研究センター会議ホール	「天安門事件」後の大陸情勢	華：67 人 日：36 人 計：103 人
十八	1991 年 3 月 24 日～29 日	桑原寿二 林碧炤	原富士男 蔣孝武 張京育	東京、新宿京王プラザホテル	中共の命運	日：45 人 華：32 人 計：77 人

表一　日華「大陸問題研究会議」一覧表

十九	1992年3月22日～27日	林碧炤 笠原正明	劉松藩 佐藤信二 桑原寿二	台北、国際関係研究センター会議ホール	「和平演変」と「反和平演変」～中共は何処へ行くか	華：70人 日：37人 計：107人
二十	1993年3月21日～26日	笠原正明 林碧炤	佐藤信二 桑原寿二 黄昆輝 張京育	東京、新宿京王プラザホテル	国際秩序の模索と中共	日：43人 華：29人 計：72人
二十一	1994年3月20日～25日	林碧炤 笠原正明	黄昆輝 張京育 平沼赳夫 桑原寿二	台北、国際関係研究センター会議ホール	「社会主義市場経済」体制下の中国大陸	華：65人 日：33人 計：98人
二十二	1995年3月26日～31日	笠原正明 邵玉銘	藤尾正行 桑原寿二 林金莖 鄭丁旺	東京、新宿京王プラザホテル	ポスト鄧小平の中国大陸	日：47人 華：29人 計：76人
二十三	1996年3月24日～29日	邵玉銘 笠原正明	張京育 鄭丁旺 藤尾正行	台北、国際関係研究センター会議ホール	両岸三地の政経情勢	華：70人 日：35人 計：105人
二十四	1997年3月22日～27日	笠原正明 邵玉銘	中村勝範 賀陽治憲 荘銘耀 鄭丁旺	東京、新宿京王プラザホテル	香港返還と大陸情勢	日：65人 華：35人 計：100人
二十五	1998年3月22日～26日	邵玉銘 古屋奎二	林金莖 鄭丁旺 麻生太郎	台北、国際関係研究センター会議ホール	第十五回党大会後の中国大陸情勢	華：107人 日：38人 計：145人
二十六	1999年3月27日～4月1日	古屋奎二 何思因	後藤利雄 桑原寿二 荘銘耀 鄭丁旺	東京、新宿京王プラザホテル	変動する国際環境と「江・朱体制」	日：75人 華：33人 計：108人
二十七	2000年3月26日～30日	何思因 古屋奎二	張京育 鄭丁旺 亀井久興	台北、国際関係研究センター会議ホール	二千年起を迎えた東アジアの安全と両岸関係	華：100人 日：27人 計：127人

二十八	2001 年 3 月 25 日～29 日	高野邦彦 何思因	亀井久興 後藤利雄 羅福全 鄭瑞成	東京、新宿京王プラザホテル	米台中新世代と両岸関係	日：65 人 華：31 人 計：96 人
二十九	2002 年 3 月 26 日～30 日	何思因 高野邦彦	鄭瑞成 亀井久興 内田勝久	台北、国際関係研究センター会議ホール	新世紀の中国	華：60 人 日：20 人 計：80 人
三十	2003 年 3 月 26 日～30 日	高野邦彦 何思因	栗屋敏信 曾永賢 羅福全 鄭瑞成	東京、新宿京王プラザホテル	転換期の東アジアと日台中関係～三十年の分析とて展望	日：80 人 華：29 人 計：109 人
三十一	2004 年 3 月 24 日～28 日	林碧炤高野邦彦	鄭瑞成 平木場弘	台北、国際関係研究センター会議ホール	二〇〇四年の中国大陸情勢と東アジア	華：60 人 日：20 人 計：80 人
三十二	2005 年 3 月 27 日～31 日	高野邦彦 林正義	康寧祥 許世楷 鄭瑞成 平沼赳夫	東京、新宿京王プラザホテル	東アジアと日台中の新潮流	日：80 人 華：21 人 計：109 人

参考資料：日本語版『問題と研究』誌（第一巻創刊号～第三十四巻七号）。

注：日華「大陸問題」研究会議は三十二回の会議より日台「アジア太平洋研究会議」と改称した。

表二
「アジア・オープン・フォーラム」(「亜洲展望」研討会) 一覧表

回数	日　程 (到着、帰国、旅行、自由活動を含む)	団　長 と 秘書長	貴　賓 或 顧　問	開催地 と 会　場	会議の議題
一	1989年6月25日～29日 6月28日 午前：自由行動 午後：故宮博物院見学	**華：団長** 張京育 **華：秘書長** 周　熙 **日：団長** 飯田経夫 **日：秘書長** 中嶋嶺雄	**華：貴賓** 李登輝総統 郭婉容 辜振甫 銭　復 **日：顧問** 稲葉秀三	**台北会議** 宿泊：圓山大飯店(The Grand Hotel) 会場：国立中央図書館(現国家図書館)	1、東アジアの政治的・社会的変動 2、アジア太平洋経済時代の台湾の役割 3、新しい科学技術時代の国際協力 4、開かれゆくアジアにおける日台関係
二	1990年7月11日～15日 7月14日 小旅行(箱根)	**華：団長** 張京育(国立政治大学校長)	**日：顧問** 稲葉秀三 井深　大 **日：貴賓** 竹下　登 **華：貴賓** 郭婉容 辜振甫	**東京会議** 開会式：パレスホテル 会議会場：大磯プリンスホテル	1、経済発展と環境問題 2、経済のグローバリゼーションと技術革新 3、社会主義世界の変貌とアジア 4、90年代のアジアと日台関係

三	1991 年 9 月 19 日～23 日 9 月 22 日 小旅行 （金門）	**華：団長** 張京育 **日：団長** 亀井正夫	**華：貴賓** 馬樹礼 **日：顧問** 稲葉秀三 井深　大	**台北会議** 宿泊と会場： 凱悦大飯店(Hotel Hyatte)	1、東アジアの政治と社会変動 2、台湾経済の自由化と日本の役割 3、経済発展と文化建設 4、アジア・太平洋経済の回顧と展望
四	1992 年 11 月 7 日～11 日 7 月 10 日 小旅行 （比叡山、琵琶湖）	**日：団長** 亀井正夫 **華：団長** 辜振甫	**日：顧問** 稲葉秀三 井深　大 **華：貴賓** 郭婉容 郭南宏 馬樹礼	**京都会議** 宿泊：京都宝ヶ池プリンスホテル 会場：国立京都国際会館	1、アジア・太平洋地域の国際環境の変動と開かれたアジアの秩序 2、いまなぜ経済の民営化か 3、アジアの発展と日台関係の新局面 4、アジア・太平洋地域の新しい経済システムを求めて
五	1993 年 11 月 19 日～23 日 11 月 22 日 小旅行 （中央新村・日月潭）	**華：団長** 辜振甫 **日：団長** 亀井正夫	**日：顧問** 稲葉秀三 井深　大	**台北会議** 宿泊： 凱悦大飯店(Hotel Hyatte) 会場： 台北国際会議中心（センター）	1、アジア・太平洋地域の新秩序と国際安全システム 2、社会福利と文化建設 3、地方自治と都市・農村の均衡発展 4、アジア・太平洋地域の新秩序と経済的統合

表二　「アジア・オープン・フォーラム」（「亜洲展望」研討会）一覧表

六	1994年10月28日～11月1日 10月31日小旅行（鎌倉・江ノ島）	**日：団長** 亀井正夫 **華：団長** 黄世恵代理	**日：貴賓** 森　喜朗 **華：貴賓** 郭婉容 **日：顧問** 稲葉秀三 井深　大 鈴木永二 平岩外四	**横浜会議** 宿泊：横浜グランド・インターコンチネンタル・ホテル Yokohama grand inter-continental Hotel 会場：パシフィコ横浜（Pacifico Yokohama）	共通テーマ：東西文明とアジア太平洋地域 1、アジア・太平洋地域における民主主義の発展 2、文化と産業政策 3、東アジアのビジネスカルチャー 4、アジア・太平洋地域と東西文明の統合
七	1995年8月18日～22日 8月21日小旅行（墾丁国立公園）	**華：団長** 辜振甫 **日：団長** 亀井正夫	**華：貴賓** 李登輝総統 呉敦義 **日：顧問** 稲葉秀三 井深　大 平岩外四	**高雄会議** 宿泊と会場：高雄国賓大飯店	共通テーマ：アジア・太平洋地域の安全保障および経済と政治 1、経済・貿易の発展と問題点 2、アジア・太平洋地域の安全保障協力 3、政治改革と政治民主化
八	1996年10月25日～29日 10月28日小旅行（奈良）	**日：団長** 亀井正夫 **華：団長** 辜振甫	**日：貴賓** 塩川正十郎 **日：顧問** 井深　大 平岩外四 **華：貴賓** 張京育 郭婉容 宋楚瑜 陳水扁	**大阪会議** 宿泊と会場：ロイヤルホテル	共通テーマ：国際環境の変動とアジア太平洋地域 1、アジアの経済発展・環境問題と国際協力 2、香港返還とアジアの将来 3、アジア・太平洋地域における安全保障の新体系

九	1997年10月17日～21日 10月19日小旅行（鹿港）	**華：団長** 辜振甫 **日：団長** 亀井正夫	華： 郭婉容 **日：貴賓** 塩川正十郎 **日：顧問** 井深　大 佐伯喜一 平岩外四	**台中会議** 宿泊と会場台中全国大飯店Hotel national 10月20日台北へ移動 宿泊：国賓大飯店（日本側代表）	共通テーマ：東アジア地域における相互依存と競争 1、アジア・太平洋地域の安全保障の新しい枠組み 2、日台経済協力と沖縄の発展 3、海洋文明の発展とアジア・太平洋の未来
十	1998年11月6日～9日 11月9日午前出雲大社など参観	**日：団長** 亀井正夫 **華：団長** 辜振甫	**日：貴賓** 塩川正十郎 **華：貴賓** 張京育 郭婉容 曾永賢	**松江会議** 宿泊と会場 宿泊：ホテル一畑 会場：島根県立産業交流会館（くにびきメッセ）	共通テーマ：アジアにおける共通課題への挑戦 1、アジアの経済危機とその将来展望 2、黒潮文明経済圏 3、アジアの安全保障と両岸関係
十一	1999年12月3日～7日 12月5日午後小旅行（台南名勝古跡） 18時～22時奇美実業董事長許文龍が宴席を設けて日本側代表団を招待	**華：団長** 辜振甫 **日：団長** 亀井正夫	**華：貴賓** 連戦副総統 張京育 郭婉容 **日：貴賓** 塩川正十郎 **日：顧問** 梅棹忠夫 平岩外四	**台南会議** 宿泊：台南大飯店と剣橋大飯店（ケンブリッジ・ホテル） 会場：台南市議会会議大庁（ホール） 12月6日台北へ移動 宿泊：国賓大飯店	共通テーマ：海に生きるアジア 1、海洋文明と技術ネットワーク 2、日本の新たな発展モデルと台湾の新しいアイデンティティ 3、情報化時代の両岸関係とアジア・太平洋の安全保障

表二 「アジア・オープン・フォーラム」（「亜洲展望」研討会）一覧表

十二	2000年10月28日～11月3日 11月1日小旅行 上高地 宿泊：上高地帝国ホテル	**日：団長** 亀井正夫 **華：団長** 辜振甫	**日：貴賓** 塩川正十郎 **日：顧問** 梅棹忠夫 平岩外四 **華：貴賓** 郭婉容 張京育	**松本会議** 宿泊と会場： ホテル ブエナビスタ	共通テーマ：新世紀への知的戦略 1、グローバリズムとアジアの現実 2、経済戦略と情報環境 3、文化と安全保障

楊合義（よう　ごうぎ）

平成国際大学名誉教授。1934年日本統治下の台湾・台南生まれ。台湾・国立師範大学卒業、京都大学大学院東洋史研究科博士課程修了、台湾・国立政治大学国際関係研究センターに勤務、助理研究員、副研究員を経て研究員。同研究センター駐東京特派員兼日本語版『問題と研究』(月刊誌)編集長。平成国際大学法学部教授。

著書に『決定版 台湾の変遷史』（展転社）、共著に『日米同盟と台湾』、『東アジア新冷戦と台湾』、『激変するアジア政治地図と日台の絆』、『辛亥革命100年と日本』（いずれも早稲田出版）がある。

日台を繋いだ台湾人学者の半生
楊合義回顧録

令和二年七月十日　第一刷発行

著　者　楊　合義
発行人　荒岩　宏奨
発　行　展　転　社

〒101-0051 東京都千代田区神田神保町2-46-402
TEL　〇三（五三一四）九四七〇
FAX　〇三（五三一四）九四八〇
振替〇〇一四〇―六―七九九九二

印刷製本　中央精版印刷

ISBN978-4-88656-503-7